孝庄太后传奇

XIAOZHUANG
TAIHOU
CHUANQI

孝庄报恩多尔衮　委身下嫁摄政王

典藏版

刘明军
蒋焱兰
——编著

中国文史出版社

图书在版编目（CIP）数据

孝庄太后传奇 / 蒋淼兰，刘明军编著. —北京：中国文史出版社，2022. 6

ISBN 978-7-5205-3583-0

Ⅰ. ①孝… Ⅱ. ①蒋… ②刘… Ⅲ. ①孝庄文皇太后（1613—1687）-传记 Ⅳ. ①K827=49

中国版本图书馆 CIP 数据核字（2022）第 124425 号

责任编辑： 方云虎

封面设计： 三味书阁

出版发行：**中国文史出版社**

社　　址：北京市海淀区西八里庄路 69 号　　邮编：100142

电　　话：010-81136630

印　　装：廊坊市海涛印刷有限公司

经　　销：全国新华书店

开　　本：710 毫米×1000 毫米　1/16

印　　张：23. 5

字　　数：270 千字

版　　次：2023 年 1 月北京第 1 版

印　　次：2023 年 1 月第 1 次印刷

定　　价：68. 00 元

孝庄太后画像

孝庄文皇后，清太宗皇太极之妃，顺治皇帝之母，博尔济吉特氏，名布木布泰，亦作本布泰，死后谥号为孝庄文皇后，葬于昭西陵，史多称其为“孝庄皇后”。孝庄皇后本是蒙古科尔沁部（在今通辽）贝勒寨桑之次女。出生于万历四十一年二月初八日即1613年3月28日，逝世于康熙二十六年十二月二十五日即1688年1月27日，享年七十五岁。

孝庄皇后是历史上有名的贤后，她稳定了皇太极死后的清初政治局面，扶助了顺治、康熙两代君主，对清朝前期的政治格局有着极大的影响，是一位杰出的女政治家。但在她的一生中，最为天下人津津乐道的无疑是“太后下嫁摄政王”，她与多尔衮的感情纠葛是清史研究中一大疑案，至今史学界尚有争议。在民间，这个说法流传更广，那么事实究竟如何呢？请看本书详解。

目　录

第一编

太后下嫁　四百年的谜

第二编

孝庄其人及与皇太极的婚姻状况

第三编

孝庄与多尔衮的情感纠葛

第四编

皇太极死亡之谜与顺治称帝

第五编

清朝代明　九王摄政

第六编

多尔衮大权在握　孝庄后舍身下嫁

第七编

幸运的福临　落寞的顺治

第八编

多尔衮死亡　顺治帝亲政

第九编

荒唐的福临　无奈的孝庄

第十编

顺治去向成谜　孝庄扶助康熙

第一编

太后下嫁　四百年的谜

第一章 东陵墙外孤陵寝 不陪夫君陪子孙

位于河北唐山遵化市马兰峪的清东陵，是中国最后一个王朝首要的帝王后妃陵墓群，也是中国现存规模最大、体系最完整的古帝陵建筑，原为清初顺治皇帝亲点的“万年吉地”，有清一朝，这里先后共建有皇陵五座——顺治帝的孝陵、康熙帝的景陵、乾隆帝的裕陵、咸丰帝的定陵、同治帝的惠陵，以及东（慈安）、西（慈禧）太后等后陵四座、妃园五座、公主陵一座，计埋葬十四个皇后和一百三十六个妃嫔。

清东陵是一块难得的“风水”宝地。南有金星山作朝如持笏朝揖，北有昌瑞山作后靠如锦屏翠帐，中间有影壁山作书案可凭可依，东有鹰飞倒仰山如青龙盘卧，西有黄花山似白虎雄踞，东西两条大河恰似两条玉带环绕夹流。群山环抱的格局辽阔坦荡，雍容不迫，真可谓地势天成，景致清幽。当年顺治帝到这一带行围打猎时，曾被这一片灵山秀水所震撼，当即传旨“此山王气葱郁可为朕寿宫”。从此昌瑞山便有了规模浩大、气势恢宏的清东陵。

清东陵的风景十分秀丽，是旅游观光的好去处。进入陵区，人们首先看到的是昌瑞山下一座陵园，此陵名叫昭西陵，孤立于风水墙外，坐北朝南，建筑布局由南往北依次为：下马牌、神道碑亭、隆恩殿、方城、明楼、宝城、宝顶下为地宫。这其实是座十分特殊的陵寝，从基址上看，最南端是下马碑，神道碑亭，仅存残碑，这都是超

越皇后陵等级的建筑。仔细观览，还会发现该陵没有马槽沟、玉带河和券桥。进入大门，但见其三座门位于享殿之前，隆恩殿已拆，仅存基址。有资料及旧照片显示该殿并非帝后陵中常见的歇山顶，而是规格更高的重檐庑殿顶，凸显陵主的高贵显赫。

那么，这座规格极高的陵寝中埋葬的是谁呢？它的高贵主人就是本书的主人公——清初有名的孝庄文皇后布木布泰。

昭西陵

孝庄文皇后，博尔济吉特氏，名布木布泰（亦作本布泰），是清太宗皇太极的妃子，顺治皇帝的亲生母亲，康熙皇帝的祖母，一生历经三朝，竭力辅佐儿孙两代幼主，助大清定鼎天下，死后累加谥号称“孝庄仁宣诚宪恭懿至德纯徽翊天启圣文皇后”，受到清室顶礼尊崇。

清东陵安葬的所有帝后中，孝庄文皇后是辈分最高的人，但为什么却被置于东陵的风水墙之外呢？

康熙二十六年（1688），孝庄文皇后病逝，遗命将其葬在孝陵附近。按清朝早期葬制，皇后无论死于皇帝前后，都要与皇帝合葬，同陵同穴。可孝庄在其生前曾嘱咐康熙帝道：“太宗文皇帝（皇太极）梓宫安奉已久，卑不动尊，此时未便合葬。若别起茔域，未免劳民动众，究非合葬之义。我心恋汝父子，不忍远去，务必于遵化安厝，我心无憾矣。”

康熙帝向来对祖母非常孝顺，故在孝庄归天后，没有将其入昭陵，只是在东陵边修建暂安奉殿。院内有享殿和暂安奉殿各一座，未建地宫。享殿为庑殿顶，因孝庄生前对所住紫禁城内慈宁宫东侧的一座小殿十分喜爱，所以康熙命人拆掉，移到陵区重建成享殿。享殿旁有东西配殿，院门为三座门。孝庄的棺椁被葬在暂安奉殿的宝座上，以土掩埋后永闭殿门。

昭西陵方城明楼

终康熙一朝，未能解决孝庄文皇后的陵寝问题。到雍正三年（1725年，皇太极与孝庄成亲一百周年），世宗以孝庄文皇后暂安以来国家昌盛，圣祖在位历数绵长、子孙繁衍为由，认为此地颇吉，故将暂安奉殿改为昭西陵。

那么孝庄为什么要对康熙说不与葬在千里之外的皇太极合葬，却要另起坟穴，在清东陵陪着子孙呢？这里面其实有其难言之隐情，终生之心病，康熙知之，故照其祖母吩咐未将她与其祖父合葬，那孝庄到底有什么不可告人的心事呢？这就是本书将要讲述的清初第一大疑案——太后下嫁。

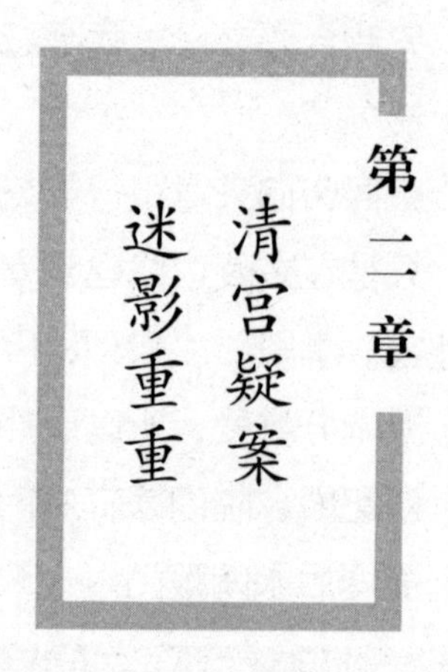

一、文人议孝庄故事，野史评下嫁因由

作为一个历史名词，“太后下嫁”如今几乎专被用来形容孝庄下嫁多尔衮之事。

“下嫁”这个词通常多用于贵女出嫁，即地位身份家境高的女子嫁到低一等或几等的男家去，因此又成为娶嫁中男方的谦辞，但由于皇帝的女儿结婚都称下嫁，而普天之下，论地位身份家境，谁还能超过皇帝呢？所以后来它几乎成了公主出阁的专用语。

皇帝的女儿下嫁，不管怎样礼仪重、排场大、花团锦簇，却是朝朝代代屡见不鲜的。而皇帝的母亲皇太后，若与“下嫁”这个词相联系起来，必是奇事一桩。历史上有过的唯一的事例，就是孝庄太后下嫁的故事，所以此事也可称得上是独一无二了。

在封建社会，至高无上的皇帝是君父；至尊至贵的皇后是国母。那么君父国母的母亲，当是天下万民的祖母了，这样的祖母竟公然下嫁，这样的事竟发生在视改嫁为耻辱、把失贞当罪恶的素称礼仪之邦的中国历史上，这实在是太不可思议、太不成体统了，可谓千古奇闻。

太后下嫁的故事不仅流传很广，版本也有多种。自清亡以来，

"太后下嫁"更是被传得沸沸扬扬。小横香室主人的《清朝野史大观》一书中有《太后下嫁摄政王》《太后下嫁贺诏》《太后下嫁后之礼制》三条专记太后下嫁之事，并说这是"中国有史以来所未有也"！1917年五月，蔡东藩的《清史通俗演义》，其第十八回目《创新仪太后联婚，报宿怨中宫易位》的上半回，说的就是"太后下嫁"。1919年，一位署名"古稀老人"的作者写了《多尔衮轶事》，书中的《太后下嫁》，谈到顺治皇帝在多尔衮摄政下"危如累卵"，太后认为"非有羁縻而挟持之，不足以奠宗社于泰山之安，故宁牺牲一人，以成大业"。而多尔衮"涎太后之色"，常入宫禁。太后为了"卫我母子"，"两人对天立誓，各刺臂作血书，互执一书"，以为凭证。特别是书中安排太后诈崩，在举行隆重丧礼后，再以皇帝乳母身份嫁给多尔衮，故事曲折，引人入胜。甚至还有些小说中称，早在皇太极在世时，庄妃已与多尔衮两情相悦，暗度陈仓了，此时结婚，终使两人夙愿得偿。其他还有多人著述讲到了太后下嫁多尔衮之事。

然而，太后下嫁如此重大之事却没有官方史书史料的任何记载。但史书上没有记载不等于历史上没有发生。虽然正史未有提及此事，但据野史记载，清朝入关之初，摄政王多尔衮总揽朝纲，"出入宫禁，时与嫂侄居处，如家人父子"。而孝庄太后时当盛年，寡居无欢，认为多尔衮功高天下，又将帝位让给了她的儿子，忠心辅政，除非自己以身报答，不足以安其心和赏其功，于是委身相事，借以笼络多尔衮。

不久，多尔衮的妻子亡故，于是朝中范文程等大臣乘机鼓动皇太后与摄政王合宫，这也说明二人正式结婚，双方自然都很乐意。定下婚期后，就以顺治小皇帝的名义颁诏天下，宣称"太后盛年寡居，春花秋月，悄然不怡。朕贵为天子，以天下养，乃独能养口体，而不能养志，使圣母以丧偶之故，日在愁烦抑郁之中，其何以教天下之孝？皇叔摄政王现方鳏居，其身份容貌，皆为中国第一人，太后颇愿纡尊下嫁。朕仰体慈怀，敬谨遵行。一应典礼，着所司预办"。

就这样，皇太后纡尊降贵，公然下嫁给了小叔子，摄政王多尔衮

成了幼帝顺治的继父，其名号称为“皇父摄政王”。诏书中说的倒也直白，年轻的皇太后终于难守空闺，红杏出墙，自愿下嫁给刚刚丧妻的多尔衮。

多尔衮像

据说，礼部为操办这次婚礼，还专门搞了一套特殊的婚礼仪规，洋洋六大册，称为《国母大婚典礼》，极为隆重，中外文武百官都上表称贺，蔚为盛事。就连远在浙东海岛上的南明抗清名将张煌言也风闻此事，特意写了一首诗：“上寿觞为合卺（jǐn）樽，慈宁宫里烂盈门。春官昨进新仪注，大礼躬逢太后婚。”这就是说，太后的寿酒变成了婚宴的喜酒。

但是，多尔衮死后，旋即被人告发谋逆，遭到无情的政治清算。孝庄的地位却越来越尊崇，由皇太后变为太皇太后，可能此时自己也反思起来，觉得改嫁一事太荒唐，对不起前夫皇太极，无颜相见于地下。所以，她不愿死后被送回盛京与太宗皇太极合葬，才嘱咐孙子康熙，将其葬于东陵。而该陵建于风水墙外，即寓有贬抑之意，要罚她给皇家看守门户。

野史传记小说关乎孝庄与多尔衮情事的记载大体如此，细节处不一而足。而至于孝庄为何要下嫁多尔衮，则提出了多重原因，现选择比较有代表性的三种说法介绍如下，即报恩说、私通说和保皇说。

二、孝庄报恩多尔衮，委身下嫁摄政王

“报恩”一说是认为孝庄太后觉得多尔衮对自己和儿子福临有恩，故下嫁以服之，此说多见于文人笔记。其历史背景是这样的：清太宗皇太极去世后，有人劝睿亲王多尔衮以弟承兄继立为帝，多尔衮却扶六岁的侄子、皇太极第九子福临登基，自己仅称摄政王，并且首先下拜。各王公大臣感戴多尔衮的诚意，共同呼拜，顺治帝位于是得定。不久，多尔衮率大军杀进山海关，击走李自成，乘势进据燕京，入驻明朝紫禁城宫殿，但他仍不以帝位自居，而是迎请顺治帝移驾南下京师即皇帝位，于是年幼的福临得以成为清朝入关后的第一位天子。

其时，举朝都因此替顺治帝感到过意不去，非有所报答不可。多尔衮看准了时机，与大学士范文程密议定计，授意亲信在朝廷中倡言，说：“摄政王功高望重，又谦抑自持如此，让位之德，亘古少有。我皇上虽想要报答，可这么大的恩德如何能够报答得了呢？正好摄政王是皇上的叔父，今日让位的事，就跟皇父传位其子的意思一样。摄政王既然像对待太子一样对待皇上，皇上也应当像对待皇父一样对待摄政王，以此作为报答，诸位觉得如何？”众人都服从此议。范文程于是出面提议说：“近日闻说摄政王妃新亡，而我皇太后又多年寡居无偶。皇上既视摄政王如父，自然不可使父母异居两处。宜请摄政王与皇太后同宫而居。”众人又都服从。于是史官乃大书特书，记载于册曰：“皇太后下嫁摄政王。群臣上贺表。”相传婚礼之盛，为

顺治皇帝福临

从来大婚所未有。京师除一二自命清流者外，多播为佳话，同瞻盛典。

所以这事起初并未为清廷视为羞耻之事，而是一件很平常之事，直到乾隆朝时，主管修史的纪昀（字晓岚）见到这则记录，惊异道："这种事怎么可以传示后人，以彰其丑?"立刻请示乾隆帝，而早已为汉人礼仪风化的乾隆也觉得这事见不得人，便让纪昀将有关内容全部删削。此后，便很少有人知道这件事了。

三、姐妹共争多尔衮，私通气死皇太极

清太宗皇太极

按事实分析，“私通说”无疑最有说服力，但此说多被演义小说采用。如有小说讲道：清太宗皇太极的庄妃博尔济吉特布木布泰有美

色，肌肤莹洁如玉，宫中私号为“玉妃”。入宫之初仅为才人，但慧黠有智谋，言必称“皇上旨”。洪承畴降清时，使清朝尽得关外大片领土，多因布木布泰劝诱说降，其功不在开国元勋之下。因此玉妃得以参与帷幄机谋，权力日进。又因为生皇子福临，遂得正位为皇后。

布木布泰有堂姐，嫁九王多尔衮，姐妹俩常有来往，皇太极因此待多尔衮也格外优厚。虽然清朝定都沈阳后，生活礼仪渐仿汉制，宫禁也稍稍森严，但多尔衮以参与密谋，总能出入自由。皇太极因政务繁忙，又常年用兵，东征西讨，几乎没有一天安宁，经年不还宫中，则内务琐政，尽都由多尔衮决断，而多尔衮又都是奉大玉妃意旨，逢迎无所不至。而大玉妃也往往留多尔衮居住宫中，经旬不得归私第。借议军国要事之名，行私通之实。一时人言纷纷，颇多非议。

不久，李自成兵破北京，吴三桂投向皇太极，将引清兵入关，皇太极率大军行至途中，小玉妃贿通的某王向其进言，将大玉妃与多尔衮私通丑事一一禀明。皇太极震怒，说：“朕不处分此獠，何以取天下！”立即下令返师沈阳，准备先正宫闱而后出兵取明。但还宫不到一天，便以暴病崩逝，由此也牵出了皇太极暴死之谜。

皇太极昭陵前门

皇太极死后，人们都疑心是被大玉妃和多尔衮所害，但当时多尔衮党羽极盛，无人敢撄其锋。不久，多尔衮竟奉遗诏为摄政王，率师入关进燕京，从此常居宫中，政事机密，大玉妃全权委任给多尔衮办理，于是朝廷大权，多尔衮独揽。

多尔衮既已掌政，按照满族人的婚俗规矩，身为太后的大玉妃便名正言顺地下嫁了多尔衮。

四、保护皇子嫁权臣，国事需仗多尔衮

“保皇说”是指在孝庄文皇后的儿子被推为皇帝后，孝庄为稳固儿子的帝位，才下嫁给了多尔衮。在清太宗皇太极初崩时，孝庄太后原有垂帘听政的意向，但格于祖训，怕宗室中有人挟此名义别生枝节，反而动摇福临的帝位。而与她关系不错的睿亲王多尔衮在诸王中树党自固，最有实力，又因其福晋是太后的同姓姐妹，原本亲如家人，多尔衮更因才智过人，素受太后信赖，此时太后自然要借重多尔衮。于是多尔衮献计用摄政制，而许以内权让太后。这样，福临得即皇位，多尔衮为摄政王，成就了清廷入关的局面。

此说也支持在皇太极未崩之前，多尔衮就与太后关系暧昧，至福临即位后，方不避讳世人之口。不过入关以后，顾及汉制，多尔衮与福临成了内则父子、外则君臣的特殊关系。所谓天无二日，民无二主，多尔衮虽居摄政王位，见福临还得顾君臣之义，行跪拜之礼。

随着摄政王权势日重，多尔衮不但主持朝廷，遇宴会也是主持，在哪里都成了主角，王公大臣对他也开始北面而朝了，这使太后十分疑惧，恐其弑主称帝，于是她故意下诏命诸臣议尊崇摄政王的典礼。内三院便以皇叔九千岁的礼仪进上。多尔衮一时昏昧不察，竟欣然接受。从此诸臣见摄政王便都一跪三叩首了。

既有了这个基础，某一日，太后与多尔衮同游，有侍卫前来奏事，都是先皇帝太后，再及摄政王。多尔衮偶有奏对，鸿胪寺赞礼者也如常仪一般在旁边三呼跪拜。多尔衮大为不满，翌日不上朝，不进

宫，只遣人奏报太后说："臣终不能与太后共享安乐了。以臣职分所限，君臣安有敌体。今又心劳多病，请罢摄政，闭门思过，不复能见太后颜色了。"

孝庄太后得奏，心中十分懊丧，福临年幼，国事离不开多尔衮；但多尔衮专擅，又威胁着福临的皇位。既能笼络多尔衮，又能保住福临皇位的办法只有一个，便是太后下嫁。于是太后立命内大臣往摄政王府议下嫁之事，并命内三院拟太后下嫁及称尊皇父的典礼。其时明朝旧臣陈之遴任内院大学士，闻命十分惊异，咋舌道："这种礼也能议吗？"在侧的满官将此言上告，太后大怒，立论陈之遴死罪以示威。幸而有大臣相救，奏告说："下嫁是大喜事大嘉礼，不宜用刑。"这才免陈之遴死罪，但仍将其谪戍吉林三姓城入军籍服役。有关太后下嫁的传说还有很多种，有些故事荒诞不经，显然为了猎奇；有些更如同淫秽小说，令人难以置信，就不再引用了。

第二编

孝庄其人及与皇太极的婚姻状况

第一章 科尔沁部落与建州女真之联姻

在封建时代的中国，恪守妇道是女人必须遵守的做人原则。普通的民间寡妇茹苦守节，会受到表彰，还会被立牌坊以记其事，所以守节一直被尊崇有加。如若再嫁，则难免遭到亲邻的非议贬低，而作为一国之母的皇太后却梅开二度，绣球重抛，当然是惊世骇俗的旷古奇闻。故太后下嫁传说一出，即广为流传，到民国初年便地无分南北，人无分老幼，举凡谈前清掌故，莫不津津乐道，几同信史，以致后来有不少学者批评《清史稿》未能“秉笔直书”此事，为其阙失之一端。

那么，既然正史都未能记载，单凭民间热议，文人小说，就能断定太后果真下嫁了吗？要解开这桩清初第一大疑案，必须拨开重重迷雾，发掘历史背后的故事，还原历史的真相。而要揭谜底，了解真相，必须先谈谈故事中的两个主人公，看他们都有什么样的历史，发生过什么样的故事。下面先说说第一主人公孝庄文皇后。

一、科尔沁部落与建州女真之关系

孝庄文皇后姓博尔济吉特氏，名叫布木布泰（或译作本布泰），野史传说中说她名叫“大玉儿”，但这一称呼并没有历史根据。她出生于明万历四十一年二月初八日（1613 年 3 月 28 日），是蒙古科尔沁部贝勒寨桑的二女儿。目前，关于布木布泰这个名字的准确含义尚有争议。有人认为和喇嘛教教义有关，含有“出世之人”的意思；还有一种看法则认为，布木布泰是当时蒙古人用来装东西的大口袋，是很重要的一种日常生活用品，用粗制毛线编织而成。从当时游牧渔猎民族的习俗上判断，后一种可能性似乎更大。但无论哪种说法，均与其本人性格与一生经历扯不上关系。

科尔沁地处嫩江流域，清澈的江水浇灌着富饶的草原，肥沃的土地养育着剽悍的科尔沁部落，这里有着蓝天白云，遍野青草，成群牛羊，并且人杰地灵，从古至今涌现出数以百计的历史名人，其中孝庄文皇后布木布泰在中国历史上名气最大、影响最深。

科尔沁部是蒙古族的一支，姓博尔济吉特（孛儿支斤，在蒙古王公世系中，这是元太祖成吉思汗的姓氏。其直系后裔多分居于东至吉林、西抵贺兰山、南倚长城、北界瀚海的大漠南蒙古地区）。他们世代生活在富饶辽阔的科尔沁大草原上，过着自由自在、逐水草而居的游牧生活。

第一个以博尔济吉特为姓的，是一位名叫孛端察儿的蒙古人，但直传到第七代合不勒罕，这一部落才开始强盛。合不勒罕的曾孙，便是成为全蒙古大汗的铁木真——成吉思汗。成吉思汗生前立下法令：只有他的子孙——所谓黄金血胤，才能称大汗当皇帝。这跟千年前汉高祖“非刘氏而不王”是一个意思。所以，其他的博尔济吉特氏部落，无论血缘是近是远，不过是黄金家族的亲戚。科尔沁博尔济吉特氏的先祖，是在统一蒙古战争中功勋卓著的成吉思汗之同胞弟哈萨尔，算不得黄金，但也堪称白银家族。传到莽古思、明安、孔果尔兄弟几个这一辈，已经是第十七代。因为他们的父亲纳穆赛是次子，所以实力和声望远不及科尔沁博尔济吉特部族宗主、长子齐齐克所领的部落，是弱小的一支。

两个半世纪以前，朱元璋推翻元朝建大明，元朝末帝被驱逐出中原，退回漠北。虽然后来的二百多年中，蒙古各部强酋辈出、争权夺利，互相攻伐杀戮，政局十分混乱，但无论是当傀儡还是握有实权，黄金家族、成吉思汗的直系后裔，始终代代相传，占据着蒙古大汗的位置，始终是名义上的蒙古各部的共主。

蒙古大草原

布木布泰出生的时候，蒙古共主林丹汗所领的察哈尔部已日益强大，开始真正称霸了。这样，科尔沁蒙古就得面对西方的察哈尔部、南方的大明朝和东方新崛起的建州女真。来自任何一方的打击，都是科尔沁蒙古难以承受的。一个小部落要想在列强环伺中生存下来，就不能不依靠灵活的政治手腕。纵横捭阖是一种，政治联姻也是一种。科尔沁蒙古两手都使用了。说起来，他们的首领们还是有眼光的，在蒙古诸部中，最早向努尔哈赤的建州女真表示友好，最早与满洲爱新觉罗氏联姻。那时候无论旁人还是他们自己，都不会想到，只莽古思王爷这一支博尔济吉特氏家族五代，竟为大清朝贡献了四位皇后、三位皇妃和十多名亲王福晋！

科尔沁是蒙古几大部落之一，本是草原蒙古部落，如何会与清朝建立关系呢？这是在努尔哈赤率领建州女真族征服、统一草原的过程中，爱新觉罗家族与蒙古族科尔沁部结下了不解之缘。

由于其特殊的地理位置，科尔沁部族时常受到周边部族的威胁和侵扰。因为科尔沁草原东连神奇葱茏、沃野莽莽的白山黑水，西部和北部是绵亘千里的兴安岭山地，南与大明朝的辽东相接、与辽河平原相邻。兴安岭森林中的无尽宝藏、嫩江两岸肥美的水草同样滋润出另一个强大的蒙古部落——察哈尔部。自从这个崛起的察哈尔部日益壮大后，科尔沁部便再无宁日了。

蒙古察哈尔部首领林丹汗，又称作丹巴图尔台吉、灵丹、或旦，是蒙古察哈尔部的大汗（1604—1634 年在位），蒙古最后一任大汗。1603 年其祖父布延薛禅汗去世，作为布延薛禅汗的长孙的林丹汗，因为其父亲莽骨的早逝，十三岁的他于 1604 年继任汗位。

他为了巩固以自己为中心的蒙古大汗地位，有效地控制蒙古各部和巩固汗权，以察哈尔部为基础，在当初辽庆州的旧址上修建了瓦察尔图察汉城（又称白城，今内蒙古赤峰），以此地作为整个蒙古的政治、军事、经济、文化的中心，在直接控制着内喀尔喀巴林、扎鲁特、岳巴特、乌齐叶特、弘吉剌五部的同时，也遥控蒙古其他部落。

林丹汗执政前期，漠北喀尔喀三汗以及漠南喀喇沁的昆都伦汗、阿鲁科尔沁的车根汗、科尔沁奥巴洪台吉、鄂尔多斯土巴济农等，定期前往察汉浩特，朝见林丹汗，并与大汗共同商讨政务大事，参加大汗举行的宴会、围猎等活动。蒙古各部汗、济农、诺延、台吉，按照图们札萨克图汗大法约束诸鄂托克，并定期向林丹汗朝贡献物。

稍大一些后，林丹汗开始信奉藏传佛教，并利用其进一步扩大自己的影响。林丹汗登基那年，四世达赖云丹嘉措所遣迈达里呼图克图札阿囊昆噶宁波（大慈诺门汗）经鄂尔多斯抵达呼和浩特，作为蒙古地区黄教的坐床喇嘛。不久，林丹汗将迈达里诺门汗、卓尼绰尔济迎请至察汉浩特，不但自己信奉黄教，而且让他们在察哈尔地区活动，宣扬该教。

1618 年，当林丹汗二十六岁时，西藏红教方面派遣沙尔巴呼图克图到达蒙古地区，寻找自己的支持者，林丹汗为红教喇嘛沙尔巴呼图克图的法术所折服，在察汉浩特隆重地迎接了他。林丹汗封他为国师，并接受深奥密乘之灌顶。沙尔巴呼图克图为了取得林丹汗的信任，从五台山取来元世祖时红教八思巴喇嘛用千金所铸嘛哈噶喇金佛。林丹汗修建金顶白庙，将金佛供于其中。

林丹大汗以沙尔巴呼图克图为国师，改奉红教后，极大地影响了他从前的形象和声誉。信奉黄教的漠北喀尔喀和右翼三万户的各部汗、济农、诺延、台吉，与林丹汗逐渐有所疏远。影响较大的迈达里诺门汗，也与林丹汗发生了分歧，久居漠北喀尔喀，已不再同情和支持林丹汗。尽管林丹汗改奉红教后，其统治地位大受影响，但蒙古各部基本上仍听从于他的统一号令。

而正当此时，女真人已从东北地区崛起。其建州部首领努尔哈赤，统一了女真各部，于1616年在赫图阿拉即汗位，国号曰“金”，史称“后金”。后金天命年间，科尔沁部的台吉们奉林丹汗的命令，曾几次同后金交战，保卫了自己的边疆，显示了自己的势力。科尔沁部的明安诺延的三个儿子还曾率领部众深入后金境内，大掠其牲畜。但是，后金国主努尔哈赤在辽东地区的地位尚未巩固，他不敢与蒙古和明朝同时对立。因此，对蒙古人的挑战，尽量采取忍让迁就的态度，甚至以通婚为手段，争取与科尔沁、内喀尔喀诸台吉保持和睦友好关系。

由于自身弱小，科尔沁部一直屈从于察哈尔部的统治。同时，明朝为了加强对蒙古、女真各部的有效控制，历来都采取“以夷制夷”的方针，为了限制快速强大起来的建州女真即后金的发展，明朝还拿出大量的金帛分给蒙古各部，又于万历末年和察哈尔部达成协议，将赐给蒙古各部的大量金帛转赐给察哈尔部。因此，科尔沁部与建州女真（努尔哈赤领导时史称后金）在开始时一直保持着敌对的态度，甚至兵戎相见。但双方的对峙，最后以努尔哈赤的完胜告终。

二、努尔哈赤之崛起

努尔哈赤是如何崛起的呢，这里略作交代。明朝中期，生活在我国广大东北地区的女真民族逐步南移。和历史上许多北方少数民族一样，在南移的过程中，和汉族的先进文化频繁接触，商业交换迅速增加，经济生活大大发展，日渐强盛起来。到了万历初年，女真族大体分成了四大部，即建州女真、长白女真、海西女真、东海女真。由于明朝政府采取分而治之、使之互相牵制的办法，而女真各部又为各自利益打算，故四部长期陷于分裂和混战。当时的女真族各部蜂起，都称王争霸，以强凌弱，以众击寡，互相掠杀，甚至骨肉相残。建州女真内部，同样是争财夺物，动辄厮杀交战。这种分裂割据、战乱不息的局面，给女真民族带来深重的灾难，广大女真人民都希望从分裂和仇杀中解脱出来。

历史创造了条件，努尔哈赤应运而生。努尔哈赤是个既平凡又不平凡的人物。他跟 13 世纪蒙古帝国的开创人成吉思汗铁木真的遭遇很有几分相似，都是幼年丧亲，离家流浪，在艰难困苦的环境中经受磨砺、增长见识和才干、开阔胸襟和智慧，终于练就了能担大任，做大事的性格和能力。

明万历十一年，即 1583 年，二十五岁的努尔哈赤以为祖父和父亲报仇的名义，以十三副遗甲、数十名部众起兵，攻打建州女真的另一支——苏克苏浒河部酋长尼堪外兰的图伦城，尼堪外兰弃城逃走；1584 年，努尔哈赤攻占兆佳城和玛尔墩寨，降服了董鄂部；1585 年，努尔哈赤进攻界凡寨，击败界凡、萨尔浒等五寨联军八百人，征服了浑河部；1586 年，努尔哈赤攻占克鄂勒浑城，杀尼堪外兰，控制了苏克苏浒河部；1587 年，努尔哈赤收服哲陈部；1588 年，努尔哈赤收服完颜部。至此，周边女真各部都来归附，努尔哈赤用六年时间统一了建州女真。

努尔哈赤的过人之处，不仅在于他勇猛顽强，身先士卒，常常能以少击众，屡克强敌，更在于他的聪明和才略，始终把征讨范围限定在建州女真内部，使其他各部女真有“他人家事不容置喙”的顾虑而不好出面干预。他避免与强大的海西女真发生冲突；对蒙古、朝鲜，也使用着“远交近攻”这样一个著名的、产生于春秋战国时代的古老策略，不时进行笼络、表示亲睦；而对明朝中央政府，则更是恭顺，年年遣使通好，岁岁进贡人参貂皮，努尔哈赤自己也多次亲赴北京朝贡。

努尔哈赤的努力没有白费，他果真赢得了大明朝廷的信任。1589年，明廷授努尔哈赤为建州卫都督佥事，也即建州军区的第三把手，相当于现在的军区参谋长，成了朝廷的高级将领；同时，他还从朝廷那里获得了约束叶赫、哈达等五十三部女真的权力。1591年，努尔哈赤晋升为建州卫左都督，并因为管束女真各部有功，给他加号"龙虎将军"。建州女真的统一和努尔哈赤的迅速崛起，无疑对女真各部形成了重大威胁；实力不弱于他的海西女真，怎肯低声下气地服从建州女真酋长的管束？对努尔哈赤获得的权力和荣誉，女真各部又怎能不嫉恨眼红？

1593年，海西女真叶赫部首领纳林布禄，集合了乌拉、哈达、辉发及长白女真的珠舍里、纳殷两部，蒙古的科尔沁、锡伯、卦尔察三部，共九个部落的三万联军，以绝对优势兵力，分三路向努尔哈赤发动进攻。

一场大冲突势所难免，一场大战迫在眉睫。这是努尔哈赤起兵以来第一次关键性的大战役，生死成败在此一举。面对这样的巨大压力和威胁，处在被围被歼的危险中，再坚强冷静的人也会不安，也会心里打鼓。而努尔哈赤凭借着"任其来路多，我只一路去，诱敌深入，拼力一战，专打叶赫部"的作战方案，率领部队击败叶赫，活捉乌拉部首领布占泰和科尔沁部的明安贝勒。布占泰与其弟自尽而亡，明安贝勒被放回。第二年，明安贝勒遣使通好，后来，喀尔喀五部贝勒相继与之通好。

三、莽古思的见识和眼光

努尔哈赤的非凡之处还在于他胜利之后并不头脑发热发涨，并不一味求助于军事对抗。他深知通好的最牢固方式是联姻。他本人先后娶过十六位妻子，除了大福晋佟佳氏是糟糠之妻外，其余皆是"战利品""贡物"或"交易物"。因此，他积极响应明安贝勒，遣使通好，厚加赏赐、馈赠，直至联姻。他自己就娶了科尔沁部明安贝勒之女和郡王孔果尔之女为妻，又令诸子陆续迎娶蒙古各部首领之女。

万历四十二年（1614）四月，蒙古扎鲁特首领钟嫩亲自送女至建州嫁与努尔哈赤次子代善为妻。努尔哈赤令代善亲自迎接，设大宴以隆重的礼节成婚。接着，该部另一首领内齐嫁女于努尔哈赤第五子莽古尔泰。同年，科尔沁部首领莽古思在古勒山之战中同明安贝勒一样被俘又没有被伤害、侮辱，而是穿上锦衣，骑着战马率部返回，之后，莽古思把女儿哲哲嫁与努尔哈赤第八子皇太极。十二月，努尔哈赤与蒙古再次联姻，其十子德格类迎娶了扎鲁特首领额尔济格之女为妻。

在这之前的百余年间，女真部落被称为珠尔齐特，是向蒙古大汗进贡称臣的属国、奴仆。如今开始了友好往来和通婚，女真与蒙古能够平起平坐了。

这里在称赞努尔哈赤的军事才能之余，也不得不称赞下科尔沁部落酋长莽古思的见识和眼光，他把十五岁的女儿哲哲，嫁给了当时只有二十二岁的努尔哈赤第八个儿子皇太极。此时，努尔哈赤十五个儿子中，有十二个儿子岁数比哲哲大，都称得上是年貌相当；论贵盛，第二子代善、第五子莽古尔泰、第十子德格类与皇太极都是嫡出，不相上下；论军功，当时的皇太极也并不特别出众，至少还赶不上已经在战场上驰骋多年的哥哥。推想起来，应该是具有知人之明的莽古思曾经见到过皇太极，看出他在诸兄弟中最能成大器，所以最为中意。不然，就无法解释为什么十一年之后和二十年之后，这位蒙古王爷又把两个心爱的孙女儿先后都嫁给皇太极。

努尔哈赤一直很重视与科尔沁蒙古的亲善，重视这一门亲事。1614 年四月，莽古思王爷亲自送女儿哲哲进入建州女真国境的消息传到时，这位已经得到喀尔喀蒙古敬赠的神武可汗称号的女真首领，命令第八子皇太极亲自远迎数百里至辉发河流域，并在辉发的扈尔奇山城大宴宾客，举行了盛大的婚礼，极力渲染，让这喜讯传遍四面八方。

这一举措等于指定了哲哲在皇太极诸福晋中的最尊贵的地位，不仅向人们宣告建州女真与科尔沁蒙古牢不可破的联盟，为蒙古其他部落提供榜样，还向大元直系的察哈尔蒙古大汗示威。

努尔哈赤像

努尔哈赤是个高明的军事天才，少年时的不幸遭遇锤炼了他惊人的容忍与倔强，也锻炼出他办事的精明与果敢。他在坚定不移地迈向统一目标的征程中，一直在静候科尔沁部归附的时机。为此他制订了这样的计划：欲伏大明，必先安蒙古；欲伏蒙古，必先得科尔沁。因为科尔沁部正处于大明、察哈尔和建州女真部落的交界处，是要冲之地。尤其是科尔沁右翼前旗东南的席北城，更是后来建州女真征服海西女真，也就是包括叶赫、乌拉、哈达和辉发四部的“扈伦四部”以及野人女真的必经之地。大明、察哈尔、建州女真三股势力，大明想扬国威于千里，臣服四夷，一统天下；蒙古想恢复昔日祖先荣耀，成为整个蒙古乃至整个天下之主；女真则不甘心永远处于屈辱地位，也想执牛耳于一方。于是，小小的科尔沁部成为兵家必争之地，仿佛谁争得了它，谁就取得了获胜的一个砝码。

1618年四月起，努尔哈赤指挥后金大军，先后攻克了明朝的辽东要镇抚顺、开原、铁岭，并取得了萨尔浒大捷，歼灭了明朝在辽东地区的有生力量。1621年三月，努尔哈赤攻取沈阳后，乘胜攻克了辽阳城，四月迁都辽阳。1622年正月，努尔哈赤率领大军西渡辽河，攻下了明朝的军事重镇广宁（也称北镇）。1625年迁国都于沈阳。此时，后金国主努尔哈赤完全扫除了明朝在辽东地区的势力。巩固了在辽东的统治后，他将注意力逐渐转向了蒙古察哈尔部。首先对察哈尔的外围内喀尔喀、科尔沁等部采取了离间、拉拢、威胁等手段，以孤立和削弱林丹汗的势力。

1619年六月，当努尔哈赤攻打明朝抚顺、开原、铁岭、辽阳之际，林丹汗也趁机亲率察哈尔和内喀尔喀五部，攻占了明朝的广宁城。当时，明朝为了不让努尔哈赤与林丹汗联合，使明朝东、北两面受敌，不断派人到察汉浩特，竭力讨好林丹汗，希望他与明朝保持友好关系。林丹汗也考虑到与明朝保持友好，进行贸易，有利可图；同时利用明朝可以遏制和削弱后金势力。因此，努尔哈赤攻打辽东地区的初期，明朝北境基本上安然无事。为了表示谢意，明朝每年向林丹汗赠送白银千两。

萨尔浒战后，后金士气大振。七月，努尔哈赤准备乘胜攻打铁岭。驻守铁岭的明军势单力薄，难以抵挡后金精锐。于是明朝派人至察汉浩特，向林丹汗求援。林丹汗命内喀尔喀五部弘吉剌特鄂托克齐赛诺延、札鲁特鄂托克巴克、色本以及科尔沁明安诺延之子桑噶尔寨台吉等领兵万余，往援铁岭明军。林丹汗所遣大军乘夜色到达铁岭城下。此时，努尔哈赤集中优势兵力，已攻克了铁岭。他得知蒙古援军一万余人兵临城下，便指挥诸贝勒出城交战。齐赛诺延率领的蒙古军队，经不起数量上优势、斗志旺盛的后金军队的猛攻，纷纷败下阵来，奔辽河夺路而逃。后金军队紧紧追杀，活捉了齐赛诺延、巴克、色本、桑噶尔寨等台吉。

1619 年七月的铁岭战役后，努尔哈赤频繁遣人至内喀尔喀，要求诸台吉与后金盟誓修好，共同对付明朝。努尔哈赤与内喀尔喀建立同盟的目的是离间内喀尔喀与林丹汗的关系。

1619 年十月，林丹汗派遣使臣康喀勒拜瑚持书到努尔哈赤住地，自称“四十万蒙古之主”，藐视称“水滨三万人之王”的努尔哈赤，要求努尔哈赤无条件释放所获内喀尔喀台吉和科尔沁台吉，并警告努尔哈赤不得进犯林丹汗所攻取的广宁城。努尔哈赤释放了除内喀尔喀弘吉剌特的齐赛诺延以外的所有台吉，并写了一封指责林丹汗的措辞强硬的信，通知内喀尔喀五部以牲畜一万赎回齐赛诺延。林丹汗拒绝努尔哈赤的要求，但仍准备设法营救齐赛诺延。

1621 年三月，努尔哈赤和诸贝勒率领大军，围攻沈阳，打败明军七万守城部队，占领了沈阳城。努尔哈赤留下部分兵力驻守沈阳，指挥其余大部分兵力，准备乘胜攻取辽阳城。林丹汗得知后金占领沈阳并留下少数部队守护的情报后，令管理蒙古左翼三万户的大臣，乌齐叶特鄂托克的锡尔呼纳克杜棱洪台吉率领内喀尔喀卓哩克图诺延、达尔汉巴图尔、巴哈达尔汉等两千骑兵前往沈阳营救被禁的齐赛诺延。锡尔呼纳克杜棱洪台吉所率轻骑到达沈阳城下，与守城部队展开激战。但蒙古军队担心努尔哈赤的援兵前来增援，便撤回蒙古本土。1621 年八月，内喀尔喀五部送万头牲畜，赎回了弘吉剌特鄂托克齐赛诺延。

1612 年，后金国主努尔哈赤遣人至蒙古科尔沁部，娶明安台吉女为妃。1614 年四月，努尔哈赤第二子代善娶科尔沁札鲁特台吉钟

嫩女为妻。同月，札鲁特内齐汗，将其妹嫁与努尔哈赤五子莽古尔泰。接着，努尔哈赤第八子皇太极娶科尔沁部莽古思台吉女为妃。同年十二月，札鲁特部额尔济格台吉女嫁给努尔哈赤第十子德格类。1615年努尔哈赤又纳科尔沁孔果尔台吉女为妃。1617年内喀尔喀达尔汉巴图尔诺延之子恩格德尔娶女真舒尔哈齐四女为妻。经如此频繁的联姻，减少了来自蒙古方面的压力，使努尔哈赤集中精力去对付明朝。

由此可见，在明朝、蒙古、后金三方的较量之中，努尔哈赤无疑是最聪明和最有胆略的，通过联姻，科尔沁蒙古最终为他所有。到了后金天命十年（1625），即努尔哈赤迁都沈阳的前一年，科尔沁部落又送来了他们漂亮的公主布木布泰，嫁给皇太极为福晋。

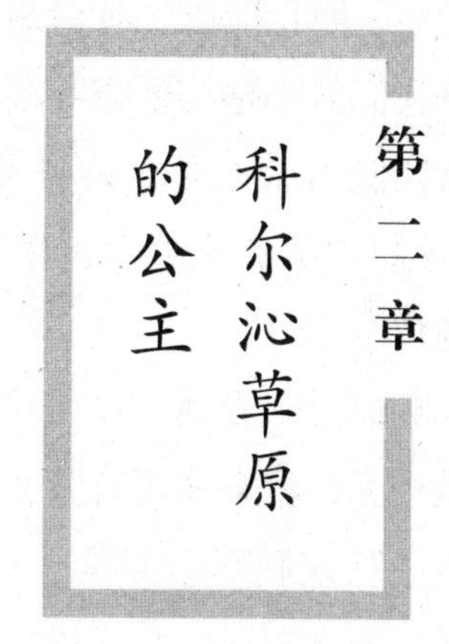

第二章 科尔沁草原的公主

布木布泰生于万历四十一年二月初八日，即1613年3月28日。

虽然之后的布木布泰曾叱咤风云，一手挽救起大清的命运，但她的出生，并未出现什么异兆，也未给家里带来多少惊喜，因为她出生时已经有四个哥哥，曼珠习礼、吴克善、索诺穆和察罕，还有一位比她大五岁的姐姐海兰珠。

小时候，布木布泰喜欢跟着哥哥吴克善在美丽的科尔沁草原上骑马打猎，而她的姐姐海兰珠，因为素来体弱多病，又一向温婉柔顺，则很少跟她们嬉戏玩闹。不过她这样男儿气的个性，倒颇让科尔沁部落首领贝勒寨桑受用，因此说她是老王爷心尖上的人亦不为过。

关于布木布泰小时候的传说也不少。相传布木布泰七岁那年，跟随哥哥到草原上巡视牧场。途中，遇到了一个精通相术的喇嘛。哥哥和从人先后请喇嘛看相，喇嘛倒也不是一味奉承，只说哥哥有贵相。布木布泰还很小，对看相算命这一套不懂也并无兴趣，只在一旁骑马奔跑嬉戏。

喇嘛看到了布木布泰后大吃一惊，叫道："这个小女孩是大贵人哪！怎么会生在此间？怪事！怪事啊！"从人们倒并不奇怪，回答说："这是莽古思王爷的孙女儿，我们小王爷的小女儿，自然是天生的贵命，还用你说啊？"喇嘛赶快说道："我讲的贵，可不只这个。此女将来要与君王为偶，母仪天下呀！"从人们仍不在意，说："那是自然。扈伦四国，叶赫最大。我们王爷一向与叶赫贝勒交好，想必将来我们的小格格要当叶赫国福晋了！”喇嘛连连摇头：“不止不止！此女当偶万乘之君，为华夏兆民之母！”在场的人全部一齐哈哈大笑，说：“哪有天朝之主娶外夷之女为配的道理？快闭嘴，别胡说八道啦！”

喇嘛讨个没趣，只得走开。但他还是边走边嘟囔说：“相面嘛，就是相面，将来能否有验，我怎么能知道？我不过就风鉴照实而言罢了……”人们都当那是一句笑话。谁知二十五年后，清太宗皇太极病死，布木布泰的儿子福临即位；当年清兵南下，入主中原，福临成了清朝入关后的第一个皇帝，尊生母为皇太后，正应了喇嘛“为华夏兆民之母”的预言。

在懵懂的年纪，布木布泰对人生的艰难几乎一无所知。因为在那个时候，她还是科尔沁部落的格格，地位尊荣不说，嫁的夫君也必定是一方之主。未来似乎是一幅再美好不过的画卷，等待着她去描绘。而那个时候的她，似乎也正是这样理所当然地认为着。于是，在那些年少的岁月里，她尽情享受着一位部落千金所能够享受的一切。

在布木布泰嫁给皇太极之前，科尔沁博尔济吉特氏家族的境遇并不怎么好，他们不但看不到未来的尊荣富贵，也不复有昔日的辉煌。为了自保与扩充势力，努尔哈赤建立的后金与蒙古科尔沁部交往甚密，所以少女时的布木布泰应该是见过皇太极和多尔衮，但对他们都有什么印象，是不是爱上了某个人，那就不得而知了。

第三章 北方游牧民族的婚姻习俗

以草原命名的科尔沁部落素来出美女，所以很多年后，当人们感叹博尔济吉特氏一门姑侄三人的荣耀时，总是无可避免地将之归于科尔沁这个美丽的地方。布木布泰的姑姑哲哲也曾是科尔沁草原上最漂亮的公主，她已先于布木布泰嫁给了皇太极，是皇太极的大福晋，布木布泰的姐姐海兰珠，在布木布泰出嫁后九年也嫁给了皇太极，是为宸妃，也是最受皇太极宠爱的妃子。

科尔沁草原风景

在汉族人看来，姑姑是肯定不能和侄女同嫁一个人的，起码会乱了辈分，崇奉贞节的女性更不能下嫁小叔子。但这些却在孝庄身上不起作用，她不但和姑姑、姐姐同嫁一人，还有下嫁小叔子的嫌疑，然而这些在当时却并没有人指责他们的做法，这是为什么呢？要找到答案，就不得不说说当时北方少数民族的婚姻观念和生活习俗。

每个民族的习俗和传统的形成，都有它特定的历史、地理等方面的原因，孝庄文皇后是蒙古族科尔沁人，生活在典型的草原文化环境中，早期的蒙古、藏、羌等游牧民族，逐水草而居，草原上地广人稀，走百里而不见人迹是常有的事，风雪严寒、干旱瘟疫以及频繁出没的凶猛野兽，都对他们的基本生存形成致命威胁，人的寿命也较短，意外死亡的可能性很大，所以人的繁衍就不能很容易地进行，而在这样环境下的家庭中，身体强壮的男人就显得尤其重要，若男人不幸身亡，那么剩下的女人和孩子就很难生存下去，这样的话，女人就必须重新找个男人作为自己的靠山，那么找谁更容易接纳自己和孩子，并保持家族的利益，以及孩子的亲属关系呢？无疑就是丈夫的男性亲属，所以，丈夫的兄弟、堂兄弟以及丈夫与别的妻妾生的年龄较大的儿子就成了首选。所以，在这些游牧民族中就形成了一种风俗，如果某家的男人死了，那么他的女人和孩子将作为财产的一部分，由其兄弟和非亲生儿子或孙子继承。

再者，在游牧民族居无定所的生存环境里，严格男女防嫌、提倡贞女节妇是不可能的。社会学家有一条公认的规律：经济越是不发达、生产力越是低下的地方，伦理道德、婚姻习俗就越是接近原始形态。而原始社会的人类实行的是群婚制。在早期的草原民族的心目中，男女婚配交合，是天赋的权利，与生俱来。所以一群之中，男人不应孤鳏，女人也无须守寡。男人视没有血缘关系的女子都可当作妻子；女人视没有血缘关系的男人都可当作丈夫。那么，兄死弟娶嫂，父死子娶后母就是很平常的事，不以为怪了。他们也认为这样的婚配能使一家和睦亲善，永不分开，这其实也是利用现有资源，抵御自然灾害、抗击异族侵扰，改善生产生活条件的必要举措。

他们的这些婚姻习俗，在今人看来觉得不可思议，即使相对于当时生活在中原地区、经历了数千年文明史和两千多年封建社会的汉民族看来，也是觉得野蛮可笑的，儒家学者更斥之为悖理乱伦。殊不知华夏民族也曾经历过同样的时期，有过相同的婚姻制度。但随着社会生产力的提高，经济基础的改变，作为上层建筑的社会习俗自然会随之改变。说起来，草原民族的这些习俗，也是源远流长的。有据可查的，比如被称为中国历史上四大美人之一的王嫱王昭君，她的故事已流传两千多年，当年汉元帝用和亲政策笼络日益强大的匈奴，令昭君出塞下嫁了匈奴的呼韩邪单于，被立为宁胡阏氏。

“宁胡”二字，恰如其分地显示了昭君下嫁所起的安定匈奴、安宁国家的作用，阏氏则是汉代匈奴对君主正妻的称呼，昭君出塞下嫁是在汉元帝竟宁元年，即公元前 33 年。两年后，即汉成帝建始二年、公元前 31 年，呼韩邪单于逝世，其前阏氏之子雕陶莫皋继立，为复株单于。汉成帝又命昭君从胡俗，即继立的单于将从父亲那里继承除自己亲生母亲以外的所有阏氏为妻。这样，昭君复为复株单于的阏氏。

王昭君雕像

假定昭君下嫁时的年龄不超过二十岁，那么呼韩邪单于死时她也不过二十二岁光景，尚在青春，想必她为是否再嫁继子心里很矛盾，专为此事请示过天朝皇帝，所以才有汉成帝命她从胡俗的旨意。

昭君为复株单于生了两个女儿，大女儿名须卜居次，小女儿名当于居次。匈奴的居次称号，相当于汉朝的公主；而须卜、当于，都是匈奴的贵族大姓，也即昭君两个女儿的夫家。三十多年以后，即公元头五年的汉平帝元始年间，昭君的大女儿须卜居次还曾回归长安，入侍皇太后。昭君的第二次婚姻，最多继续了十年。汉成帝鸿嘉元年，即公元前 20 年，复株单于死，其同母弟且麋胥继立，为搜谐单于。当时昭君的年龄在三十多岁，如果她还活着，仍会按照匈奴的习俗，再次嫁给继夫的弟弟。因不见记载，也就不好揣测了。而从王昭君一生的故事中，也可看出北方少数民族与汉族不同的婚俗。

若说汉代距明清时期时间较远，那么不妨再说说明朝时期，有个被称为“三娘子”的蒙古女子，生活在明朝末期，当时明朝与北方少数民族战乱不断，但由于三娘子过人的智慧和能力，竟使战乱不断的明朝北方边疆出现了民族友好往来的春天。

这位致力于汉蒙和平的三娘子名叫钟金，蒙文史籍中称她为克兔哈屯或也儿克兔哈屯。蒙文中“克兔”的意思是三，“哈屯”的意思是皇后或娘娘，所以汉文史籍把克兔哈屯译成三娘子，也儿克兔哈屯，意思是“有权力的三娘娘”。钟金是西蒙古卫拉特奇喇古特部首领哲恒阿哈的女儿，原本许配当时控制整个漠南蒙古西部的俺答汗王的孙子把汉那吉。但由于钟金美貌非凡，不知在什么场合被未婚夫的爷爷俺答汗看到，惊为天人，俺答汗便不顾一切地将她抢到手，成为汗王诸多妻子中最受宠爱的一个。

俺答汗是 16 世纪后期蒙古土默特部重要首领，孛儿只斤氏，成吉思汗黄金家族后裔，达延汗孙，又称阿勒坦汗或阿拉坦汗。

俺答汗在明朝嘉靖年间崛起，其部落初期游牧于今内蒙古呼和浩特一带，16 世纪中期，以俺答汗为首的右翼蒙古征服了青海蒙古及青海湖周围的土著部落，并留下部众在此驻牧。以青海湖为中心的广袤草原成为蒙古的新牧场。后逐渐强盛，逐原草原霸主察哈尔部于辽东，成为右翼蒙古首领。16世纪后期，俺答汗还两次征讨瓦剌。控制范围东起宣化、大同以北，西至河套，北抵戈壁沙漠，南临长城。后他为开辟牧场，又征服青海，甚至一度用兵西藏。

俺答汗先是配合其长兄吉囊数征北方兀良哈和青海的卫部特（见瓦剌）等部。吉囊死后，势力日强，控制蒙古右翼地区，将察哈尔宗主汗迫往辽东。嘉靖二十九年（1550）兵临北京城下，胁求通贡，史称庚戌之变。次年明朝迫于俺答汗威势，开马市于宣府、大同等地，旋因闭市而战事复开。

但俺答汗娶三娘子这个意外事件，使其孙把汉那吉极受伤害，他一怒之下，偷偷跑到明朝的边关请降，于是俺答汗因为三娘子而失去了自己孙子的支持。这一事件的另一说法：美丽绝伦的三娘子是俺答汗的外孙女儿，身为外祖父的俺答汗竟把她纳为姬妾。三娘子原已接受邻近的鄂尔多斯部的聘礼，他们得知这个消息，非常愤怒，要发兵来进攻俺答汗，夺回三娘子。俺答汗自知理亏，又舍不得放弃美丽的三娘子，就使用调包计，将孙子把汉那吉的未婚妻，改嫁给原三娘子的未婚夫。把汉那吉得知内情后，愤然地说："外祖父娶外孙女，祖父把孙子媳妇送给别人，这算什么话！"于是率领家人逃到中原。

但不管怎样，自从三娘子成为俺答汗的妻子促使把汉那吉降明之后，明朝在北方边关关闭多年的马市竟恢复了。这可说是边疆民族史上一个有趣的小插曲，明朝更并封俺答汗为顺义王，特地为他铸了一颗金印。

马市多年未开，开市后极大地促进了边关汉蒙两族的生产发展。三娘子也经常到马市上贸易，她曾因到宣府的张家口马市而认识了明朝的宣府巡抚吴兑。吴兑对待三娘子就像对待自己的女儿一样，亲切关怀，无微不至。特意赠给她贵重的八宝冠、百凤云衣和精美的红骨朵云裙。他们的这种亲友般的关系一直延续了很久。明朝政府也因此而获得很大好处：因为三娘子积极维护马市贸易，一听说哪个部落想进关掳掠，就事先告诉吴兑，让他防备。三娘子与明朝结好，必然在

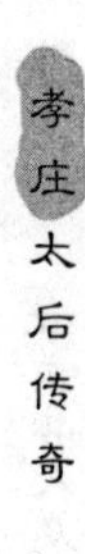

蒙古各部中招来嫉恨，其中俺答汗的长子黄台吉最为激烈。只因有俺答汗这棵大树的保护，三娘子得以无恙，马市也能维持。俺答汗自己也知道，一旦他倒下，三娘子的处境就危险了，所以拨给她很多兵马，另筑一城。明朝皇帝命名这个城为归化，此城就是今天的呼和浩特市。

万历九年（1581），俺答汗去世，理应黄台吉继位。但顺义王金印在三娘子手中，没有金印黄台吉不能继承王位。而且按照蒙古族习俗，黄台吉在继承王位的同时，应该继承除生母以外的俺答汗的所有妻子。只因他和三娘子素来不合，拖了两年才成婚，这样才得到了金印，继承了顺义王位。起初，黄台吉还野心勃勃，企图进关南下，不止一次地挑唆并责骂三娘子，说："老婢子手中这么多兵马，竟不敢攻打中原，真是太可笑了！"三娘子始终不为所动。后来黄台吉年老多病，又沉湎酒色，不问政事，内外大小事务全由三娘子主持，马市贸易才得以继续。

三娘子画像

不久，黄台吉病死，其长子扯力克继承王位，仍然娶三娘子为妻。明朝政府封三娘子为忠顺夫人。其后，凡有蒙古部落在边关进行抢掠，被三娘子发现，就都依照法令给以严惩，明朝边境于是得到相当长时期的安宁。

传奇人物三娘子做了三代蒙古王的妻子也说明，当时的北方游牧民族仍遵循着一直以来的父死子继，兄终弟及的婚俗。与之毗连的建州女真人，其婚俗应该与当时的蒙古部落没有大的差异，由此来看，孝庄一生中先与姑姑、姐姐同嫁皇太极一人，在皇太极死后孝庄再下嫁多尔衮，并不是什么稀奇的事。

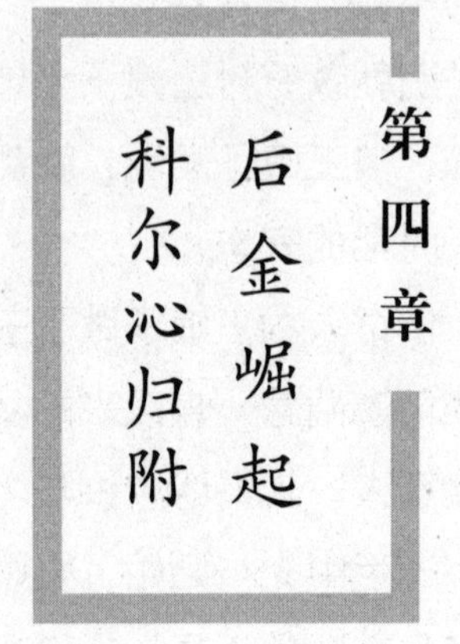

一、后金建国，努尔哈赤称汗

既然孝庄先嫁的是皇太极，并且是在皇太极死后才有了下嫁多尔衮的嫌疑，那么要说孝庄的故事，就必须先说皇太极的故事，而要说皇太极的故事，还不得不先说说他的父亲努尔哈赤。

1616年，即明万历四十四年。这一年的正月初一日，统一了女真族各部的努尔哈赤立国了，他定国号为后金，建元天命，国都赫图阿拉城，而他的莽古思的这位亲家翁终于登上了汗位，被尊为“覆育列国英明可汗”，成了一国之主。科尔沁蒙古派专使前往赫图阿拉祝贺，参与登基大典，每个人都感到了荣耀和自豪，因为科尔沁博尔济吉特氏家族从此就是名正言顺的皇亲国戚了，当然，此时年仅三岁的布木布泰还对这些毫无兴趣，但她一定能够感受家族中那随处可见的欢乐气氛。

1618年，努尔哈赤以七大恨誓师，率大军开始了对国力比自己大许多倍的明朝的战争，并且当年就攻克了明朝东北重镇抚顺，时年二十七岁的皇太极也参与了此战，但七岁的多尔衮是不可能参加战争的，而六岁的布木布泰应该还在科尔沁草原上与哥哥们一起牧羊。

1619年三月，努尔哈赤发动了萨尔浒大战，再次使用了他集中优势兵力、选择有利战场和战机、速战速决、各个击破的战略战术，以六万八旗精兵以少胜多，击败了号称四十七万大军的四路明军。并于此后挥军西进，攻破辽东、开原、铁岭，进入了辽沈地区。

此时努尔哈赤的势力已足够强大，于是他在八月里回军北上，轻而易举地拿下了扈伦四部中最强也是坚持到最后的叶赫部，并且再次派兵收取东海女真的瑚尔哈遗民。至此，从东海库页岛到明朝的辽边，自蒙古、嫩江，至朝鲜鸭绿江，同属女真语音的地区都已被征服，诸部合而为一。努尔哈赤终于用三十六年漫长的血雨腥风的征战岁月，完成了统一女真各部的大业。

有史学家做过统计，说清军进山海关的时候，他们在东北所征服的土地已达三百万平方公里，而此时明王朝的疆域，也已萎缩到三百余万平方公里。满洲入主中原以后，东北的这三百万平方公里的广阔的土地，就成了他们的大后方，这都是努尔哈赤奠定下来的。

关于满洲人取得的所有这些胜利征服的消息，无疑都会传到科尔沁草原、传到博尔济吉特氏家族，引得整个家族一次又一次的欢呼喜悦；同样地，这些消息无疑也会对一年年长大的布木布泰产生越来越重大的影响。

二、和硕贝勒皇太极

后金建国之后，努尔哈赤又授其子代善、阿敏、莽古尔泰、皇太极四人为和硕贝勒，号称四大贝勒，共理国政，掌握着国家的实际权力。四大贝勒中最年轻的一位，汗王的第八子、二十四岁的皇太极，正是博尔济吉特氏莽古思家的姑爷。找到这样能力过人、前途无量的靠山，实在要感谢科尔沁首领莽古思的眼光。

和硕的意思，在满语中表示“四方之方”，引申为一方或一部落。贝勒一词译成汉语是大官、高官的意思，源于女真语“勃极烈”，最初，只有女真各部中强有力的酋长可使用这个称号，一直沿用到努尔哈赤时代。那么“和硕贝勒”一词就可以理解为可汗一人

努尔哈赤雕像

之下的独领一方的王爷了。直到二十年后的 1636 年，后金改国号为大清、皇太极正式称皇帝的时候，颁定宗室爵号，贝勒的爵位才放在亲王、郡王之下，成为第三等。

蒙古各部酋长多各自称王称汗，归附努尔哈赤的蒙古部落，大约在天命元年以后，随之改称贝勒，莽古思王爷因为归附有功，更因为成为努尔哈赤的亲家、皇太极的岳父，在皇太极称帝的次年，得到和硕福亲王的崇高封号，这在当时的蒙古诸部中是绝无仅有的，科尔沁蒙古也因之成为蒙古诸部中最高贵的一族，后来成为蒙古四十九旗中最贵盛、最有实力的一旗。

当初莽古思择婿嫁女时，也许没有想到这一后果，但家族的繁荣兴盛却无疑来自他的知人之明，他看中了皇太极，知道他将来的发展不可限量。

当皇太极与父亲在沙场上纵横驰骋，捷报频传的时候，布木布泰还在大草原广阔的天地中与小伙伴们骑马嬉戏，她生活在一个皇亲国戚的贵族家庭中，会和家族的每个成员一样，被不断传来的来自后金国的消息所激动，为后金每场征战的胜利而欢呼雀跃，或许特别关心着汗王努尔哈赤和四贝勒皇太极的安危，盼望着后金捷报频传，她或许会向伙伴们夸耀自己那不寻常的姑父姑母，那是英勇善战、机智果敢的皇太极和美丽的哲哲姑姑，她对英雄或许有了无比的憧憬。

而或也有另一种可能，就是还是孩子的多尔衮来到过科尔沁草原，见到过美丽的小女孩布木布泰，两小无猜的两人或许情结暗系。但这种可能又是微乎其微的，至少在史书记载上看，在布木布泰嫁到后金汗国之前，她和多尔衮之间恐怕是没有机会在一起的。在年龄上，她比多尔衮仅仅小四个月，差不多是同岁。她十三岁嫁给皇太极，成为多尔衮的嫂子。第二年，十四岁的多尔衮便迎娶了她的姑姑为妻，多尔衮又成了她的姑父。

第五章 孝庄嫁给皇太极的历史背景

一、哲哲未生育，家中无地位

努尔哈赤获得萨尔浒大战的胜利并灭亡叶赫部之后，又挥军进入了辽沈地区，攻占了辽阳和沈阳，他是在天命六年（1621）春三月发动辽沈之战的。三月十五日拿下沈阳，三月二十一日上午取辽阳，他中午就率师进驻辽阳的都司衙门，随即决定迁都，派人立刻到原都城萨尔浒搬迁眷属。

随着努尔哈赤事业的发展，他的都城也一迁再迁，每迁一次都意味着他统治和控制区域的扩大。从 1603 年建起兴京赫图阿拉开始，萨尔浒大战之后，便向西迁都一百二十里，到界凡。在界凡只住了一年半，又西迁四十里，住到了萨尔浒；不到半年，再次迁都到辽阳。就这样步步为营，扩大和巩固着他的统治。

辽阳位于辽宁省中部，东依辽东山地，西望辽河平原，太子河经市郊东、北转折西、南注入渤海。辽阳是东北地区最早的城市之一，是当时辽东的首府，大明朝东北地区的著名古城。努尔哈赤会不会在辽阳长久地居住呢？这一年的八月，科尔沁蒙古贝勒莽古思的孙子、布木布泰的哥哥吴克善来到辽阳，代表祖父和父亲为汗王的新胜利远道致贺，并问候姑母、皇八子福晋哲哲，之后他却在辽阳城东八里外又看到了一座新建的都城。因为汗王命令皇十子德格类、皇侄济尔哈朗、皇孙岳托，就在距新城五里的地方宰牛杀羊款待客人，并嘱他们宴后把客人带进新城。于是，吴克善就在那座装饰华丽、黄琉璃瓦镶绿釉瓦边的金光闪闪的八角大殿里谒见了努尔哈赤。

努尔哈赤一贯对蒙古亲戚格外优厚，这一天，杀了八旗献上的八头牛，再设大宴，尽欢而饮。这样隆重的接待，不仅是亲戚之谊，还有宣威的作用。更有一层意思，那是在吴克善见到姑母哲哲以后才领会到的。那就是希望亲上加亲。这一年哲哲二十一岁，结婚七年了，还没有生养。虽然由汗父指定了她的嫡福晋的地位，但并不十分稳固。她嫁给皇太极的时候，皇太极已经有两位福晋了。两位福晋都比她年长，都非无名之辈。

一位是钮祜禄氏，皇太极的结发妻子。她是努尔哈赤的生死之交、开国五大臣中占第一位的额亦都的女儿，可算是后金国的贵盛之家、名门之女。还在哲哲出嫁之前三年，她就已为皇太极生下一个儿子，名洛博会。不过这个孩子只活到七岁就夭亡了，但也改变不了结发妻对后来妻的威胁。

另一位继妻，是继钮祜禄氏的，生育更早，在哲哲嫁过来的五年前，就为皇太极生了长子豪格，两年后又生了第二子洛格，如今，又生了长女。有二子一女的侧福晋，对无子无女的哪怕是嫡福晋，无论如何也存在着可怕的压力。何况这位继妻乌拉那拉氏更非等闲，她是现今汗王的大福晋乌拉那拉氏阿巴亥的姑姑。

钮祜禄氏是满族最古老的姓氏，也是满洲贵族姓氏，亦写作“钮祜鲁氏”。满族八大姓之一。钮祜禄在满语中是“狼”的意思，狼是满族先世女真的图腾之一，女真人出于对狼的崇拜，而以其为姓氏。此姓氏的人主要分布在松花江流域、牡丹江流域、长白山区。

有钮祜禄氏这样两位对手，哲哲怎能安枕？不难想象，在皇太极的和硕贝勒府里，嫡福晋不一定能指挥得动那两位侧福晋，不一定能维持住女主人的地位。蒙古格格要用多长时间才能克服语言不通、生活习惯不适应的困难？纵然哲哲嫁来时不过十四岁，容易接受新事物新环境，那也会是一个漫长的过程。尽管衰落了，仍然是贵族。出身蒙古名门的哲哲，处在新暴发户的女真贵妇之间，显然很孤独，她打不破对方的统一战线。唯一可行的办法，就是争取后援。适逢汗王想要进一步加强与蒙古各部的关系，她便出面提出了与娘家再次联姻。

吴克善回到科尔沁草原，兴奋地向祖父母和父母禀告此行的所见所闻：大金国的八旗铁骑是怎样兵强马壮、威风凛凛；新建的东京怎样完全不同于赫图阿拉、萨尔浒等早先都城的土墩木台原始状态，竟与中原汉人一样用砖石筑城；东京城里的殿堂宫室又是怎样的金碧辉煌、十足的皇家气派；汗王又怎样盛情款待，用极高的规格宴请他这位亲戚中的小辈后生。

二、联姻巩固满蒙关系，布木布泰年少受命

面对努尔哈赤这位气吞山河的亲家，莽古思和寨桑父子认定了女真族的爱新觉罗氏的帝王之相，更加相信天命所归，不可逆转。他们对哲哲的处境也很理解。不过此时可以出嫁的女孩儿只有一个，就是寨桑的幼女布木布泰。但这年她才八岁，尽管蒙古族盛行早婚，这年龄也太小了。最后的协议可能是先聘定，待到布木布泰年满十二岁时再成亲。

而努尔哈赤进入辽沈地区以后，他在统一女真各部时习惯使用的野蛮掠夺杀戮，激起了广大汉族百姓的强烈反抗，于是他大发野性，用血腥的大屠杀进行残酷镇压。在他疯狂与残暴的后面，要说还有清醒的地方，那就是他很清楚蒙古各部对他的重要性，那是保住和支持他宝座的强大兵团。那么用新的联姻以达到新的亲密关系，就成为这时的必然。

这样，人们看到了又一次的蒙古格格远嫁的高潮，努尔哈赤的女儿、后金的公主，也第一次远嫁蒙古。天命八年（1623），科尔沁蒙古孔果尔贝勒送女儿与皇十三子阿济格为婚；天命九年（1624），科尔沁蒙古桑噶尔寨送女儿与皇十四子多尔衮为婚；天命十年

（1625），努尔哈赤将皇八女聪古图和硕公主嫁给喀尔喀蒙古博尔济吉特氏台吉固尔布锡。

同年，努尔哈赤又将抚养宫中的侄孙女封为和硕公主，即肫哲公主，嫁给科尔沁蒙古博尔济吉特氏宗主奥巴汗。这一联姻，最后确立了科尔沁蒙古成为后金最忠实的盟友地位。也是这一年，科尔沁蒙古部寨桑贝勒之子吴克善送妹布木布泰与皇八子皇太极完婚。

值得一提的是，天命十年的这三桩联姻，两桩都和皇太极有关。因为皇八女的母亲、努尔哈赤的侧福晋叶赫那拉氏，是皇太极生母的亲妹妹，是庶母又是亲姨。生母去世后，姨妈不就格外亲吗？对这个比自己小二十岁的远嫁蒙古的小妹妹聪古图，皇太极想必怀着悲悯和怜惜之情；然而他又将迎来一个来自蒙古、比自己小二十一岁的小妻子布木布泰。他当时不会想到，正是这个年仅十三岁，看上去羞羞答答的小女孩，将来会接过自己定鼎中原，建立大清王朝的历史重担。

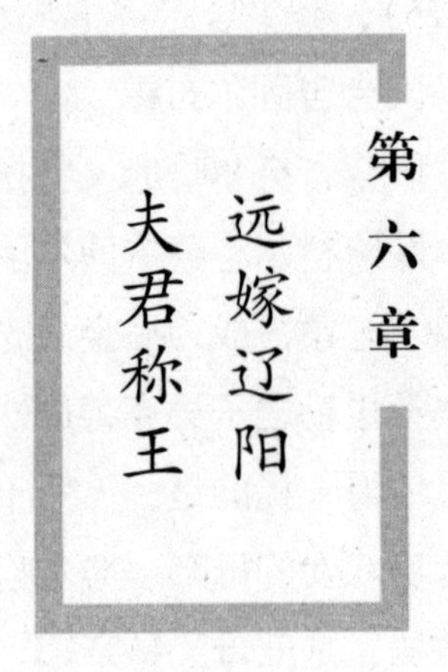

一、布木布泰嫁姑父，少女心事有谁知

1625年初春，草原上草芽儿萌发的时节，盛大的送亲队伍在科尔沁组成了，十三岁的布木布泰告别祖父母、告别爹和娘、告别游玩嬉戏的伙伴、告别生她养她的故乡大草原，踏上了远嫁的路。

从科尔沁草原到辽阳，远嫁的路漫长。当最初的悲痛过去之后，对未来的揣测、想象便渐渐代替了、淡化了对亲人的思念。一个人，最怕突然间被投入莫测高深的汪洋大海，因为孤立无援。布木布泰心理上有一个重要的支撑点，使她面对未来时恐惧与惶惑之余，能有几分轻松，能得一点安慰，这就是她的姑姑哲哲。

哲哲肯定见过小小的布木布泰，而布木布泰却一定记不得姑姑。因为哲哲远嫁的那年，布木布泰才是个两岁的婴儿。但布木布泰长大以后，会经常地听到有关姑姑的所有故事，特别是在科尔沁蒙古博尔济吉特氏成了皇亲国戚、哲哲成了大金国和硕贝勒的嫡福晋之后。姑姑成为部落和家族的光荣，布木布泰同样引以为自豪。如今，布木布泰将要嫁的男人，就是哲哲的丈夫、自己的姑父，亲上加亲，她到了那边是不会孤立无援的。

来到辽阳以东那从城墙城门到街道殿堂宫院都一色崭新的东京

时，已是柳绿桃红的仲春了。尽管她没有嫡福晋的身份，尽管她不过是个小女孩儿，只因为她来自蒙古部族，又是与四贝勒为婚，仍然举行了盛大的婚礼和婚宴。新郎皇太极亲迎至沈阳北冈，回到府上，在喜气洋洋的气氛中，布木布泰成了姑父皇太极的新娘子。

辽阳古塔

来到婆家，布木布泰很快熟悉了环境，学会了语言，更多地来往于汗宫和各个王府，和大家庭的成员们都熟识了。因为当初迎亲时汗王的重过寻常的礼仪，家庭成员们不管心里乐意不乐意，表面上也要维持对她的亲切。实际上，人们也都喜爱这个聪明伶俐、乖巧懂事的小福晋，因为她那么幼小可爱，不会对任何人构成威胁，谁能想到她将来会是大清朝最重要的缔造者之一呢？

布木布泰是个聪明的女孩子，过来不久后就知道了有关丈夫皇太极的一切故事，甚至隐隐了解到他的心事。而通过细心的观察，她更明白，在这个家庭里，政治和权力是绝对压倒亲情的，她嫁过来不久就发现，她的丈夫跟努尔哈赤以及他的兄弟都不一样，他是个有心机和城府的人。而皇太极也发现，嫁过来才一年之后的布木布泰突然间似乎长大了许多，像是个能管事的小媳妇了。

二、宁远之战，汗王遗恨

1626年，后金天命十一年正月新春，须发如银的努尔哈赤亲自率领号称二十万的八旗大军征讨明朝。守卫锦州、松山、大凌河、小凌河、杏山、连山、塔山七城的明朝将军们，慑于八旗的军威，纷纷烧屋焚庐，丢弃多年储存的军粮军备退回关内去了。只有宁远守将袁崇焕率领他的两万守军固守不退，并发誓与宁远共存亡。宁远于是成了独居关外的一座孤城。

无论八旗军如何骁勇善战，无论身经百战的努尔哈赤怎样足智多谋善于指挥，三天的血与火的拼死搏斗，宁远城就像铜墙铁壁，屹立如故，后金徒然地在城墙脚边留下堆积如山的八旗将士的尸体，残军只好回师沈阳。袁崇焕实践了他用血写的誓言，取得了明、金交手打仗数十年来的第一个胜利!

袁崇焕，字元素（《明史本传》），一说字自如，汉族。于万历十二年（1584）四月二十八日出生于广西布政使司梧州府藤县北门街（一说袁崇焕出生于广东东莞，年十四随祖袁世祥、父袁子鹏迁至广西藤县）。

万历四十七年（1619）袁崇焕中三甲第四十名，赐同进士出身，授福建邵武知县。袁崇焕任职不久，遵照朝廷的规定，于天启二年（1622），到北京朝觐，接受朝廷的政绩考核。他利用在京的时机，察视边塞，了解形势，为辽事进行准备。

此时辽东形势已经越来越危急，努尔哈赤攻陷抚顺以来，明朝在辽东的总兵官阵亡者共十四人。天启帝惊慌失措，抓住首辅叶向高

“衣袂而泣”。京师朝野官员，谈敌色变。张岱在《石匮书后集》中说：“时广宁失守，王化贞与熊廷弼逃归，画山海关为守。京师各官，言及辽事，皆缩朒不敢任。崇焕独攘臂请行。”

在这个明朝关外局势空前严重的态势下，袁崇焕单骑出关，巡视形势，在广宁失陷的第四天，御史侯恂慧眼识人，不泥成规，提请破格擢用袁崇焕，具疏奏言：“见在朝觐邵武县知县袁崇焕，英风伟略，不妨破格留用。”

明天启帝采纳侯恂等的建议，授袁崇焕为兵部职方司主事，旋升为山东按察司佥事、山海监军。

袁崇焕赴任前，往见革职听勘在京的熊廷弼。熊廷弼问：“操何策以往？”袁崇焕答：“主守而后战。”熊廷弼跃然喜。

袁崇焕像

袁崇焕任职后，上《擢佥事监军奏方略疏》。力请练兵选将，整械造船，固守山海，远图恢复。他疏言：“不但巩固山海，即已失之封疆，行将复之。”当时山海关外广大地域，为漠南蒙古哈剌慎等部占据，袁崇焕便驻守关内。朝廷采纳蓟辽总督王象乾的奏议，对边外蒙古部落实行“抚赏”政策，就是颁发赏银，争取他们同明朝结盟，共同抵御后金。一些蒙古部落首领接受了“抚赏”，辽东经略王在晋令袁崇焕移到山海关外中前所（今辽宁省绥中县前所镇）。王在晋又令袁崇焕往前屯（今辽宁绥中前屯），安置辽民流亡、失业者。袁崇焕受命之后，连夜赶路，丛林荒野，虎豹出没，天明入城，将士都赞叹他的勇敢与胆量。

天启二年（1622）三月，王在晋经略辽东，四月，有驻守北山的湖广士兵溃逃，袁崇焕杀数人乃定。六月，王在晋令袁崇焕移往中前所，监参将周守廉，游击左铺，经理前屯卫事务。袁崇焕当夜出发，次日抵达前屯。夜行荆棘、老虎、豹狼中，四鼓入城，将士莫不壮其胆（《三朝辽事实录》）。王在晋甚为倚重，提请升其为宁前兵备佥事。

王在晋当时商议在八里铺筑山海重关，袁崇焕以为不妥，上书朝廷，力争。朝廷命大学士孙承宗亲往视察，六月二十六日，孙承宗抵山海关，驳回了山海重关之请。孙承宗召集关内外众臣公议，阎鸣泰主守觉华，袁崇焕主守宁远。孙承宗实地考察后，认为宁远乃山海天然重关，听从袁崇焕之议。

天启三年（1623）春，孙承宗令袁崇焕抚哈剌慎各部，令其移出八里铺至宁远，收复二百七十里（《孙承宗年谱》）。孙承宗初令祖大寿筑宁远城，九月又令袁崇焕和满桂前往，袁崇焕定城规模，令祖大寿等督建城。天启四年（1624），宁远城竣工，逐成关外重镇。

天启四年（1624）春，孙承宗上疏言“宁远可战可守”，又说“愿用崇焕指殚力瘁心以急公”不愿用“腰缠十万之逋臣，闭门诵经之孱胆”，帝听之。

九月，袁崇焕与马世龙等携兵一万两千巡边广宁，叙劳进兵备副使，继又升至右参政。同年，袁崇焕父病故，袁崇焕两疏请辞，不许。

天启五年（1625），孙承宗遣兵分驻锦州松山杏山等城，同年，因柳河之战，孙承宗屡次遭参，请辞。十月，兵部尚书高第经略辽东。

天启六年（1626）正月十四日，后金兵渡辽河。右屯守将周守廉逃，松山等处守将左辅亦烧毁粮储庐舍而退（《东华全录》）。袁崇焕闻之，与总兵满桂，参将祖大寿，守备何可纲，集将士誓守宁远。令中左所都司陈兆阑和都司徐敷奏率兵入城，左辅朱梅为外援。二十三日，努尔哈赤率后金军至宁远，努尔哈赤自称率军三十万，必破此城，令袁崇焕投降。

袁崇焕答曰："来兵称三十万虚也，约有十三万。吾修治宁远决守以死，岂肯降耳？"

后金攻城，袁崇焕等宁远守军以火器拒之，宁远通判金启倧也因点炮自燃，为国捐躯。

"自辰至晡，杀三千人，敌少却。二十五日佟养性督阵攻西门，势更悍，先登，益众。敌俱冒死力攻，城中卫之如前，击杀更倍于昨。"

"是役也，奴贼糜烂失亡者实计一万七千余人。而大炮以封，今所称'安边靖虏镇国大将军'者，职所首取四位中之第二位也。"

这一战也给努尔哈赤带来巨大的打击，他曾对诸贝勒说："我自二十五岁征伐以来，战无不胜，攻无不克，怎么唯有这个小小的宁远城不能攻下？"（有史料说此战中努尔哈赤受了伤）为此，他长时间地闷闷不乐。连四月里征服喀尔喀蒙古巴林部的胜利，也不能消除他的忧伤。他感到疲惫、沮丧，不但是心理上，身体上的衰弱和病痛，也使他感到了不适，便有传说认为，此战中努尔哈赤曾为明军的火炮所伤。

六月二十四日，努尔哈赤训示诸贝勒，并把训示书写下来交诸贝勒收藏，训示中重申"八家但得一物，八家均分公用，毋得分外私取；凡军中所获之物，毋隐匿而不明分于众，当重义轻财"的原则，再次确认他在天命七年所颁布的八王共治国事的政体。那就是八个儿子分别是八旗之旗主，为固山王；八固山王中，有才有德能接受不同意见者，才能继承汗位；臣子向汗王禀告请命时，八固山王要共理国政、共商国是。

七月二十三日，自觉身体不适的努尔哈赤前往清河温泉养病；八月初，病体沉重，乘舟顺太子河而下，并遣人召大福晋来迎。舟入浑

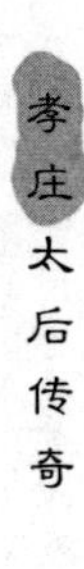

河的时候，大福晋阿巴亥赶到了，衰弱的老汗王却已经进入弥留状态。八月十一日下午，舟至距沈阳城四十里的瑷鸡堡的时候，六十八岁的努尔哈赤走完了他的人生。

努尔哈赤是女真人的英雄，他结束了女真民族多年的分裂、内战和仇杀，用四十余年的艰苦奋战，建立起统一的军队和统一的国家，并努力使它们日渐强大，饱受战乱、贫穷和掠杀痛苦的女真人民因此得到了多年未能得到的安定。

不过，他仍然没有脱离草莽英雄的范畴，他主观上并没有为天下致太平的志向，更多的是征服欲。战争就是战争，双方都无可避免地要付出极高的生命和鲜血的代价，努尔哈赤的一些没有道理的残忍行径，特别是对汉人的屠杀，是不能用战争来为他解释和辩护的。原始的野性带给他顽强而蓬勃的生命力，而他用战争带给对手的，就是野蛮和残酷。

清史学者孟森曾这样评价努尔哈赤：在大清帝国皇室子孙与士大夫口中，固然会颂扬努尔哈赤积功累德，应该入主中国；然而，若就史实考察之，则实在没有什么功德。清之取天下，纯由武力。努尔哈赤以矫健警悟，当大敌不惧，受重伤不馁，以此称雄；又以勇悍立威，驱率其族，裹胁益多，并以训练族众见长，遂养成武力，造就了一个庞大而野蛮的军事抢劫集团，从而横绝一世。这种评价，从历史的角度看应该是公正和客观的，因此受到了国内外许多史家的赞同。中国历史上，像努尔哈赤这样的草莽英豪为数不少，大多如过眼烟云。

努尔哈赤的政治才能与综合素质，远远不如他的儿子皇太极与多尔衮。换句话说，如果没有皇太极和多尔衮，清朝铁骑能否踏进山海关实在是个值得怀疑的未知数。如果努尔哈赤不在天命十一年死去，继续再活五年、十年，继续他的政体国策；如果他的继承人也像他一样，或全盘接受他所有的这些不懂得收人揽心、缺乏政治远见的特点，那么，后金也会像中国历史上五胡十六国及五代十国时的那些北方少数民族建立的短命政权一样，刚露脸不到几年，就消失在历史的烟尘之中，大清朝是不可能出现在他手中的。

清福陵努尔哈赤墓

幸运的是，努尔哈赤的继承人是皇太极，一个新一代的有文化的女真人，一个杰出的有远见的政治家，他精心塑造了能定鼎中原的清王朝的雏形。

三、阿巴亥生殉，四贝勒逼位

努尔哈赤崩逝的时间是天命十一年八月十一日下午两三点；地点在离沈阳尚有四十里的瑷鸡堡；身边除了一般侍从仆役，只有应召而来的大福晋乌拉那拉氏阿巴亥。诸贝勒大臣赶来，轮班肩抬汗王棺柩，当夜初更时分才到了沈阳。此时最紧要、众人最关心的莫过于汗王对身后事有什么遗嘱。

阿巴亥大福晋忍泪叙述了汗王临终的遗言：由十四子多尔衮继承汗位，由大贝勒代善辅政，待多尔衮成年后，代善归政。

众人闻言后全都惊呆了。这可能是汗王的遗嘱吗？完全违背他生前反复训示过的八王共执国政的体制，违背在八王中择贤者继汗位的原则；皇十四子多尔衮才十三岁，还是个孩子，很难说贤与不贤；而

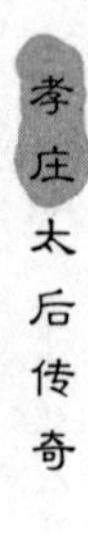

且这种安排，不就等于是大福晋企图使自己的儿子继承汗位，自己在幕后操纵吗？

说到这里，不得不对阿巴亥和她所做过的一些事做些介绍。

阿巴亥姓乌拉那拉氏，生于万历十八年（1590），海西女真乌拉部（吉林省吉林市北三十公里的乌拉街满族乡）人。她的父亲乌拉那拉·满泰是海西乌拉部的酋长。万历二十九年（1601），年仅十二岁的阿巴亥嫁给了比她大三十一岁的努尔哈赤，两年以后就被立为大福晋。

在努尔哈赤的众多后妃中，阿巴亥年轻、漂亮，又极富机智，深受努尔哈赤的宠爱。努尔哈赤的第十二子阿济格、十四子多尔衮、十五子多铎都是阿巴亥所生。

由于乌拉那拉氏年轻貌美，老夫少妻，努尔哈赤非常宠爱她。有一次在晚宴时，努尔哈赤望着年轻美丽的乌拉那拉氏，想着自己逐渐老去，考虑自己百年之后将乌拉那拉氏托付何人。后金有收继婚习俗，故努尔哈赤考虑在身后由大贝勒，二子代善继娶乌拉那拉氏的打算。代善也知道父亲的这一想法，而乌拉那拉氏也希望在努尔哈赤故去后在后金政权中寻找靠山。于是在1620年即大明万历四十八年、后金天命五年，发生了一件对后金政权影响深远的变故——努尔哈赤休弃大福晋阿巴亥。当时，公开的名义是指斥大福晋偷藏财物，实际上有很深的隐情。

这年三月，努尔哈赤的一个小妃子告发大福晋阿巴亥允许贴身侍女将一匹蓝布送给“情人”，这情人就是代善。当时，女真人中有一项严格的禁忌：不经丈夫同意，女人若将财物送人，就是欺骗丈夫，若是送给男人，就会被认为是倾心于该男子。事实上，这样的禁忌即便在现代人的生活中可能仍然在发生作用。德因泽进一步揭发说：“阿巴亥曾经两次备饭送给大贝勒代善，一次给四贝勒皇太极。代善接受并且吃了，皇太极接受而没有吃。而且，大福晋一日之内两三次派人去大贝勒家，不知道他们在谋划什么？大福晋自己深夜出去也有两三次。”努尔哈赤命人调查，结果证实揭发属实。

令努尔哈赤更加恼怒的是，每当诸贝勒大臣在汗王家里议事或宴饮时，大福晋阿巴亥都会浓妆艳饰，精心打扮，并且可能在语言眉目之间对代善颇多表示，使在场的其他人很尴尬，但谁都不敢声张，只能假装看不见。这一点，当然又令努尔哈赤万难接受。

其实阿巴亥这样做是出于对努尔哈赤过世之后自己如何安身立命的考虑，本不是什么大事，但女真人也有不成文的规矩，就是有丈夫的女人不能做对不起丈夫的事。

而在这些事发生之时，努尔哈赤也没想过指定接班人。他曾经为自己的嫡长子褚英做过类似皇太子一样的安排，褚英被处死之后，他又安排二儿子代善监理国政，并一度让他和自己一样，一个人兼任了两个旗的旗主。努尔哈赤表示，自己百年之后，要将深受宠爱的大福晋，还有年幼的子孙们托付给代善。从而，一度使代善的权势极为显赫。这可能是那些贝勒大臣们看到大福晋与代善眉目传情时，谁都不敢废话的原因之一，他们可以将此理解成是老皇帝在以名位后事交代继位者。但如果考虑到女真人上述事实上盛行着的多种婚姻制度，努尔哈赤的这番话则完全应该被理解成，自己死后，不但允许儿子代善继承自己，还希望他娶养无血缘关系的庶母——大福晋。否则，这位大福晋的举止怎么会如此露骨？而从阿巴亥的一生行事判断，假如不是置身于这种多种婚姻文化氛围之中，这位史书记载中“有机变”的大福晋，应该断不至于会错意到如此程度才对。

倒是身为准太子的代善，很有可能因为心智、性情上的厚道和缺少智略，身处其中的文化氛围，再加上权势显赫导致忘乎所以，才真的会错了意。在人性的层面上，他可能并不真正了解其父的真实想法与性情，于是，将努尔哈赤所说的、所想的和所要做的当成了同一回事儿，忘记了死后是死后，而现在活着是活着的道理。结果，真实的情形可能是：努尔哈赤痛恨自己还活着时就开始眉来眼去的大福晋和代善。不久，就将代善独掌的两红旗，分出去了一旗，交给代善的儿子岳托。从而，代善自己失去了父亲的欢心，被迅速灰头土脸边缘化，也害了那位大福晋。

代善像

努尔哈赤的处理也很有意思，他放出风去，说是要搜查大福晋私藏的财物。大福晋便慌慌张张把财物分送到各处藏匿，结果全部被搜查出来，包括藏在儿子阿济格家的三百匹绸缎。史书记载说：大福晋阿巴亥“虽然有机变，却终于为努尔哈赤的英明所制服”，可能就包括了这件事情。随后，努尔哈赤宣布：“该大福晋奸诈虚伪，人所有的邪恶她全都有。我努尔哈赤用金银珠宝从头到脚地妆饰你，用别人见所未见的上好绸缎供着你，养着你，你竟然不爱你的汗夫，把我蒙在鼓里，去勾引别人，难道不该杀吗?”随后，将这位大福晋休弃。当时，努尔哈赤另外一位蒙古族的小妃子也加入战团，揭发阿巴亥。史书中说，大福晋阿巴亥好嫉妒，大约由此可以得到证实。或许，努尔哈赤对阿巴亥的情意并未泯灭，故不到一年又将她接回，继续做大福晋。

所以，有了上次的事件，诸贝勒都不太相信努尔哈赤死时会做如此安排，况且多尔衮虽然已经成年，并与多铎最受晚年努尔哈赤的喜爱。但他当时没有尺寸武功，在皇太极跟随努尔哈赤驰骋疆场时，多尔衮还没有出生。按照努尔哈赤确定多年，且生前从无改变迹象的八旗制度根本原则来看，他没有可能被推举成继位的汗王。如果努尔哈赤要强行指定他为继承人，那么事情就会变得异常复杂。因为，那将意味着八旗制度中根本原则的改变，意味着游牧渔猎部族国家文化上的改变。我们知道，除非在特别特殊的情形之下，这种改变是不太可能发生的。就像一代天骄成吉思汗晚年最喜爱幼子拖雷，但拖雷终究没能当上蒙古大汗一样。因此，年轻的多尔衮只能得到旗主的权力与财富，却不能坐上部族国家汗王的位置，原因就在于此。

现在，只凭大福晋阿巴亥口述遗嘱汗王的遗命，谁又能给证实呢？于是四大贝勒进行了紧急磋商。因为这个遗嘱对四大贝勒构成了极大的威胁。此时的八旗，皇太极掌握两黄旗，代善掌握正红旗，阿敏掌握镶蓝旗，莽古尔泰掌握正蓝旗，所余镶红、正白和镶白三旗旗主，分别是阿济格、多尔衮和多铎。这三兄弟在他们分别只有十九岁、十二岁和十岁的时候，就成为拥有一旗、与诸兄并驾齐驱的权势很大的旗主。诸兄得为旗主，无不在战场上出生入死，流血拼命，对幼弟恃母亲受宠而得汗王厚赐，怎能心平气和？平日碍于汗王的威严、碍于兄弟情分还都能忍耐，一到关键时刻，这种不平之气就会乘机而出，起决定性的作用。

现在就是这样的关键时刻。形势明摆着：阿济格、多尔衮、多铎这三个同母兄弟所掌握的力量已经超过四大贝勒中的任何一个，如果再有他们的母亲阿巴亥以国母之尊连缀其上，其他五位旗主谁不畏惧？谁又敢不服从？阿巴亥就能因此而左右八旗、左右整个国家的政局，破坏八王共执国政的均衡，这对国家和对他们每个人，尤其是对与阿巴亥有宿怨的皇太极和莽古尔泰，后果都是不堪设想的。所以大家商定：必须除掉阿巴亥。

除掉阿巴亥，就容易使她的三个孩子的势力分离，不能成就对抗的力量。而当前正是多尔衮、多铎尚未成年之时，还不具备竞争能力，阿济格一人当然还难以抗拒众长兄。怎么除掉阿巴亥呢？办法也很现成，那就是殉葬。究竟谁是设计者呢？史上不见记载，但最大可能是皇太极。因为他有足够的理由和足够的智慧，并因为生母的早死和自己幼年所经受的冷遇，对阿巴亥积怨很深。而出于相似的原因，莽古尔泰也会是积极的赞助者。

于是，努尔哈赤这些成年的贝勒儿子，以汗王对国政及子孙早有明训为名，断然否定了阿巴亥所传达的“多尔衮嗣位、代善辅政”的努尔哈赤的临终遗命，随后，他们向阿巴亥传达了他们所记下来的汗王的遗言：大福晋虽然风姿美貌，但心怀嫉妒，常常使汗王不悦，虽有机变，终究逃不出汗王的明察，如果留下，将来恐怕会成为乱国的根由，所以，“俟吾终，必令殉之”！

这回轮到阿巴亥大吃一惊了，她没想到生殉的命运会落到自己的头上。按当时的习俗，妻殉夫必须具备两个条件：一是爱妻，一是没有年幼的儿子，阿巴亥虽然符合前一条，但她却有两个幼子需要抚育，而且她也不相信诸贝勒掌握的这个汗王遗言，她要据理力争。但是，她面对的是战功赫赫、虎视眈眈的四大贝勒，他们进一步威逼说：这是汗王的遗命，他们纵然不忍心、不愿意，却不敢不从。

阿巴亥生殉而死，死在八月十二日辰时。与努尔哈赤崩逝，相距

清福陵——努尔哈赤和阿巴亥等之墓

不过十八个小时，真是迅雷不及掩耳的打击！

四、多尔衮失母，皇太极抚慰

那么，对于多尔衮而言，其生母被皇太极逼死，他会有什么想法呢？对于皇太极，多尔衮的感受可能是极度复杂的，一方面，他曾经说过："太宗文皇帝（皇太极）之位，原系夺立。"另一方面，因为后来皇太极待他不薄，他也亲口对大小贝勒们说过："太宗之所以给予我特殊不同的恩情培育，超过了对于所有其他子弟，是因为他知道诸子弟只有靠我才能成就事业。我很明白他的意思。"皇太极称帝时，册封了四大亲王，他们是代善、济尔哈朗、多尔衮、豪格。应该说，皇太极的确在多尔衮身上倾注了不少心血，甚至超过了对他的亲生儿子豪格。

有证据显示，皇太极对多尔衮的同母兄弟多铎也不错。多铎有"荒唐王爷"之称，除了能打仗，任侠率性、渔色猎艳的名声也不小。崇德八年时，他甚至曾经将主意打到了大清朝首位汉人大学士范文程的头上，并且可能对范夫人进行过严重的性侵犯，气得范文程范大人装病不上朝，在家里闭门谢客生闷气。假如不是多尔衮出面制止，没有人知道事情会如何结局。

二十多岁时，并无大功的多铎竟也在皇太极手中得到和硕豫亲王的爵封，还让他掌管礼部。

可能是皇太极曾逼死其母的缘故，皇太极对多铎的特殊提拔培养，他却并不买账，皇太极所喜爱的有功之人，他厌恶；皇太极所深恶痛绝的背叛之人，他反加以同情，处处跟这位汗兄唱反调。到了元旦庆贺之际，多铎竟故意用疲马进献给皇太极贺节。被指责时推说是闹着玩，哈哈一笑了事。

兄弟情分的事，皇太极尚可忍耐，却不能原谅多铎在战场上表现怯懦。因平时多铎又懒散贪玩，直接影响征战大事。早在天聪年间随征察哈尔的时候，他就因恋念妓女，不愿久战，着急撤兵回家。崇德

多铎像

二年皇太极征明，多铎率本部兵五百人与明将祖大寿所率八百兵相遇，祖大寿率兵进击，多铎竟不战而退，致使阵亡九名，失马三十匹。崇德三年（1638）九月，其兄多尔衮为奉命大将军出征，皇太极率诸王大臣送行，多铎却借口避痘不去，在家中携妓女管弦欢歌，还亲自穿上优人戏衣，涂脂抹粉地演戏为乐。

《清太宗实录》中记载道，先前是经过皇太极的极力争取，多铎才分到努尔哈赤生前直接统领的十五个牛录四千五百人，而为了改变多铎的这些悖谬行为，崇德四年（1639）五月，皇太极召诸王大臣，历数多铎之罪，降亲王为贝勒，罚银万两，夺所属牛录三分之一给其兄多尔衮和阿济格。后因松锦大战之胜，多铎有了战功，皇太极又晋封他为豫郡王。

另外，皇太极对待多尔衮和多铎的同母哥哥阿济格也不错，这不免让人疑惑，很难想象一个主谋逼死他们母亲的人，会如此行事。特别是对多尔衮，细翻史料，皇太极主政十七年间，几乎所有王公贝勒都受到过严厉处罚。皇太极最有出息的儿子豪格曾经三次受到过降级、罚款的处分，而多尔衮只受到过一次。

处罚多尔衮的事情发生在 1641 年，即大明崇祯十四年、大清崇德六年三月。当时，皇太极确定了对锦州长围久困的战略，下令部队轮番围困锦州，由远渐近，最后直逼城下，意图迫使锦州守军弹尽粮绝后不战而降。谁知，时间一久，锦州城内被围的人们受不了，城外围城的人们也受不了了，结果，领兵主帅多尔衮和豪格等助手商量后，私下里决定放官兵轮流回沈阳探家。兵员减少后，害怕城里的明军乘虚劫营，又将包围线后撤了三十里。结果，事实上等于撤除了包围。

皇太极知道后勃然震怒，整整一天都在大发雷霆。他把多尔衮等人调回来，不许进城，在城外听候处置。从多尔衮、豪格开始，皇太极一一点名痛斥。他对多尔衮说："我加爱于你超过了所有诸子弟，好马任你挑，好衣任你穿，好饭任你吃，比对谁都好。就是因为你勤劳国事，能够恪遵朕命。如今，你让我怎么再信任你。"多尔衮和豪格被骂得狗血淋头，诚惶诚恐地自请死罪。最后，多尔衮的睿亲王爵被降为郡王，罚款一万两白银，夺两牛录；豪格的肃亲王爵被降为郡王，罚款八千两白银，夺一牛录。其他三十多人受到处分。

几天后，多尔衮等人去衙门办公。皇太极细细询问起来，结果，情况比听汇报时还要糟糕。当时，有人辩解说，是为了能够睡好觉才后撤的。皇太极怒火万丈，把多尔衮等一群人当场赶了出去，说："你们赶快回家吧，那样就可以睡好觉了。"并下令，不许他们上朝，说是自己不想搭理他们，相见争如不见。

最后，多尔衮诸人拜托范文程等多次求情，方才挨过这一关。

综合前后事情来看，多尔衮并未因其母被害之事而过多地怨恨皇太极，也许在其母被害之初，他极其痛恨皇太极，但后来随着皇太极对他的爱护和栽培，他逐渐淡化了仇恨，这里我们不得不说皇太极在待人接物方面是极有手段的，但布木布泰是否在其中发挥了作用，因无史料可考，无从说起。

五、大贝勒自愧无能，皇太极继承汗位

解决了阿巴亥掌政的难题之后，后金王庭面临着一个更加棘手的难题，就是谁来承袭汗位？按理说，这时努尔哈赤手握兵权的八个儿子均有权力和可能，但或许是因为皇太极过人的智慧，或许是别人认为他太优秀，这个难题竟然一点不难地解决了，那就是皇太极称汗，是为后来的清太宗。

这个过程大约是这样的：大贝勒代善的长子小贝勒岳托和三子小贝勒萨哈廉议论商量好了以后，同到父亲处禀告说："国家不可一日无君，应该及早定下承袭大事。四贝勒皇太极才德冠世，深得先汗王之心，众人也都心悦口服，理当请四贝勒速继大位。"代善说："这正是我的夙愿。你们的提议，上合天心，下协人意，有谁会不赞成呢？"父子议定，次日，诸贝勒大臣聚集朝会，代善便将推戴皇太极继位的意思书示二贝勒阿敏、三贝勒莽古尔泰以及小贝勒阿巴泰、德格类、济尔哈朗、阿济格、多尔衮、多铎、杜度、硕托、豪格等，众人都欢喜称善。随即合词请皇太极即位。

皇太极却一再推辞，说"汗父并无立我为君的遗命，若舍诸兄而嗣位，有僭越之嫌"；既怕不能够继承先汗父之志，又怕不能上合天心；而且统率群臣、抚绥万姓是十分艰难的任务，自己难以胜任；等等。总之一句话，不肯。然后，众人坚请不已，从早上卯时（约晨七时许），直劝到下午申时（约午后五时许），整整十个钟头，皇太极被众人的诚意所感动，终于答应下来。

据朝鲜的史料记载：努尔哈赤死后，代善让位其弟皇太极说："你智勇胜于我，你应该代我继立。"诸贝勒都想立嗣后再举哀，代

善便对众人说："父亲生前欲立皇太极。"皇太极却说："当立者应该是代善兄。"说罢连忙走避以相让。于是岳托等人去请代善，代善不出；再请皇太极，皇太极也不出。岳托等人每日数次呼号奔走于二人之间，经过三天仍无结果。代善便令岳托等人率诸贝勒六七人群拥至皇太极处，将他绑架似的抬着举着送到努尔哈赤灵前，皇太极这才接受了汗位。

皇太极为什么有这种表现？难道他真的不愿意继承汗位？绝对不是。从他做出的让贤避举的种种姿态，可以看到，他已经受到汉文化相当大的影响，已经掌握欲擒故纵的某些政治家的手腕。更重要的是，他心里很清楚，他的继立已是顺理成章的事，汗位非他莫属了。

皇太极文武全才，萨尔浒大战以及攻取沈阳的外围战中，他都不顾努尔哈赤的劝阻，冒险冲到战斗最激烈的地方，但凡与太子代善共同出战，他一定冲杀格外出色，战果也总胜代善一筹。又因为他知书读史，有计谋，善于收揽人心，早有贤明之称，所以他能够团结一大批年轻的女真贵族。他们思想相通，比父兄一辈有更大的雄心和更高的抱负，可称为后金皇朝贵族中的精英少壮派，皇太极可说是这一批人的精神领袖。代善的儿子岳托和萨哈廉之所以首倡立皇太极继位，也正反映了这一点。

而对于代善来说，此时的他也已别无选择。连自己的儿子都不肯拥戴自己继位，还有比这更大的悲哀吗？实力不如、智勇不如、威望不如、才干不如，即使按顺序立长，自己登了汗位，如何面对汗王去世后这内外交困的险恶局面？他对自己毫无信心。既然竞争不过，还是退而求其次，无论为大金国着想还是为自己着想，都是退一步海阔天空。于是，大贝勒代善以让位之德，获取了贤明的名声。皇太极也给了其丰厚的回报：清代八家世袭罔替的铁帽子王中，代善和他的儿子岳托、他的孙子勒克德浑（萨哈廉之子）占其三，子子孙孙享受荣华富贵。

天命十一年（1626）九月初一日，皇太极率诸贝勒大臣及文武百官在沈阳大政殿前举行了盛大的登基大典。首先，由皇太极率诸贝勒大臣焚香盟誓，以“诸兄弟子侄共议皇太极承父基业”昭告天地；其次，皇太极自誓“敬兄长、爱子弟”；而后，三大贝勒与诸贝勒共同立誓；三大贝勒与诸贝勒又分别立誓，保证全心全意辅佐皇太极。盟誓完毕，已即汗位的皇太极，竟率诸贝勒，向代善、阿敏、莽古尔泰三拜，表示不以臣礼对待。皇太极这三拜，拜得极有特色、极有意义。它拜去了三大贝勒的疑虑，它拜出了汗王崩逝的难关渡过后的政治安定。由皇太极这三拜，人们看到了一个英主所必须具备的豁达大度的胸怀，也显示出他审时度势的政治家的眼光。如果说皇太极这三拜，拜出了大清朝的三百年天下，也许太过分。但由于他聪明地在此时此刻维护了传统体制，维持了当时客观存在的各种力量的平衡，使得这个立国未久的后金国没有因创始人的骤死而产生政治动荡和分崩离析，皇太极对后金来说，实在是功不可没。

沈阳大政殿

之后，皇太极终于登上汗位，接受了诸贝勒大臣文武百官的朝贺礼，诏命明年丁卯为天聪元年，并颁发大赦令，以慰万民。

第三编

孝庄与多尔衮的情感纠葛

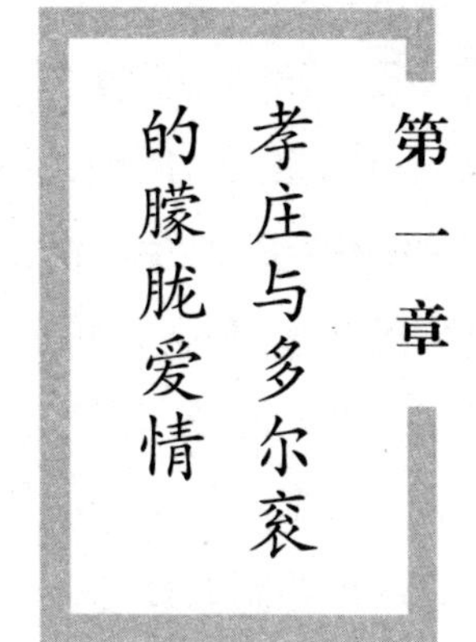

第一章 孝庄与多尔衮的朦胧爱情

皇太极即位的前前后后，对布木布泰来说也是她一生中极不寻常的时期。汗王崩逝，大福晋阿巴亥生殉，给她留下了极其强烈的印象，在庆幸丈夫继承王位之时，看到失去父母后的多尔衮、多铎痛苦流泪，她又觉得悲伤。丈夫十二岁丧母后备受冷落的境遇，曾使她由同情而生出爱怜；而丈夫又同大贝勒们一起，逼阿巴亥殉葬，让十三岁的多尔衮和十一岁的多铎丧母，多尔衮和多铎不也一样令人同情吗？或许，她从她的堂姐、多尔衮的福晋那里偷偷听来老汗王的遗嘱，原是要多尔衮继位、代善辅政的；最后她布木布泰的丈夫倒被众人推拥着登上了汗位！

少男少女最多情，两小无猜情愫生。这时的布木布泰应该与多尔衮产生了某种情愫，因为皇太极忙于政务，无暇顾及家中的小妻子，就是有点时间和她在一起，因为二十多岁的年龄差距，两人也不可能有太多的共同语言；而多尔衮正当年少，布木布泰与他年龄相若，两人会有很多在一起的时间，并且在一起会有很多话说，也会有很多共同感兴趣的东西，而聊得来的两个少男少女，是难免要产生一些朦胧的爱情的。

因为多尔衮的母亲殉葬，多尔衮一定很受打击，或许这时布木布泰很好地安慰了他，并且布木布泰的善解人意，深深地打动了多尔衮的心，两人真正开始情结暗系。

布木布泰还是十三四岁的女孩儿，阿巴亥的生殉又告诉她，做汗王的福晋，除锦衣玉食、荣华富贵外，还有一把高悬在头顶的命运的利剑，不知在何时何地，不知会落在谁的头上！这使作为皇太极小妻子的她细想起来心惊胆战。因为，她此时已成为皇太极的小福晋了。在皇太极登基前后，她的心就这样被惊、喜、惧、爱、恨等种种感受折磨了个够。而或为了生存，她已与多尔衮私自定了某个约定。

布木布泰不只是一般的能识会写，而且跟皇太极一样爱读书，通经史。这种共同的爱好，或许也使他们之间增加了许多话题，共处一室时更增加了许多乐趣。渐渐地，他们之间有了一点平等。开始或许是出于好奇和寻开心，皇太极以问小福晋一些书史文章为乐，后来问慢慢变成咨询，再后来，不仅咨询书史，在治理朝政中遇到一些问题，也想听听这个小福晋的意见了。因为她总能提出某种独特见解，来增加皇太极的选择余地。

但是，多尔衮也是一个爱读书，通经史的人，那么他的这一喜好，是不是从布木布泰那里来呢？想来作为一国之君的皇太极，是不可能有太多的时间陪布木布泰读书的，但多尔衮却有。

第二章 皇太极称帝 海兰珠受宠

一、察哈尔灭亡，大清国建立

因为皇太极的文武全才与过人的谋略，他即位后，后金的力量也变得更加强大。皇太极用战争与议和两手段让朝鲜臣服，又用强大的军事压力和高官厚禄引诱，招降了大批明朝官兵，其中包括当时明朝火炮最先进、武器最精良的孔有德、耿仲明率领的登州军；他并不因女真历来信仰萨满教而视其他宗教为异端，相反，大力宣扬和扶植喇嘛教，用以联络蒙古和西藏。对蒙古各部，更是恩威并施，使科尔沁、翁牛特、郭尔罗斯、杜尔伯特、扎赉特、克什克腾等部先后归附；而集中力量打击漠南蒙古中最强大的、与明朝结盟、与后金为敌的元朝直系后裔察哈尔蒙古。

这时的布木布泰虽然小，但也看透了丈夫的心思。知道他的终极目标就是取天下，入主中原。为了达到这个终极目标，无论处理内政外交还是对待兄弟妻妾，他都会不择手段。这也许正是政治的精髓所在。耳濡目染，布木布泰身上的政治气味也越来越浓厚了。

皇太极即位后，立布木布泰的姑姑哲哲为中宫大福晋。有姑母的尊贵地位，布木布泰在侧福晋中也位列前茅。遗憾的是，姑侄俩都命里子星不旺，哲哲在天命十年生了皇二女马喀达以后，天聪二年

（1628）生了皇三女，天聪八年（1634）第三胎又是一位公主，即皇八女。天聪三年（1629）布木布泰十六岁时，生了皇四女雅图；天聪六年（1632）又生皇五女阿图；天聪七年（1633）再生皇七女。直到皇太极正式称帝之前，姑侄二人为她们的丈夫共生了六个女儿。除皇长子豪格而外，汗王只拥有两个幼子，一个是庶福晋颜扎氏所生的皇四子叶布舒，一个是侧福晋叶赫那拉氏所生的皇五子硕塞。这种局面，对博尔济吉特氏的姑侄俩显然不利。

皇太极特别重视与科尔沁蒙古的亲善，因此并未冷落她们，更没有起废立之心，反而安慰性地再次明确她俩的尊贵地位，但对嫡配无子实在也有几分担心。这可以从天聪六年的一桩联姻中窥见一二。这年正月，皇太极声明：现在已经册立了中宫皇后和西宫妃，唯有东宫未备，闻听蒙古扎鲁特部博尔济吉特氏戴青之女有贤名，特遣使前往下聘。于是，又一位博尔济吉特氏家的格格进入了后宫。但扎鲁特博尔济吉特氏属蒙古的黄金家族，是不是因此她被册封为东宫妃？皇太极当时曾大宴诸贝勒以示郑重。

如此一来，中宫皇后哲哲尊贵依旧，西宫妃布木布泰的位序却后移了。因为女真民族居室尚东，东宫妃的地位高于西宫妃。虽然不是明显遭贬，因为西宫妃毕竟还高于其他侧妃庶妃，但皇太极和布木布泰两个人都应该心里有数。

而后金在皇太极的经营下，国家变得更加强大，天聪九年，皇太极毫不犹豫地发动了对察哈尔部的强力打击，先后在天聪二年（1628）、天聪六年（1632）和天聪八年（1634）三次亲征，终于打败了林丹汗这个多年的老对手。

还在努尔哈赤的时代，蒙古科尔沁部与后金通婚、盟誓等事，就引起了林丹汗的疑心。他严厉指责管理左翼三万户的大臣锡尔呼纳克杜棱洪台吉管束不得力，甚至怀疑他暗中与努尔哈赤已有联系，准备对锡尔呼纳克杜棱洪台吉和其他诸台吉采取必要的措施。这反而加速了蒙古内部的分化。

本来从林丹汗信奉红教后，尊崇宗喀巴黄教多年的漠北喀尔喀以

林丹汗像

及漠南影响较大的诸部，已与林丹汗貌合神离，开始自行其是了。1622 年二月，管理左翼三万户的特命大臣锡尔呼纳克杜棱洪台吉与林丹汗发生分歧，遂率领所属乌齐叶特部与明安谔勒哲依图台吉所属乌噜特部共三千多户，投奔辽阳城，归顺了努尔哈赤。

受其影响，1623 年正月，内喀尔喀拉巴什希布、索诺木、莽果、达赖台吉等也各率所属五百户投奔了辽阳城。此时，乌珠穆沁部翁衮都喇尔子多尔济车臣济农与其叔之子塞棱额尔德尼台吉也因与林丹汗不和，率部投奔了漠北喀尔喀车臣汗硕垒。苏尼特部素塞巴图噜济农、浩齐特部策凌伊尔登、阿巴噶部都思噶尔札萨克图济农各率所部，也投奔了漠北喀尔喀车臣汗硕垒。针对锡尔呼纳克杜棱等台吉投奔努尔哈赤，林丹汗传令内喀尔喀和科尔沁部，不得与后金使臣擅自往来，若被发现，定要兴师问罪。

1623 年五月，努尔哈赤又暗遣佑雷和伊沙穆，分别前往札鲁特右翼台吉达雅和色本两处。奉命监视右翼的札鲁特左翼台吉钟嫩和巴林左翼台吉昂安等，中途劫夺了佑雷、伊沙穆所带衣物。色本惧怕林丹汗问罪，于是率部逃入科尔沁。科尔沁奥巴也唯恐得罪林丹汗而不敢收留。色本台吉走投无路，只好投奔后金国主努尔哈赤。努尔哈赤得知内喀尔喀的很多台吉怀有归顺之心，但被林丹汗所阻不敢轻举妄动。于是决定以武力相助欲附之台吉。经多次往来，努尔哈赤已争取了科尔沁奥巴为首的诸台吉。1624 年二月，努尔哈赤遣巴克什、希福、库尔禅至科尔沁，在伊克唐噶哩坡（今科左中旗花土古拉苏木一带）与奥巴为首的诸台吉刑白马乌牛盟誓。

此时，林丹汗叔祖岱青台吉与林丹汗不和，遂领所属锡纳明安鄂托克及其六子逃入科尔沁境内，受到奥巴洪台吉的保护。林丹汗命弘吉剌特鄂托克齐赛诺延领兵追回岱青台吉。齐赛诺延深入科尔沁，斩杀了前来堵截的奥巴属下六台吉，取胜而返。1625 年十一月，林丹汗亲自率领内喀尔喀部分兵力，前往科尔沁奥巴洪台吉所在地格勒珠尔根城，围城问罪。努尔哈赤命三贝勒莽古尔泰、四贝勒皇太极率领五千名精锐骑兵，由农安塔前来援助奥巴，迫使林丹汗撤走。内喀尔喀巴岳特鄂托克达尔汉巴图尔之子恩格德尔台吉欲归后金，因惧林丹汗，不敢前移。努尔哈赤命诸贝勒率兵，移其部众于辽阳。

在此期间，努尔哈赤以札鲁特部人夺其使臣财物为借口，派阿巴泰、德格类等贝勒率领三千人，深入札鲁特左翼击斩了昂安台吉，尽获其妻孥人户畜产而去。面对后金统治者的军事压力，林丹汗未能有效地组织各部与后金正面作战，客观上为后金提供了蚕食其外围各部的机会。

1626 年五月，努尔哈赤亲统大军，分兵八路进攻巴林部，击斩了该部台吉囊努克，收其畜产班师。巴林部的部分台吉率部逃入科尔沁境，归顺了努尔哈赤。同年十月，后金以札鲁特台吉鄂尔齐图等兵阻前往科尔沁的使臣为借口，由大贝勒代善、二贝勒阿敏率领万余兵马攻打了左翼札鲁特诸台吉，俘虏了巴克为首的 14 个台吉及人畜。随后，后金统治者又以武力迫使察哈尔所属阿剌克楚特鄂托克小台吉图尔济率属下百余户归附了后金。

1626 年八月，后金国主努尔哈赤去世，其八子皇太极即位。皇太极登基后，加快了征服蒙古各部的步伐，三征林丹汗。

皇太极以软硬兼施的手段，拉拢并征服了察哈尔部外围的内喀尔喀（巴林、札鲁特、巴岳特、乌齐叶特、弘吉剌特）和科尔沁部，使素来强大的察哈尔部的力量大为削弱。于是皇太极将军事行动的锋芒直指察哈尔部。

奈曼和敖汉为察哈尔八鄂托克成员，影响较大。努尔哈赤及其继承人皇太极早就通过奈曼鄂托克中有影响力的乌木萨特绰尔济喇嘛，策动奈曼部长衮楚克巴图鲁台吉归顺后金。1627 年二月，皇太极暗中遣人至奈曼部衮楚克所在地，希望衮楚克说服敖汉部首领索诺木杜棱及克什克腾部首领索诺木诺延归顺后金。四月，奈曼和敖汉部遣人表示，他们曾说服林丹汗与后金讲和，但他们的努力遭到林丹汗和克什克腾部长的拒绝。六月，奈曼和敖汉部长派遣乌木萨特绰尔济喇嘛至都尔弼城（后为清朝养息牧场），通知后金两蒙古部来降。皇太极领诸贝勒自都尔弼渡辽河，迎接了两部长。

1627 年十二月，察哈尔阿喇克楚特部长多尔济伊勒登、安班和硕齐、扣肯巴图鲁、昂坤杜棱等台吉，也先后率部依附于皇太极。

在此期间，皇太极曾数次遣人策动喀喇沁部归顺后金，但其所遣使臣均被察哈尔所属多罗特部人截杀。1628 年二月，皇太极以使臣被杀为由，亲自率领精锐之师征战察哈尔。皇太极命其弟多尔衮和多铎贝勒为先锋，率精兵先进。多尔衮探知多罗特部青巴图噜塞棱及其部众在敖穆伦住牧，于是合兵袭击了敖穆伦，多罗特部多尔济哈坦巴图噜受伤遁走，台吉固噜被杀，其部众万余人被皇太极俘获。

皇太极与喀喇沁通使，进兵察哈尔杀掠了多罗特部。于是，林丹汗兴师进抵喀喇沁部所在地，以武力裹走了喀喇沁苏布地塔布囊及其弟万丹伟征所属户口牧产。喀喇沁拉斯喀布汗与土默特、鄂尔多斯、阿苏特、永谢布的部分台吉联合，攻打了驻守赵城（在呼和浩特城一带）的林丹汗的一支军队。1628 年七月，喀喇沁部首领派遣以四名喇嘛为首的使团与皇太极的使臣，刑白马乌牛盟誓，归顺了皇太极。

趁此机会，皇太极决定第二次征察哈尔林丹汗。1628 年九月，皇太极分遣巴克什和希福传令西北归顺的外藩蒙古各部率领所属兵马，到达约定地点，以征察哈尔林丹汗。敖汉部长索诺木杜棱、奈曼部长衮楚克巴图鲁会于都尔弼城；内喀尔喀诸贝勒所率兵马会于辽阳城；喀喇沁和科尔沁部会于绰罗郭勒。皇太极统领大军乘夜攻入察哈尔部的锡尔哈锡伯图、英汤图等地，俘获了很多人畜而还。科尔沁台吉满珠习礼及巴敦（孔果尔之子）力战察哈尔部众，将所获物献给了皇太极。皇太极分别赐二人“达尔汉巴图噜”和“达尔汉卓哩克图”号。唯有科尔沁部长奥巴不忍心杀掠林丹汗及其部下，以足疾为由未到达所会之地，与其弟布达齐率部抵达察哈尔边界，虚张声势而还。皇太极遣人问罪，罚驼十峰，马百匹。

1630年十一月，阿鲁科尔沁部长达赉楚琥尔、四子部落台吉伊尔扎布墨尔根台吉、阿鲁伊苏特部台吉齐桑达尔汉、噶尔玛伊勒登等各率所部先后归顺了皇太极。皇太极将他们安置在西拉木伦河北岸游牧。1631年十一月，林丹汗为了用武力夺回阿鲁诸部台吉，遂兴师到达阿鲁科尔沁达赉楚琥尔牧地，带走了塞棱阿巴海的部众。皇太极亲率两千名精锐骑兵闻讯赶来，林丹汗早已越过兴安岭而去。

1632年三月，皇太极决定第三次远征察哈尔林丹汗，传令归顺后金的蒙古各部速率部来会。四月，科尔沁、札鲁特、巴林、奈曼、敖汉、喀喇沁、土默特、阿鲁科尔沁、翁牛特、阿苏特等部的部长台吉会于西拉木伦河岸，总兵力约十万。四月下旬，皇太极率领大军越过兴安岭，驻守都埒河。当夜，镶黄旗两个蒙古人偷马逃出，将大军压境的消息报告给林丹汗。林丹汗欲率部撤至漠北喀尔喀，但喀尔喀三汗与他不和。于是林丹汗率领所属十万之众，西奔库赫德尔苏，经呼和浩特，渡黄河到达鄂尔多斯。皇太极分兵三路穷追林丹汗四十一天，五月下旬进驻呼和浩特，得知林丹汗已南渡黄河而去。遂停止追击，经宣府、张家口返回。途中收拢了林丹汗所遗部众数万人。

后金大军到达呼和浩特后，林丹汗在成吉思汗陵前举行庄严的仪式，宣称自己为全蒙古的“林丹巴图鲁汗”，遂带领察哈尔、鄂尔多斯部众，移动成吉思汗之陵，西渡黄河至大草滩。林丹汗在大草滩永固城一带拥众落帐，等待时机，重整旗鼓，准备东山再起。此时，一向坚决支持林丹汗事业的漠北喀尔喀却图台吉（土谢图汗部），于1634年初率所部四万之众，直奔大草滩与林丹汗会合。林丹汗和却图台吉通过红教的关系，与藏巴汗和白利（康区）土司顿月多吉建立了联系。

1634年夏，林丹汗不幸因病去世，蒙古黄金血胤的宗主首领就此断绝，他的部下逐渐土崩瓦解，察哈尔部众纷纷投到皇太极麾下，从此蒙古大汗曾经的地盘基本都成了皇太极的新拓疆土。

林丹汗死后，林丹汗的妻子们无所依附，也率众先后来归。第一个是林丹汗的窦土门福晋。天聪八年八月，窦土门福晋率领众多部属，由察哈尔贵族多尼库鲁克护送，在皇太极的军营行幄拜见了皇太极，然后移往木湖尔伊济牙尔地方驻扎恭候，要归嫁天聪汗皇太极。

皇太极犹豫不决，大贝勒代善鼓动诸贝勒合词奏请皇太极应允，认为只有将窦土门福晋选入宫闱，才能抚慰察哈尔部众之心。皇太极终以收纳窦土门福晋有利于笼络察哈尔部众而决定前往迎亲。

事实证明，他的这一决定是十分正确的，因为护送福晋来的多尼库鲁克为此十分高兴，说皇上肯纳窦土门福晋，则新附诸部和护送诸人都不胜踊跃欢庆之至，此举后来也使林丹汗其余妻妾纷纷来归。在此，我们可以又一次感受到，即使拿婚姻作为一种政治手段，草原民族的观念也是同中原地区完全不一样的。

天聪九年（1635）二月，皇太极授命贝勒多尔衮、豪格、岳托、萨哈廉率精兵一万西征，进入河套地区，消灭了林丹汗的残部，路上遇到前来归附的察哈尔汗的多罗大福晋囊囊太后，又说降了察哈尔汗妻苏泰太后。四月，班师回沈阳。皇太极亲率诸贝勒远迎至阳石木河。因为苏泰太后不但携子额哲（林丹汗的嗣子）率部众来归，而且献上了元朝历代的传国玉玺。这实在是皇太极梦寐以求的瑞祥和喜兆。后金国上上下下，更是一片欢腾，觉得天命所归了。

皇太极设大宴款待来归之众。宴会的香味和酒气使人们兴高采烈。诸贝勒又一次纷纷奏请，说囊囊太后乃察哈尔林丹汗多罗大福晋，既归我朝，必应使得其所，只有汗王纳娶，最为适宜。皇太极没说同意也没说不同意，他有个好主意。两位太后都带来众多的部众，囊囊太后有一千五百户，苏泰太后也有一千户，察哈尔林丹汗作为元朝的直系后裔，保存和搜集的财富也很可观。同时，随两位太后来归的还有许多年轻美貌的蒙古福晋和格格，皇太极已经收纳窦土门福晋，开了先例，此刻也就豁达大度地命诸贝勒挑选各自中意的女子。

贝勒豪格看上了察哈尔伯奇福晋；贝勒阿巴泰选中了察哈尔俄尔哲图福晋；贝勒济尔哈朗对已故妻子的妹妹苏泰太后心向往之，皇太极也准了他的请求。不料大贝勒代善也看中了富有而美丽的苏泰太后。但皇太极答应济尔哈朗在先，并且济尔哈朗娶苏泰太后也更近情理。为了安抚兄长，皇太极命代善娶尊贵的察哈尔多罗大福晋囊囊太后，代善竟嫌囊囊太后贫穷而不肯，最后倒娶了财产丰厚的林丹汗的女儿泰松格格。

皇太极于是娶了囊囊太后。这样，汗王的后宫，一下增加了三位尊贵而富有的福晋。这对原来的中宫皇后和东西二宫妃的地位会发生什么样的影响呢？朝鲜臣服，察哈尔蒙古灭亡，元朝传国玉玺到手，汗位汗权空前强大，沈阳皇宫建成，皇太极志满踌躇，终于在天聪十年（1636）正式称帝。

沈阳皇宫，原名盛京宫阙，后称奉天行宫。位于沈阳市沈河区明清旧城中心。占地面积约六万平方米，有建筑九十余所，三百余间。始建于后金天命十年（明天启五年，1625），初成于清崇德元年（明崇祯九年，1636），在建筑艺术上承袭了中国古代建筑的传统，以汉族传统建筑风格和布局为主，兼备了蒙古、满等民族风格和布局，具有很高的历史和艺术价值。

1636 年，皇太极在此去汗称帝，改国号为清，对沈阳宫殿各主要建筑分别正式命名："定宫殿名，中宫为清宁宫、东宫为关雎宫、西宫为麟趾宫、次东宫为衍庆宫、次西宫为永福宫、台东楼为翔凤楼、台西楼为飞龙阁、正殿为崇政殿、大门为大清门、东门为东翼门、西门为西翼门、大殿为笃恭殿。"

沈阳皇宫

大政殿：原称“大殿”，1636年改名“笃恭殿”，康熙时改为今名。为重檐八角亭式建筑，内部结构为彻上明造。下有大青石修建的须弥座台基。殿顶为绿剪边黄琉璃瓦，中央为宝瓶火焰珠攒尖顶。殿内有宝座、藻井。

崇政殿：又称“金銮殿”，通称“正殿”，是皇太极处理政务、接见使臣的场所，清代历朝皇帝东巡祭祖时也在此听朝理政。面阔五间，绿剪边黄琉璃瓦，单檐硬山顶，前后有出廊，围以石护栏。殿内为彻上明造，和玺彩绘，宝座后有贴金龙扇屏风，旁为贴金蟠龙柱。殿外庭院左右有飞龙阁、翔凤阁、东七间楼和西七间楼。

凤凰楼：原名“翔凤楼”，为清宁宫内院的门楼。高三层，歇山顶，面阔进深各为三间。曾是皇帝计划军政要事和举行宴会之地，清朝入关后改为存放历代实录、玉牒、“御影”以及玉玺的场所。

清宁宫：原称“正宫”，1625年前后修建，是皇太极登基之前的王府所在地。位于高3.8米的高台之上，前有凤凰楼，四周为高墙，构成独立的城堡式建筑。宫殿为五间十一檩硬山式建筑，绿剪边黄琉璃瓦。东边一间为帝后寝宫，西边四间为神堂，是萨满教祭祀之所。宫前有索伦杆，东为关雎宫、衍庆宫，西为麟趾宫、永福宫。

1626年四月初十日，称帝大典在新建皇宫的崇政殿举行，臣下上皇太极“宽温仁圣皇帝”尊号，建国号为大清，改元崇德，改沈阳为盛京。皇太极更分封诸兄弟子侄：和硕兄礼亲王代善、睿亲王多尔衮、豫亲王多铎、郑亲王济尔哈朗、成亲王岳托、肃亲王豪格、武英郡王阿济格、饶余贝勒阿巴泰等，并命各兼理六部部务。

二、皇太极册封后宫，海兰珠独得宠幸

称帝之后，皇太极不但在事业达到了顶峰，在爱情上也达到了顶峰，就在他称帝之时，科尔沁蒙古又送来了一位身份很特殊的女子，因为察哈尔的归降，科尔沁觉得有可能不再受优待，于是再献女子嫁于皇太极。

这位女子的到来隐藏着许多至今尚不可解的谜，她就是布木布泰的同胞姐姐海兰珠。天聪八年十月，科尔沁蒙古贝勒吴克善第二次送妹来归嫁皇太极。这和上一次送妹归嫁已相隔九年，上一次他送的是十三岁的小妹妹布木布泰，这次他送的是二十六岁的大妹妹海兰珠。

亲姐妹同嫁皇太极，海兰珠比布木布泰大五岁，嫁来时间却晚了九年，这是怎么回事？照理说，一般蒙古女子很少留在闺中到二十六岁还不出嫁的，何况海兰珠美貌温柔，不是嫁不出去的丑女，科尔沁蒙古莽古思王爷一族，既然肯将哲哲、布木布泰姑侄俩嫁给皇太极，也不会吝啬于海兰珠的。按正常的情况分析，只有一种解释，那就是海兰珠早年已经嫁给了别的人家，这人家很可能就是察哈尔林丹汗。林丹汗败亡之后，海兰珠无所归依，有哲哲和布木布泰在皇太极耳边撺掇，再加上林丹汗的女人基本都归了皇太极和他的弟兄，那么海兰珠最好也嫁过来，这样科尔沁也能对当年嫁女给察哈尔之事向皇太极做个交代，而有了哲哲和布木布泰在皇太极身边，海兰珠也嫁了皇太极，于是才会有这次亲上加亲的婚姻。

1636 年七月初十日，皇太极在崇政殿举行大典，册封五大福晋，她们是：清宁宫中宫大福晋哲哲，为国君福晋，称皇后；东关雎宫福晋海兰珠为东宫大福晋，称宸妃；西麟趾宫福晋娜木钟，即原察哈尔多罗大福晋囊囊太后，为西宫大福晋，称贵妃；东衍庆宫福晋巴特

玛，即原察哈尔窦土门福晋，为东次宫侧福晋，称淑妃；西永福宫福晋布木布泰为西次宫侧福晋，称庄妃。

这次册封也说明，海兰珠自来到皇太极身边，便极得其欢心，于是立即便占得东宫，并集三千宠爱于一身。

盛京的宫殿是一组建在高台之上的四合院式建筑，这里就是皇太极的后妃生活区。正中是清宁宫，东宫为关雎宫，西宫为麟趾宫，东宫下首为次东宫衍庆宫，西宫下首为次西宫永福宫，统称台上五宫。五宫之主位，就是当时后宫也是大清国最尊贵的女人了。

哲哲保住了她的中宫皇后，布木布泰原是姑姑的副手，东宫妃戴青之女的到来，使她降到第三位，如今，又被挤到了第五位。她心里不免有些悲哀，然而比上不足，比下有余，原来的东宫妃连一宫之主的地位都没能争到呢。

这其实也反映了当时皇太极的明智，是一种政治需要，但海兰珠受封东宫除外。哲哲是皇太极多年嫡妻，又是海兰珠和布木布泰的姑姑，早已正位中宫，换掉她会引起政治震动；海兰珠很特别地使皇太极情有独钟，突然上升到第二位也可以理解；把原来的东西二宫妃排挤下去，为的是安置两位察哈尔林丹汗的福晋。

毋庸置疑，娜木钟和巴特玛都为皇太极带来一大笔收入：部属就有几千户，牛羊牲畜不在少数，还有她们身为蒙古大汗、元朝直系后裔所拥有的无数珍宝财物，这些是原来的东西宫妃无法比拟的。更重要的是，这两个女人曾经是林丹汗的妻子，有高贵的身份。尽管林丹汗是皇太极的敌手，尽管皇太极已倾全力灭掉了察哈尔蒙古，但他内心深处羡慕林丹汗高贵的血统，羡慕察哈尔蒙古祖上建立过横跨欧亚的大帝国的辉煌，羡慕他们曾入主中原当元朝皇帝的历史。这就像许多暴发户内心对哪怕是已经十分清贫的没落贵族总是又恨又眼红一样，所以暴发户也常常以与贵族联姻为荣，甚至干脆捏造一个贵族家世，买上一个贵族头衔，而娜木钟和巴特玛就是皇太极引以为荣的、抢夺来的头衔。

皇太极对蒙古使用恩威并施的手段，获得完全成功，就在崇德元年，漠南蒙古十六部四十九位领主，在盛京举行大会，共尊皇太极为他们的可汗，并奉上“博格达彻辰汗”的尊号，整个漠南诸部都臣服于大清。至此，皇太极东降朝鲜、西收察哈尔，自鸭绿江直抵贺兰山，都进入大清国的版图了。

三、关关雎鸠，在河之洲

海兰珠的到来，布木布泰原本是很高兴的，当初也是她在皇太极面前力主姐姐嫁过来的。盛京清廷五宫的五大福晋中，她们亲姑侄就占了三位，后宫还不就是科尔沁博尔济吉特氏蒙古格格的天下？

但在海兰珠到来之前，谁也没有想到，她将能独揽皇太极对女人的全部爱恋。每当后宫的妃子等待着随驾侍卫的开路呼喊和宫婢的禀告、等待着迎接皇太极回后宫时，心里总充满新的希望：也许在清宁宫帝后同坐、众妃请安拜礼之后，皇上会进自己的宫门，进自己宫内的暖阁，给自己一次临幸的机会。然而绝大多数时间，绝大多数宫妃都失望了，因为皇太极只到关雎宫，只宠幸宸妃海兰珠。

宸妃海兰珠居住的关雎宫

宸妃海兰珠固然如花似玉、温柔贤淑，但后宫中哪个妃子不是如花似玉呢？爱情这事其实是很难说清楚的。海兰珠和布木布泰是亲姐妹，同样都是蒙古美人，布木布泰还年轻五岁，照说丈夫宠少妻乃是常理，为什么竟出现这样的局面？或许是布木布泰像她的封号一样过于端庄而缺少情趣、过于聪明过于政治化而使皇太极敬而远之？海兰珠虽年长，却有远比布木布泰丰富的生活阅历，或许更富有女性魅力，使整日在政治和战争中紧张争斗的皇太极，能够在如水的温柔里获得抚慰和补偿？

总而言之，海兰珠一嫁过来，很快就与皇太极情投意合、形影不离了。所以她能后来居上，一跃而成为关雎宫大福晋，如果哲哲不是她的亲姑姑、不是早年老汗王指定的嫡福晋，海兰珠完全有可能正位中宫成为皇后。而事实上，宠冠后宫的海兰珠也已经不啻中宫皇后了。身为皇后的哲哲没生儿子，而海兰珠在嫁过来的第三年，即崇德二年（1637）七月初八，在关雎宫为皇太极生下了一个儿子，这孩子虽然称皇八子（按活着的皇子排行是第六子），但却是尊贵的大福晋所生的第一个儿子。皇太极非常高兴，竟开先例在皇宫举行重大庆典的场所崇政殿，颁发了清朝的第一道大赦令，御制文中说："今蒙天眷，关雎宫宸妃诞育皇嗣"，故而大赦天下，使万民咸被恩泽。一个初生的婴儿被定为皇嗣，那么其母的地位也就不言而喻了。

史书谈到皇太极时，认为他"聪睿绝伦"，从其一生的作为来看，这种评价不算是拍马屁之论。这种情形，很有可能是皇太极对于布木布泰——庄妃没有给予过多关爱的原因之一。因为，这位庄妃的心机太多也太深。从两性心理来看，一般说来，那种心智能力极强并日理万机的男人，很难从性爱的角度喜欢一个心智能力同样强的女人。他们会因为双方太像而产生同性相斥。这种男人，渴望在女性那儿得到满足的，会是一种更加女性化的东西。这可能是当年武媚娘，在李世民身边只能是一个低级才人的重要原因。只有在性情柔懦软弱的李治身边，她才能成长为不可一世的武则天。武则天的事例对布木布泰而言，可能就是皇太极喜欢其姐，却对她冷落的原因。

尽管海兰珠是亲侄女、亲姐姐，皇后哲哲和永福宫庄妃也不能不对她的专宠有所抱怨。哲哲怎么对待和处理，史书上不见端倪，而布木布泰应该是没有放弃努力。她已经从丈夫那里学到了不达目的决不罢休的坚强毅力。她想必是很艰难地从姐姐专宠的缝隙中找到了机会，因为在她姐姐海兰珠有六七个月身孕的时候，布木布泰第四次怀孕了。但是，这时的凤凰楼下的高台五宫，完全被宸妃海兰珠的光彩盖住了。布木布泰出现妊娠反应的节骨眼儿，正当海兰珠的皇嗣诞生的时候，没有人去关注西永福宫里连生三个女孩的庄妃。也许只有跟布木布泰同病相怜的哲哲来安慰和关照她了。

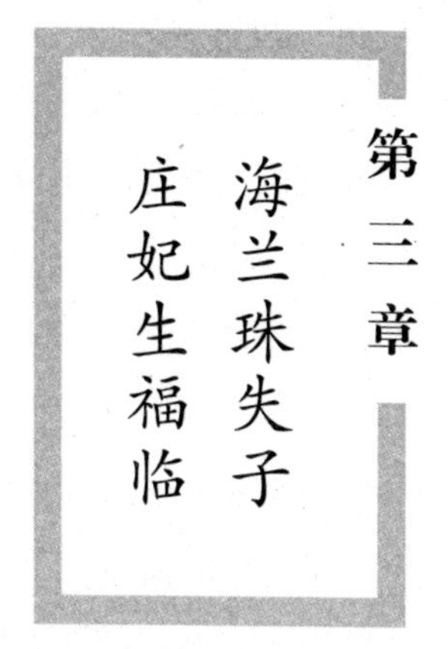

第三章 海兰珠失子 庄妃生福临

一、海兰珠失子得病，庄妃得子造异象

也许上天总不想让人过得太顺利，海兰珠受宠太多，上天就想惩罚她，于是谁也没有料到，海兰珠诞生的皇子只活了六个月，就因患天花而夭折了，这件事直接导致了海兰珠不久后的死亡，以及皇太极的一蹶不振。

世间事总是让人难以预料，说起来事情又很巧，就在海兰珠的孩子夭折两天以后，崇德三年（1638）正月三十日，布木布泰生下了皇九子，这个孩子就是后来的顺治皇帝福临。

据说，布木布泰在刚怀上福临的时候，有红光绕身，衣袖间如有龙盘旋状，女侍皆惊，近视之，不见。到了分娩前的一天早晨又有了异象，布木布泰后来告诉皇太极，说是生福临的前天晚上梦见一个神仙，抱着一个男孩儿交给自己，说：“这是统一天下之主也。”

皇太极听了当然很高兴，说：“这么奇异，这是子孙大庆之兆哇。”第二天，孩子生下来，头顶上有一绺头发支起来，而且有香气盈室，弥漫数日。

布木布泰是不是真的做过神人送子的梦，那只有她自己知道。但她一定会把这个哪怕是编造的梦告诉皇太极。不过进言的时间绝不是本纪记载的福临诞生前夕。

因为这个前夕，当是崇德三年正月二十九日，正当皇太子去世的次日，关雎宫乃至整个后宫都还沉浸在一片悲痛之中，宸妃被失子之痛击垮了，处在昏迷中；皇太极强忍焦虑伤感，寸步不离地陪伴在旁。聪明的布木布泰是绝不会在这个时候去向皇太极说梦讲神话的，而皇太极此时也不可能有“喜甚”的心情。

布木布泰进言的时间也不会在皇太子活着的时候，因为那样会暴露她为儿子夺嫡的野心。所以只有在福临出生相当长的时日后，在皇太极因皇太子夭折的伤痛基本平复之后，布木布泰才会选择适当的机会，很自然地把她产前的梦兆说给皇太极听。御用文人们为了证实福临的天子命，便在时间上做了一番手脚。

我国古代典籍中，此类围绕帝王将相奇人异士的故事多至数不胜数，现在不妨罗列几位皇帝出生时的景象，与孝庄太后的做一下比较。

《史记》中记载说：汉高祖刘邦出生时，其母“刘媪尝息大泽之陂，梦与神遇。是时雷电晦冥，太公往视，则见蛟龙于其上。已而有身，遂产高祖”。这话说得最直接，其母与蛟龙神交而产之。其父为见证人，“真龙天子”一说，可谓言之凿凿。

而光武帝刘秀出生时，《汉书》等均记载说“红光满室”，这与孝庄所言一模一样，从这里我们就基本能确定，布木布泰为福临所造之出生异象，一定是学了光武帝刘秀的事迹。

晋元帝司马睿出生时，《晋书》中记载说：“有神光之异，一室尽明。”

隋文帝杨坚出生时，《隋书》记载说：“皇妣吕氏，以大统七年六月癸丑夜生高祖于冯翊般若寺，紫气充庭。有尼来自河东，谓皇妣曰：‘此儿所从来甚异，不可于俗间处之。’尼将高祖舍于别馆，躬自抚养。皇妣尝抱高祖，忽见头上角出，遍体鳞起。皇妣大骇，坠高祖于地。尼自外入见曰：‘已惊我儿，致令晚得天下。’为人龙颔，额上有五柱入顶，目光外射，有文在手曰‘王’。”杨坚的出生，不是“光”了，而改称了“气”，还是“紫气”。

宋太祖赵匡胤出生时，《宋史》记载说："赤光绕室，异香经宿不散。体有金色，三日不变。"这里的"赤光绕室"也就是"红光满室"，且"异香经宿不散"，基本与福临出生时完全一样了，或许布木布泰是看了《宋史·太祖本纪》才那么说的。

明太祖朱元璋出生时，《明史》记载说："其母陈氏，方娠，梦神授药一丸，置掌中有光，吞之，寤，口余香气。及产，红光满室。自是夜数有光起，邻里望见，惊以为火，辄奔救，至则无有。"这里也与福临出生时差不多一样。

我们现在都知道，某些人出生时的异象大多都是编出来的，基本都是在为这人后来做的事情做些神奇的描述，所以孝庄也基本是出于为儿子福临营造一下天命所归的气氛。而如果我们再留心一下，便会发现在清代的帝王中，唯独在顺治皇帝福临和康熙皇帝玄烨身上有这种奇异的记载，但福临和玄烨无疑又都是孝庄最亲近的人，所以，这样的传说一定与孝庄皇太后有关，由此可知，布木布泰是一位心机极深的女人。

自从庄妃怀孕以后，就特别喜欢穿绣金龙金凤的红缎长袍，每行走间，长长的袍裾、宽宽的下摆波动不止，很有红光绕身、金龙盘旋的视觉形象。

神人授子，并称之为"统一天下之主"的梦兆，无疑是布木布泰的点睛之笔，看来，这个颇有心机的女人早就开始画龙的行动了。

福临出生的时间也很奇怪，布木布泰生得是那么恰到好处，好像刚过世的皇太子到阴间打了个转又回来似的；至少也会令迷信的人们觉得，上天送来福临意在换走太子。福临于是自然而然地成为填补太子空缺的皇子。那么此事或会让人想到，海兰珠生下的皇太子之死，会不会和布木布泰有关呢？

布木布泰临产之日，西永福宫中红灯、红烛、红被、红褥、红门帘、红窗帘，一派大红，那还不"红光烛宫中"？从喇嘛手中得到西藏和印度的奇香，对蒙古王爷的女儿布木布泰而言不是什么困难的事，所以"香气经日不散"也就可想而知了。

聪颖的布木布泰为了儿子能够继承皇位，真可以说是处心积虑、筹划周详了。但当她画龙而最后点睛的时候，效果却并不理想。

皇太极和所有爱听吹捧、爱听颂歌的统治者一样，对神人送子的梦兆当然很高兴。神仙肯给他送儿子，他自然也就等同于神仙，他自然也就是天命所归了，所以回答了“奇祥也，生子必建大业”的话。但说归说，做归做，直到他去世，也没有再立太子，更没有立福临做皇位继承人的意思。也许他还在盼望宸妃再为他生一个儿子，也许他没料到自己会突然死亡。

那么，布木布泰的苦心和所有努力，就白费了吗？不会的，事实证明，她做的一切都没有白费。后来福临果然继承大位，与其说这是上天的安排，还不如说是布木布泰的安排。

不管怎样，对于痴爱海兰珠的皇太极而言，皇太子夭折和皇九子出生，两件事情几乎就是同时，这就注定了皇九子的诞生不会带来多少喜悦。皇帝和他的宠妃东宫大福晋都沉浸在悲痛中，所有的人不管心里怎么想，行动和表情都得与皇帝一致，整个宫廷内外和朝廷上下都为国家失去皇嗣而被一团悲雾所笼罩，谁还记得起永福宫有个新生儿。布木布泰当然为自己终于生了皇子而高兴，或许她心底深处也因皇太子夭亡给自己的儿子留下希望而感到庆幸，但她更不能表现出来，她一定得和大家一样显得悲痛惋惜，并且一定在月子里坐在床褥中遣人去向失去儿子的亲姐姐致以哀悼和慰问，向丈夫致以哀悼和慰问。

失去儿子，尤其是已被立为皇太子的儿子，这样残酷的打击是宸妃海兰珠难以承受的。她终日哭泣，日夜悲伤，寝食不安，一天天地消瘦了。这使得皇太极更加关怀怜爱，多方劝慰，赐珍宝锦缎，调饮食药饵，只要穿过凤凰楼回到后宫，就在东关雎宫里陪伴郁郁寡欢的海兰珠，还不时带她去到郊外散心。这一切都不见效时，皇太极又请来了海兰珠的娘家人，试图由祖母和母亲的抚慰来消除爱妃心头的创伤。

自从有了海兰珠，皇太极的心便完全放到了她的身上。海兰珠病后，皇太极忧心忡忡，崇德三年之夏，年前刚刚受皇太极封赠为和硕福妃的科尔沁蒙古大福晋，即莽古思之妻哲哲之母，带领着儿媳妇寨桑之妻和孙子满珠习礼、吴克善等前来朝见，都是凤凰楼下高台五宫里姑侄三人的至亲。皇太极亲自率领诸王贝勒福晋到演武场迎接，直迎回盛京皇宫。

凤凰楼

皇太极在崇政殿里对亲戚们行规格最高的接见礼，宴会上，皇后哲哲依在母亲科尔沁大福晋、和硕福妃身边；宸妃海兰珠和庄妃布木布泰姐儿俩依在她们的母亲科尔沁小福晋寨桑之妻身边。一后两妃都因娘家得到皇上如此的恩宠而感激谢恩，但谁的心里都明明亮亮，这一切，只是为了讨得脸色苍白、眼神忧郁的宸妃的欢心。

宸妃海兰珠的美丽眼睛里始终充满泪水。眼前的欢乐景象，让她联想起一年前的今天。皇太极追封祖父莽古思为和硕福亲王，立碑于墓前，封祖母为和硕福妃，是大学士范文程奉诏亲自前往科尔沁草原册诰的。那时祖母、母亲和哥哥为此特地来盛京朝见谢封，丈夫也如今天一样远迎、一样盛宴款待、一样歌舞欢庆，不过那时是为了她的儿子的诞生，为了大清国有了一位皇嗣，如今呢？……海兰珠不禁潸

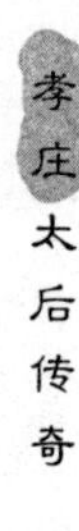

然泪下。

不几天，皇太极又诏封海兰珠和布木布泰的母亲科尔沁小福晋为贤妃，并赐给仪仗。这可是非同一般的极大荣宠，可算是爱新觉罗氏家族之外的独此一家了。然而人人都明白，这完全是为了宽慰宸妃，布木布泰，甚至皇后哲哲也不过沾光而已。

二、海兰珠不幸病逝，皇太极元气大伤

皇太极建大清以后，国事家事都兴旺发达，蒸蒸日上，确实到达他一生的最高峰。他的宏伟大业此时真称得上是一日千里。漠北蒙古喀尔喀三部的土谢图汗、扎萨克图汗和车臣汗，在崇德三年（1638）遣使来朝归附，皇太极给他们规定了每年各部奉献一匹白驼八匹白马的"九白之贡"，从此喀尔喀三部与清朝建立了臣属关系。漠南、漠北蒙古的广大地区，都成了清朝的势力范围。从此后，骁勇善战的蒙古骑兵兵团，就将成为皇太极进攻明朝的重要力量。

蒙古骑兵雕像

与此同时，皇太极继承努尔哈赤的遗志，继续进行对黑龙江流域的统一。崇德二年（1637），黑龙江上游南北两岸索伦部落各城各屯都来归附，鄂嫩河、尼布楚一带的蒙古部落和贝加尔湖以东的使鹿部落等，也都先后归附。到了崇德六年（1641），北方地区从鄂霍次克海到贝加尔湖的广袤无际的原野山林，都成为清朝的属地。皇太极在这些地区设姓长、乡长，分户管辖，把当地居民都编入旗籍，称之为"新满洲"，同样隶属各旗，披甲出征，成为满八旗的组成部分。这时候，原来是重大威胁的蒙古、朝鲜，都已成了满洲的大后方，历年派大军入塞中原，大肆抢掠烧杀的所谓"掏心战"，也都很见成效，壮大了国力和兵力，带来了一批又一批治国统兵人才。时机已经成熟，皇太极将倾全力攻击最后的对手明朝，要跟朱元璋的后代争天下了。

遗憾的是，在皇太极的国事热火朝天的时候，他的家事却过早地越过了高峰。谁也想不到，那个来到人世只有六个月的小生命，竟会引发这样可怕的连锁反应，带来这样多的不幸，以至差一点断送了大清国锦绣似的前程。

皇太子没有来得及命名就死了，其母海兰珠无论如何也经受不住这样的打击。不管皇太极如何施恩赐物，不管皇太极用怎样的怜爱去抚慰，海兰珠仍然一天天地衰弱下去。

崇德六年（1641）九月，明朝蓟辽总督洪承畴，率十三万大军前来援救关外重镇锦州。皇太极御驾亲征，九日率军扎营在松山城西北十里处。十二日，从盛京来到的官员向皇上奏言关雎宫宸妃得病。时值两军对垒的严峻时刻，皇太极却毫不犹豫地立刻召集诸王、贝勒、贝子、公及各固山额真，命他们固守杏山、高桥，随后，十三日一大早，皇太极就车驾起行，赶回盛京。十七日，皇太极抵达旧边界驻跸。当夜一更时分，盛京遣使来奏报宸妃病危，皇太极闻讯立即拔营，连夜赶奔，并遣大学士希福、刚林及冷僧机、索尼等疾驰前往候问病势来报。

几位大学士马不停蹄，五更便赶到盛京，方入大清门、至内门击

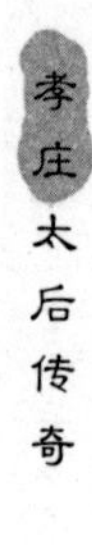

云板叫门时，宫内传出一片哭声，宸妃正于此刻薨逝，没有等到与心爱的丈夫最后再见一面。终年三十二岁。

冷僧机和索尼不顾人马劳乏，汗湿淋淋，立刻回马急奔，在盛京城外遇到圣驾，便以宸妃已逝奏闻。

皇太极闻讯，犹如五雷轰顶，登时痛哭失声，飞马驰入大清门，直扑关雎宫，直扑到海兰珠的遗体上，痛哭不止，捶胸顿足。皇后与众妃力劝、诸王贝勒跪求，都不能阻止他如流泉一样的热泪。他下令宸妃丧殓之礼一切从厚，甚至元旦佳节也免去朝贺、停止筵宴乐舞，等同于国丧。他自己身离宫院，独居御幄，朝夕悲痛，竟至六天六夜不饮不食，终于导致昏迷休克，吓得后妃及诸王大臣设祭物于神前祈祷。

其时，都察院参政等人谏劝说："天佑皇上安定天下、抚育兆民，皇上一身关系重大。今天威所临，功成大捷，松山锦州克取在指顾间，此正我国兴隆、明国败坏之时，皇上宜仰体天意，自保圣躬，可为情率而不自爱乎？"

也许是英雄志终于克服了儿女情，皇太极终于有所醒悟，表示今后要善自排遣。但实际上，他仍是难以自拔。他为宸妃频繁地举行各种祭奠：初祭、月祭、大祭、冬至节令祭、岁暮祭等。重要的祭祀，皇太极都亲率王公大臣、后妃福晋等参与典礼，宣谕祭文，献茶献酒；还召喇嘛、僧、道等念诵经文，使宸妃早生福地；在宸妃丧期内作乐的官吏和宗室，都招来皇太极的暴怒，被一一革职禁锢。这已经成为事实上的国丧，连外藩蒙古、朝鲜等都遣专使来朝吊祭。十月里，宸妃海兰珠受册谥为敏惠恭和元妃。

后来为了恢复神志，排遣忧心，皇太极每月出猎郊原；但每次出猎必定过宸妃茔墓，皇太极必定又痛哭一场，并必定与同行的皇后诸妃奠茶奠酒。自他闻宸妃病的消息从前线赶回盛京后，就再也没有重返松锦战场，从而也就结束了他四十余年的戎马生涯。他的身体虽也有见起色的时候，但元气已伤，已无完全恢复的可能了。

三、布木布泰失宠，多尔衮渐生情

在皇太极悲悼海兰珠不能自已的时候，能温暖他的心的人，常在他怀抱中给他安慰的，只有庄妃布木布泰了。哲哲是中宫皇后，尊贵可以减轻冷遇所造成的伤害；麟趾宫贵妃和衍庆宫淑妃新来乍到，失宠的感受还不会很深切；唯有永福宫庄妃布木布泰，入宫已经十六年，曾经是皇太极最心爱的小福晋，在宫里的地位仅次于皇后。又因为庄妃与海兰珠一母同胞，二人长相定有几分相似，皇太极爱屋及乌，定会拿布木布泰当作其姐来安慰自己了。

布木布泰居住的永福宫

但布木布泰会怎么想呢？皇太极的爱恋、皇太极的情意，海兰珠生时由她全部领受、死后由她全部带走，这难道不是比海兰珠年轻漂亮、比海兰珠聪明颖慧的布木布泰最大的悲哀吗？布木布泰多少次对孤灯空帏，多少次对月伤怀，那只有她自己知道了。此时的她是个二十多岁的少妇，健康美丽。虽然皇太极称帝以后，模仿汉制加强了宫禁，但男女配合是天赋权利的蒙古传统观念，并没有在她心里死绝，宫墙禁令，只禁得住身体和行动，永远禁不住思想和感情。所以，在丈夫皇太极全心宠爱海兰珠的时候，青春的多情和体内的欲望，或许会使布木布泰对丈夫之外的人产生了遐想。

在被丈夫冷落的时候，布木布泰移情别恋完全是有可能的，也是可以理解的。她移情的对象，也只能是那位与她自幼时就志趣相投，又因政治需要和姻亲关系而接触最多，已经日渐成长得智勇双全、威武英俊的睿亲王多尔衮。多尔衮对布木布泰，多年来也一直怀有爱慕倾倒之心，他们家庭宴会、祭祀、多尔衮进宫请安等的相见机会，会不会让他们之间发生一些什么呢？

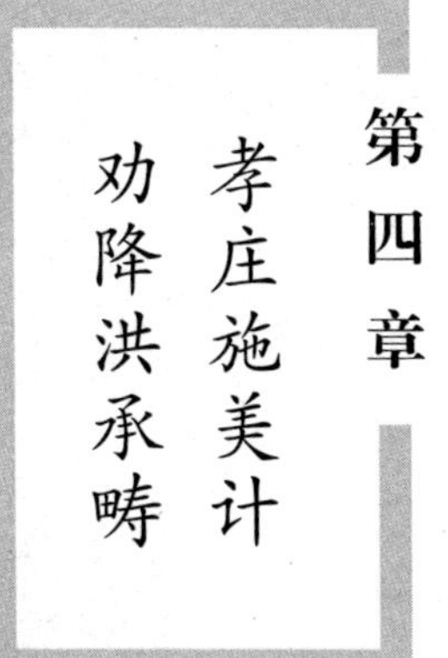

第四章 孝庄施美计 劝降洪承畴

布木布泰毕竟是皇太极的妻子，她也在不断努力挽回丈夫的心，积极参与丈夫的政事。

灭了察哈尔之后，皇太极开始全心对付明朝，于是发动了松锦之战，明、清双方各投入十多万大军，从崇祯十二年（清崇德四年，1639）二月，到崇祯十五年（清崇德七年，1642）四月，战争经历了三年，此役是明清双方的最后关键一役，以清军的全胜告终，此战清军还俘获了明朝蓟辽总督洪承畴。

洪承畴（1593—1665），字彦演，号亨九，童年入溪益馆读书，因家境贫寒，十一岁辍学，在家帮母做豆干，每日清晨还要到英圩埔走街串巷叫卖豆干。当时西轩长房的才子洪启胤在水沟馆办村学，洪承畴叫卖豆干之余，常在学馆外听课，偶尔也帮学生做对子。洪启胤发现洪承畴极有天分且抱负不凡，免费收洪承畴为徒，使其重返校门。洪承畴学习用功，博览群书。启胤老师的《史记》《资治通鉴》《三国志》《孙子兵法》等书都被他借来认真研读，从小就表现了治国平天下的愿望，甚得洪启胤赏识。洪启胤曾在洪承畴的一篇文中批下“家驹千里，国石万钧”的评语。之后走仕途之路，官运亨通，直至成为明朝蓟辽总督。

松锦之战的战果固然丰厚，但皇太极更喜的是俘获洪承畴，因为他是大明崇祯皇帝的股肱之臣，又是明朝很有影响的封疆大员，收服

洪承畴像

他对于收揽汉族知识分子之心、瓦解明朝统治具有非常的意义，而且他文武兼备，谋略过人，是不可多得的良才。于是皇太极一心争取洪承畴归顺，下令把他押到盛京，以“满汉之人均属一体”的政策笼络他，派范文程等汉人文武官员轮番劝说，同时，皇太极命斩一同被俘的巡抚邱民仰等人，以威吓洪承畴。《明季北略》里说他被俘后，不屈，命之跪，承畴曰：“吾天朝大臣，岂拜小邦王子乎！”又有清将发怒，举大刀威胁，但洪承畴“延颈承刀”，始终不屈。他住在大庙而披发跣足，肆意谩骂，又绝食数日，拒不肯降。为此皇太极颇费踌躇，食不甘味。

后来，皇太极得知洪承畴好色，每日派十多个美女陪伴，也没效果。皇太极无计可施，又特命最受宠信的大学士、吏部尚书范文程前去劝降，看他是否果有宁死不屈的决心。

范文程，字宪斗，号辉岳，辽东沈阳卫（今辽宁沈阳）人。生于1597年（明万历二十五年）。他的六世祖名叫范岳，明代初年在湖北云梦县任县丞，洪武年间获罪，于是全家就从江西的乐平县被谪往当时的边陲重镇辽东都司的沈阳卫，范氏自此成为沈阳人。范文程的曾祖名叫范鏓，在1517年（明正德十二年）考中进士，后在朝廷做官，一直升到兵部尚书，因其为人刚直不阿，受到当权大臣严嵩的排挤，只好弃官离去。祖父范沈曾任明沈阳卫指挥同知。父范楠，有两子，名文采、文程。

范文程自幼好学，才智过人，少好读书，颖敏沉毅。于1615年（明万历四十三年）在沈阳县学考取了生员（秀才），时年仅十八岁。正当范文程踌躇满志，决心在仕进道路上有所作为的时候，灾难来临。1618年（万历四十六年），后金政权首领努尔哈赤带兵南下，攻克抚顺等地，大肆掳掠，并将所得人畜三十万分别赏赐给有功官兵，二十一岁的范文程身在被掳之列，从而沦身为奴。同年，努尔哈赤率军攻陷抚顺，范文程“仗剑谒军门”，蒙努尔哈赤善遇，参加了后金政权，并“参与帷幄”，此后侍奉清太祖（努尔哈赤）、太宗（皇太极）、世祖（顺治帝）、圣祖（康熙帝）四代皇帝。隶属满洲镶黄旗。是清朝开国宰辅、文臣领袖。清太宗时，为主要谋士之一，深受倚赖，凡犯明的策略、策反汉族官员、进攻朝鲜、抚定蒙古、国家制度的建设等，他都参与决策，对清朝的建立与巩固起了重要作用。

范文程到了洪承畴居住的地方，还没有开劝，洪承畴就大肆咆哮，骂他是汉人却为满人做事，是为卖国卖族，范文程百般忍耐，不提招降之事，只与他谈古论今，同时悄悄地察言观色。谈话之间，梁上落下来一块燕泥，掉在洪承畴的衣服上。洪承畴一面说话，一面“屡拂拭之”。范文程不动声色，告辞出来，回奏太宗：“承畴不死矣。承畴对敝袍犹爱惜若此，况其身耶？”皇太极接受范文程、张存

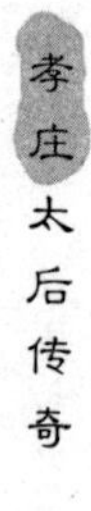

仁意见，对洪承畴倍加关照，恩遇礼厚。

布木布泰看到这种状况，向皇太极毛遂自荐，要亲自去劝说，皇太极答应了她，于是她扮作一个侍女，身上藏了一壶人参汁，来到洪承畴的居处。

此时洪承畴闭目面壁，毫不理睬。布木布泰袅袅婷婷地走近前来，洪承畴见这美妇真是绝色，髻云高拥，鬟凤低垂，面如出水芙蓉，腰似迎风杨柳，更有一双纤纤玉手，丰若有余，柔若无骨，手中捧着一把玉壶，映着柔荑，格外洁白。洪承畴暗讶不已，正是胡思乱想，那美妇樱口半开，瓠犀微启，轻轻地呼出“将军”二字。洪承畴欲答不可，不答又不忍，也轻轻地应了一声。

布木布泰娇嗔地说道：“洪将军，您对大明江山如此赤胆忠心，实在令人敬佩。将军即使绝食，难道就不喝口水而后就义吗？将军，您还是喝一口吧！”洪承畴望着这美人秀色，听着这温柔劝话，顿时心神激荡，布木布泰遂“以壶承其唇”让洪承畴喝了一口，洪承畴多日未食，早饥饿难耐，便和布木布泰聊着天，喝起那人参汤来。

布木布泰更问长道短，先把洪承畴被掳的情形问了一遍。洪承畴约略相告。随后布木布泰又问起洪承畴家眷，知他上有老母，下有妻妾子女，她却佯作恓惶的情状，一双俏眼，含泪两眶，顿令洪承畴思家心动，不由得酸楚起来。

布木布泰又设词劝慰，与他畅说道：“我是清朝皇帝的妃子，特怜将军而来。将军今日死，于国无益，于家有害。”承畴道：“除死以外，尚有何法？难道真个降清不成？”

布木布泰道：“实告将军，我家皇帝，并不是要明室江山，所以屡次投书，与明议和，怎奈明帝轻信邪言，屡与此地反对，因此，常要打仗。今请将军暂时降顺，为我家皇帝主持和议，两下息争，一面请将军作一密书，报知明帝，说是身在满洲，心在本国。现在明朝内乱相寻，闻知将军为国调停，断不致与将军家属为难。那时家也保了，国也报了，将来两国议和，将军在此固可，回国亦可，岂不是两全之计吗？”

这一席话，说得承畴心悦诚服，不由得叹息道："语非不是，但不知汝家皇帝，肯容我这般举动否？"

布木布泰道："这事包管在我身上。"她动之以情，喻之以理，终于说服洪承畴回心转意。

隔日（五月初四日），皇太极亲临洪承畴住处，洪承畴立而不跪。皇太极不以为意，反而对他问寒问暖，见洪承畴衣服单薄，当即脱下自己身上貂裘，披在洪承畴的身上。《清史稿》载："上自临视，解所御貂裘衣之曰：'先生得无寒乎？'承畴瞠视久，叹曰：'真命世之主也！'乃叩头请降。"随即剃发易服，归顺大清。

洪承畴雕像

皇太极大喜，即日赏赉无算，陈百戏作贺。诸将皆不悦，有人说："洪承畴仅一羁囚，为什么要待他这么好呢？"皇太极说："我和大家这么些年栉风沐雨，不顾辛苦，究竟为了什么呢？"众人回答说："欲得中原啊。"皇太极笑了，说："我们就像一群赶路的人，谁也不知道这路怎么走才好，现在得到了一位能为我们引路的人，我怎么会不高兴呢？"大家听了都心悦诚服，皇太极更对洪承畴委以重任。

后来，当洪承畴得知那天夜里把壶劝饮的丽人是当今皇上最宠爱的庄妃时，洪承畴不胜惶恐。可是皇太极和庄妃待他态度如常，好像根本没有发生此事一般。洪承畴越发感激，死心塌地为大清效劳。

第四编

皇太极死亡之谜与顺治称帝

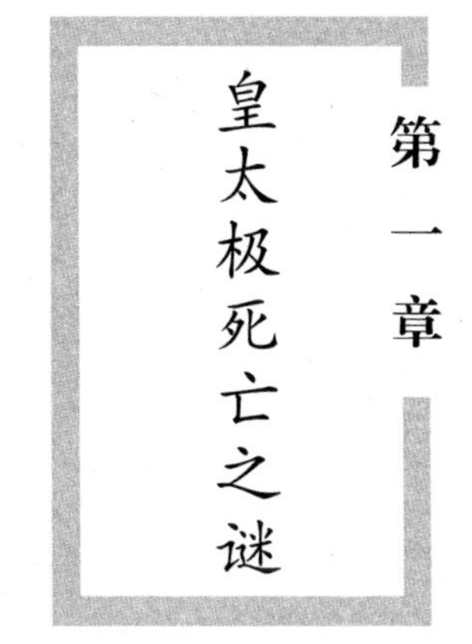

一、突然暴亡，死因不明

凭着过人的谋略和魄力，如果皇太极再能多活十年，或许他会做出更多惊人的举动，但上天没有给他太多时间，崇德八年（1643）八月初九日深夜，盛京皇宫传出哀音，大清第一任皇帝爱新觉罗·皇太极，在清宁宫突然驾崩。享年五十二岁。

皇太极不但有过人的谋略和魄力，还有豁达的胸襟和气度，且目光远大，知人善任，是既有大志，又具备雄才大略的政治家。他在位十七年，上承努尔哈赤开国之伟业，下启清代一统之宏图，他英年而逝，实在是满民族的重大损失。

关于皇太极之死，各史书记载不一。《清史稿》记：（崇德八年八月）庚午，上御崇政殿。是夕，亥时，无疾崩，年五十有二，在位十七年。《清实录》记：（崇德八年）“八月庚午，是夜亥刻，上无疾，端坐而崩。”《清帝外记》记：“崇德八年八月，上御崇政殿，回宫，是夜无疾坐南榻而崩。”《盛京通志》中《神功圣德碑文》记“（皇太极）以崇德八年八月庚午崩，圣寿五十有二，在位十有七年”。《沈馆录》记：“本月初九日夜半后，皇帝暴死。”《朝鲜仁祖实录》记：二十一年九月朔壬辰，文学李移在沈阳驰启曰“清汗于本月初九日夜暴逝”。《山中闻见录》记：“月辛未，清太宗以痰疾殂于沈阳。”

皇太极在八月初九日还到崇政殿办公，这天他像平常一样忙碌：先是接见和赏赐了土默特部落前来贡马的甲喇章京大诺尔布、小诺尔布等十五人以及他们的随从，之后他又奖励了护送格隆喇嘛来盛京的土默特部落车克车章京所属诺木习礼和从人；随后他同皇后、诸妃在崇政殿召见远嫁察哈尔、科尔沁蒙古的固伦公主，并挑选最好的绸缎赏赐固伦公主和科尔沁一同来朝的福妃、贤妃及诸福晋。

这一天，他没有表现出任何异常。而就在这天夜里，皇太极端坐在正寝清宁宫东暖阁的南炕上离世，年仅五十二岁。这种情况下，是很难拿出让人完全信服的答案的。

清昭陵——皇太极的陵墓

历史上任何一个突然离世的帝王都会留下多个版本的千古之谜。于是，几百年来，关于皇太极暴死之谜便被后人作出了无数的猜想。据当时记载的各种迹象来看，皇太极像是因脑血栓引起了脑出血，死亡极快，没有痛苦。那么事实是这样吗？这些正史、野史所记不同，一是死的时间，二是死的原因。再加上之后孝庄下嫁多尔衮之事，于是有关皇太极的死便有了各种传说和猜测。

二、孝庄私通多尔衮，合谋杀害皇太极

皇太极从小身体很好，中年以后身体发福，有些偏胖，官方史书从未记载过他有任何病史，而后有关的清代官修史书几乎都记载说皇太极死时是“无疾而终”。后世野史更将皇太极之死说成是被多尔衮或多尔衮与庄妃谋害，演绎成了一起香艳离奇的谋杀事件。武侠小说家金庸的《碧血剑》中更是活灵活现地演绎成是书中主人翁袁承志（小说描述为袁崇焕之子）亲眼见到皇太极赶到庄妃的寝宫，被正在和庄妃幽会来不及逃走的多尔衮行刺而死。其文是这样描述的：

帐中一声惊呼之后，便即寂然无声。只听得一个威严的声音大声说起满洲话来。袁承志吃了一惊，说话之人竟然便是清朝皇帝皇太极。见帐内站满的都是布库武士，不下一二百人，心道：“啊，是了，这鞑子皇帝爱看人比武，今晚又来瞧来啦。算他眼福不浅，见到了武士总教头这等怪模样。”他昨晚领略过这些布库武士的功夫，武功虽然平平，但缠上了死命不放，着实难斗，帐中武士人数如此众多，要行刺皇帝是万万不能，当下静观其变。

只见一名武士首领模样之人上前躬身禀报，皇太极又说了几句话，便站起身来，似是扫兴已极，不再瞧比武了。他走向帐口，数十名侍卫前后拥卫，出帐上马。袁承志心想：“这当真是天赐良机，我在路上出其不意地下手，比去宫中行刺可方便得多了。”低声对胡桂南道：“这是鞑子皇帝，你先回去，我乘机在半路上动手。”胡桂南又惊又喜，道：“盟主小心！”袁承志跟在皇太极一行人之后，只见众侍卫高举火把，向西而行，心想：“待他走得远些再干，免得动起手来，这些布库武士又赶来纠缠。”跟不到一里，便见众侍卫拥着皇太极走向一所大屋，竟进了屋子。

袁承志好生奇怪：“他不回宫，到这屋里又干什么了？”当下绕到屋后，跃进墙去，见是好大一座花园，南首一间屋子窗中透出灯

光，他伏身走近，从窗缝中向内张去，但见房中锦绣灿烂，大红缎帐上金线绣着一对大凤凰。迎面一张殷红的帷子掀开，皇太极正走进房来。

袁承志大喜，暗叫："天助我也！"只见一名满洲女子起身来相迎。这女子衣饰华贵，帽子后面也镶了珍珠宝石。皇太极进房后，那女子回过身来，袁承志见她约莫二十八九岁年纪，容貌甚是端丽，全身珠光宝气，心想："这女子不是皇后，便是贵妃了。啊，是了，皇太极去瞧武士比武，这娘娘不爱看比武，便在这里等着，这是皇帝的行宫。"

皇太极伸手摸摸她的脸蛋，说了几句话。那女子一笑，答了几句。皇太极坐到床上，正要躺下休息，突然坐起，脸上满是怀疑之色，在房中东张西望，蓦地见到床边一对放得歪歪斜斜的男人鞋子，厉声喝问。那女子花容惨白，掩面哭了起来。

皇太极一把抓住她胸口，举手欲打，那女子双膝一曲，跪倒在地。皇太极放开了她，俯身到床底下去看。袁承志大奇，心想："瞧这模样，定是皇后娘娘乘皇帝去瞧比武之时，和情人在此幽会，想不到护国真人突然演出这么一出好戏，皇帝提前回来，以致瞧出了破绽。难道皇后娘娘也偷人，未免太不成话了吧？她情人若是尚在房中，这回可逃不走了。"

便在此时，皇太极身后的橱门突然打开，橱中跃出一人，刀光闪耀，一柄短刀向皇太极后心插去。那女子"啊"的一声惊呼，烛光晃动了几下，便即熄灭。过了好一会儿，烛火重又点燃，只见皇太极俯身倒在地下，更不动弹，背心上鲜血染红了黄袍。

袁承志这一惊当真非同小可，看那人时，正是昨天见过的睿亲王多尔衮。那女子扑入他怀里。多尔衮搂住了，低声安慰。袁承志眼见到这惊心动魄的情景，心中怦怦乱跳，寻思："想不到这多尔衮胆大包天，竟敢弑了哥哥。事情马上便要闹大，快些脱身为妙。"当即跃出墙外，回到客店。

对于多尔衮杀死皇太极的原因和结果，书中这样讲道：次日一早，（袁承志一行人）便即离盛京南下。不一日，进山海关到了北京，才听说清朝皇帝皇太极在八月庚午夜里“无疾而终”，清朝立了皇太极的小儿子福临做皇帝。

小皇帝年方六岁，由睿亲王多尔衮辅政。袁承志道：“这多尔衮也当真厉害，他亲手杀了皇帝，居然一点没事，不知是怎生隐瞒的。”洪胜海道：“睿亲王向来极得皇太极的宠信，手掌兵权，清朝的王公亲贵个个都怕他。他说皇太极无疾而终，谁也不敢多口。”袁承志道：“怎么他自己又不做皇帝？”洪胜海道：“这个就不知道了。或许他怕人不服，杀害皇太极的事反而暴露了出来。福临那小孩子是庄妃生的，相公那晚所见的贵妃，定然就是庄妃了。”

金庸的小说对史实的描述尤为精彩，这段关于多尔衮杀死皇太极的描述合情合理，但这毕竟是小说家言，缺乏史实和考证资料，即便如此，这一说法仍有为数众多的拥护者，因为如果真是多尔衮杀死了皇太极，那么多尔衮为什么要杀皇太极，理由却是十分的充足和充分的。

为什么这样说呢？前面说到了努尔哈赤的大福晋阿巴亥之死，阿巴亥是多尔衮的母亲，却是被皇太极逼死的，这样一来，皇太极对多尔衮而言便有杀母之仇，阿巴亥生殉坐死的情景恐怕早定格在多尔衮的记忆中，所以他可能对皇太极表面恭敬，心底里却恨透了他，早欲杀之而后快。再加上他与布木布泰从小情投意合，两人暗生私情进而通奸也是完全有可能的，或因通奸事泄而杀掉皇太极，也是合理的，后来的孝庄下嫁多尔衮一事，又为此说作了很好的延伸。

再如前面提到的孝庄下嫁多尔衮之三种说法中的“私通说”，也是这么认为的，其情节与《碧血剑》有所不同，更多地体现了女人间的争风吃醋。说布木布泰与多尔衮私通，多尔衮之妻告知皇太极，皇太极正欲率军入关，大军行至途中得知消息，皇太极十分震怒，立即返回沈阳，但还宫不到一天便以暴病崩逝。于是人们都疑心是被大玉妃和多尔衮所害，但当时多尔衮党羽极盛，无人敢撄其锋。不久，多尔衮竟奉遗诏为摄政王，率师入关进燕京，从此恒居宫中，政事机密，大玉妃全权委任给多尔衮办理，于是朝廷大权由多尔衮独揽，按照满族人的婚俗规矩，身为太后的孝庄便名正言顺地下嫁了多尔衮。

三、圣躬违和身体差，风眩痰疾终致命

但也有人根据清宫史料等史书记载，认为皇太极是病死的，真正的死因很可能是“痰疾”。

史料记载，从崇德五年开始，清史的记载中屡次出现“圣躬违和”或“圣躬不豫”的字样。这两个词都是说皇帝的身体生了病，不能理事。主要记载有下面几条。

第一次圣躬违和：崇德五年农历七月二十七日，皇太极第一次“圣躬违和”，到安山（今鞍山）温泉疗养。

皇太极青铜坐像

第二次圣躬违和：崇德六年农历八月，松山大战前夕，明十三万大军来势汹汹，前线告急。皇太极调集各路人马，决定亲自前往前线坐镇指挥。本来定于农历八月十一日出发，不巧他患上鼻出血，血流不止，不得不将出发的日期一拖再拖。八月十四日，出血仍未缓解，而前线军情告急。皇太极抱病出征，一路急行，三天后，病情才有好转。

第三次圣躬违和：崇德七年（1642）农历十月二十日，“圣躬违和，肆大赦。凡重辟及械系人犯，俱令集大清门外，悉予宽释”。显然皇太极这次病得相当重，不但用大赦的方式上向天祈求康复，而且都察院的官员还上疏建议：皇上不必事必躬亲，可让各旗、六部诸大臣处理一些日常事务，至军国大事再向皇太极奏闻，以减轻政事活动，得以静心休养。

皇太极此时应该是明显感觉力不从心，于是不得不同意了这份奏疏的建议，决定以后的政事由和硕郑亲王代善、和硕睿亲王多尔衮、和硕肃亲王豪格、多罗武英郡王阿济格合议处理。

这是一次重大的行政体制的变革。通过这次变革，皇太极基本上交出了处理日常行政事务的大权。这证明他确实病得不轻，或者是宸妃的死，促使他重新掂量生命中的轻与重。当明白死亡正在逼近之时，对生命的依恋之情就会油然而生。

第四次圣躬违和：同年农历十二月，皇太极率众往叶赫出猎，到达一个叫开库尔的地方时，又生病了，随同前往的诸王、贝勒、大臣都请求停止行猎返回盛京，但皇太极因为此行没有收获，不愿空手而归。就在大家左右为难的时候，年仅五岁的皇九子福临射中一狍，当年一箭可射穿两只黄羊的皇太极见状，心中大喜，这才与众人启驾还宫。

第五次圣躬违和：崇德八年正月初一，因皇太极“圣躬违和”，免群臣的新春朝贺礼。命令和硕亲王以下副都统以上诸人前往堂子，代替自己向上天和历代祖先行礼祈祷。

第六次圣躬违和：农历三月十七日，因“圣躬违和”大赦，死刑犯以下的人都得到了赦免。

第七次圣躬违和：农历四月初一日，“圣躬违和”，连续两天向盛京城及境内各地的寺庙祷告，施白金。到农历四月初六日，皇太极遣人至李氏朝鲜世子馆中，要求朝鲜方面进贡一种名为竹沥的药材，并且选派名医前来会诊。而据李氏朝鲜方面的史书记载，皇太极所遣传谕诏令的人曾经告诉李朝世子说皇太极患有风眩之病。

竹沥是竹子中的汁液，入药可镇咳、祛痰。从崇德七年开始，明清处于最后争夺的关键时期，事务繁多，皇太极夙兴夜寐，宵衣旰食，加逢丧妃之痛，难免痰火上升而头晕目眩，病情加重。如果李氏朝鲜方面的史书记载无误，那么皇太极很可能死于“痰疾”。

从上面的记述可以看出，从崇德八年开始，皇太极生病的次数越来越频繁，这说明皇太极的病连续发作。但是从四月开始，这种情况似乎得到了缓解，皇太极的身体状况相对平稳，所以官方史书才会有“无疾而终”的说法。

第二章 福临称帝孝庄意 豪格九王空费力

一、太子未立，大位谁继？

皇太极是大清皇权真正缔造者，在清朝建立和入主中原的过程中，他的贡献是非常巨大的。但他走得太匆忙，所造之基尚乏完善。如果历史再给他一点儿时间，多顾及一点儿身后之事，局面可能更好。但正因为他死得匆忙，没有留下遗嘱，于是皇位继承再一次成为一个爆炸性问题摆在了清朝统治集团的面前。

皇太极在有生之年，就嗣位问题曾有过思考，并采取过措施，但令他十分失望。他从万历三十七年（1609）长子豪格降生，至崇德六年（崇祯十四年，1641）第十一子博穆博果尔降生，共有十一子。以皇太极死的时间为准计算，他们是长子豪格（三十五岁）、次子洛格（1611—1621 年，十一岁卒）、三子洛博会（1617—1623 年，七岁卒）、四子叶克舒（十七岁）、五子硕塞（十六岁）、六子高塞（七岁）、七子常舒（七岁）、八子无名（1637. 7. 8—1638. 1. 28）、九子福临（六岁）、十子韬塞（五岁）、十一子博穆博果尔（三岁）。在十一子中，除早死的次子、三子、八子外，尚有八子。以平常人眼光观察，从中选出一个嗣子，当不成问题，但这着实把聪明、智慧、善于谋略的皇太极难住了。

如果按照先汗做法搞长子继承制，豪格嗣位顺理成章。然而皇太极早早地排除了豪格继承皇位的机会，这大约是因为两个问题。

第一，在子以母贵时代，皇太极后宫是蒙古贵族女儿的天下，五宫并立。豪格母亲仅是乌拉贝勒博克铎之女，处于继妃地位。这位继妃是乌拉大福晋阿巴亥从姑，在先汗时代扈伦四部之女曾主宰后宫，而今已成烟云。

第二，豪格尽管身经百战，魁伟有智谋，但在他父亲心目中，终究是曾“怀异心以事朕”的人，他们父子之间的信任程度不高，故将豪格排在郑亲王和睿亲王之后。十七岁的叶克舒母亲是庶妃，地位自然低下。十六岁的硕塞母亲地位稍高，是侧妃叶赫那拉氏，尽管后来他晋爵为亲王，但在后宫地位仍然偏下。至于七岁的高塞、常舒，五岁的韬塞之母在后宫的地位都是庶妃，他们爵位只能是公爵。三岁的博穆博果尔之所以封和硕襄亲王是因为他母亲是懿靖大贵妃，蒙古博尔济吉特氏，属于扎鲁特蒙古。这就是说，在皇太极的脑海里皇嗣只能从五宫之子中挑选，而五宫中，非科尔沁后妃莫属。

基于上述考虑，崇德二年（崇祯十年，1637）七月初八日，关睢宫宸妃海兰珠生皇八子，令皇太极不胜喜悦，认为立嗣时机到来。第九天（十六日），他集文武群臣于笃恭殿，颁诏大赦。赦文说：“自古以来，人君有诞子之庆，必颁大赦于国中，此古帝王之隆规。今蒙天眷，关睢宫宸妃诞育皇嗣，朕稽典礼，欲使遐迩内外政教所及之地，感被恩泽。”其中的“皇嗣”之语已表明他立嗣意向。但不幸的是皇八子只活了二百天，于崇德三年（崇祯十一年，1638）正月二十八日，便夭折了。两天后，永福宫庄妃布木布泰生皇九子福临。

皇太极在福临降生后的五年零七个月中，没有再提立嗣问题。而他的猝然死亡，使得大清王朝的权力结构突然间就失去了平衡。受到激烈震动的统治层内部意识到，他们将要面临诸王兄弟为窥伺帝位而相争为乱的局面。当时在盛京的朝鲜使臣也看出，因为国本未定，而诸王各分其党，必有争夺之事，竟也幸灾乐祸地奏报他们的国王说：“汗死，则国必乱矣！”国会不会乱，取决于继位问题能不能妥善解决。而妥善解决此事的关键，在于推举出一个令诸王大臣都口服心服的皇位继承人。

二、代善野心消磨，无意争权夺利

谁来继承皇位？这是关系到大清朝如何发展的问题！此刻，各派政治力量都在积极活动，努力争夺自己的权益。而既有夺位实力，又有继位权利的，当属礼亲王代善、肃亲王豪格和睿亲王多尔衮。我们分别看看这三位的条件。第一位，礼亲王代善。礼亲王代善曾经被努尔哈赤立为皇太子，努尔哈赤逝世后，本以长子当立，他却出于种种考虑，让位于皇太极。如今皇太极又去了，论尊、论长，都非代善莫属；论实力，他掌握着两红旗，当初仅次于手握上三旗的皇帝本人。看来他似乎应是继位人的首选了。

然而，代善这年已经六十三岁了，多年的征战消耗了他的体力，年事渐高，也使他越来越保守，特别是政坛上的风风雨雨，更消磨掉了他对朝政的兴趣。当年他身为皇太子时，正在三十岁左右，未尝没有一番雄心壮志。天命五年（1620）被废，给了他极大的打击，若不是他乖巧地杀妻认错谢罪，他也会像他的哥哥褚英一样被父汗所杀。由此，他深切地认识了政治的险恶、皇家的冷酷无情。他既不是皇太极的对手，让位就是十分明智之举了。

皇太极取得汗位以后，对代善格外礼敬，常赐给良马金帛等物，常召请他到清宁宫行家庭礼，举行家宴，元旦时还命中宫皇后及众妃向代善拜贺节庆等，比对待其他兄弟都要优厚。

代善总的来说是支持皇太极的。无论在对阿敏和莽古尔泰的处理上，还是在由四大贝勒并坐受朝变为皇太极独坐南面的改革中，代善都是站在皇太极一边的。其间与皇太极在战事的进退等一般性细节上小有矛盾，也都能顺利解决。问题是，阿敏和莽古尔泰被除去以后，原来的四大贝勒就余下了代善和皇太极，无论怎么说，代善仍然是对汗权的一个不大不小的威胁。

代善的礼亲王府建筑

但是代善本人又毛病不少，很容易被善于等待时机的皇太极抓住。皇太极只要抓住，就不会轻易放过。如征服察哈尔蒙古之后，当皇太极命诸贝勒在前来归附的察哈尔蒙古贵妇中挑选中意之人时，代善看中了富有而美貌的苏泰太后。但因苏泰太后是济尔哈朗的妻妹，皇太极已先许给济尔哈朗而不能答应代善，便退一步让他娶囊囊太后。代善却嫌囊囊太后穷，娶了有钱的察哈尔汗女泰松格格。事情本该就此告一段落，代善却不肯罢休，仗着自己是皇太极之兄，是国中大贝勒，此后又多次提出要强娶苏泰太后为妻，皇太极一直不准，代善于是耿耿于怀，之后又因之做了许多大胆而出格的事，让皇太极非常生气，他不但遣人去责问代善是何用心，而且盛怒之下，撇下众贝勒，独自先回盛京，进了宫后就紧闭宫门，不上朝也不许诸贝勒大臣觐见，诸贝勒大臣吓坏了，全都跪在宫门，恳请汗王临朝，并立刻对此事立案审理。

皇太极的要挟成功了。次日，他在内殿召集诸贝勒大臣，声色俱厉、长篇大论地训斥代善有六项罪行，其中心意思是指斥代善的离心倾向。诸贝勒大臣议拟革除代善大贝勒名号，削和硕贝勒爵，夺十牛录属人，罚银万两，见代善服罪，皇太极又开恩免革代善贝勒爵，还给十牛录属人。

从当时国家的稳定着想，皇太极此举也是必要的。皇太极能恩威并用，非常高明了。皇太极做事是很彻底的。崇德改元称帝时，代善再次获得最高恩宠，被封为地位最尊的和硕兄礼亲王。当年十二月，代善随皇太极征朝鲜。次年皇太极命法司追论攻朝鲜时违法妄行之罪时，代善又被议得六条罪状。皇太极亲自在崇德殿将代善之罪宣谕诸王贝勒贝子及群臣。虽然没有给任何处分，但对代善的威望和心理又是一次沉重打击。无论是怎样棱角四出、锋芒外露的人，经过这样不断地捶打，做事都会变得极其小心起来。

代善在诸贝勒发誓效忠皇太极时明确表示："自今以后，效忠于皇上。"他效忠的具体表现，就是以年老为由，从此不问朝政。这正是皇太极最需要的。代善被彻底制服了，承认了皇太极的绝对权威，失去了做大事的野心，这样的人能够继承皇位吗？不要说难以服众，他自己恐怕也是纵有这个心，也无这个胆了。

三、豪格勇武少智，终失太子之位

除代善外，最有资格和能力继承皇位的，就是肃亲王豪格了。肃亲王豪格出生于明万历三十七年（1609），是皇太极的长子，母亲为皇太极的继妃乌拉那拉氏。

豪格生性勇武，少年从征，广有战功，随同祖父和父兄辈进行统一女真的战争，在对蒙古董夔、察哈尔、鄂尔多斯诸部的作战中屡立战功，因其功勋卓著而不断进封，十六七岁时就得到贝勒的封号，后来又多次同代善、济尔哈朗、多尔衮等统兵出征，跟从父亲皇太极伐明，都立有军功，所以天聪六年晋升为和硕贝勒，崇德元年皇太极称帝时，更被封为肃亲王，并兼理户部。他不但是皇太极的大儿子，也是皇太极在位期间有名的战将，是其得力助手之一。

豪格像

但豪格并不为父王所喜，又素与睿亲王多尔衮不和。崇德元年封亲王以后，豪格屡受处分，但不久又因军功得到宽免，成为诸王贝勒中沉浮最频繁的一个。

豪格为人勇猛有余，智谋不足。天聪九年的谋逆大案中，尽管豪格以杀妻力求摆脱干系，但在次年，即崇德元年（1636）六月，也即刚当上亲王才两个月，就同成亲王岳托一同论罪，一同降级为贝勒，一同罢部任。原因是岳托对谋逆案表示怀疑，说过“德格类哪有此事？定是妄言”的话；更因为岳托把杀妻这个烫手的铁球甩给皇太极，使皇太极不得不表示反对而产生难言的愤怒，于是根本不考虑把他列为太子。

崇德元年八月，豪格同睿亲王多尔衮攻锦州有功，命他仍摄户部事。但在第二年，豪格又因其部下给他娶蒙古女子献媚的事，再罢部务。这次的贬谪长达两年，直到他随同睿亲王伐明，入关、下山东，大肆掳掠、多所斩获，崇德四年（1639）凯旋时，才因大功恢复了肃亲王爵，复管户部。崇德五年（1640），他又同睿亲王去围困锦州，因不听军令，擅自离城远驻，并遣弁兵私回盛京家中，双双获罪，同降郡王。这一次贬谪又是两年，他戴罪立功，在大败洪承畴率领的十三万明军的战斗中功绩辉煌，崇德七年（1642）七月，复封肃亲王。

在皇位争夺中，豪格的有利条件是皇长子，并有很突出的战功；不利处在于虽是皇子而母亲不贵，另外，从他不断犯大大小小的错误和杀妻求宠的行为来看，作为皇长子，他不无跋扈横暴之嫌，这种性格，当然不是善于谋略且喜文人雅士的皇太极所喜欢的，所以一直都没有考虑让他继承皇位。

但当时豪格亲掌正蓝旗，而在皇太极死后，他留下的正黄旗和镶黄旗以及众多大臣们都支持豪格即位，他的实力略优于有正白、镶白两旗以及多铎支持的多尔衮。但是，豪格在关键时刻未能果断行事，在有大臣提出豪格具备继位资格并要求其继位的时候，他表示自己不行，被多尔衮顺水推舟地将他排除在外，于是他未能入承大统。最终由其弟，皇太极九子爱新觉罗·福临继位，多尔衮为摄政王辅政。此后，豪格虽仍颇多战功，但受多尔衮打压。顺治五年，因其隐瞒其部将冒功及起用罪人之弟的罪名被下狱，当年三月死去，年仅三十九岁。豪格死后，其福晋为多尔衮所纳。这是后话。

四、多尔衮韬光养晦，皇太极厚爱有加

在代善和豪格之外，有能力争夺帝位的无疑是睿亲王多尔衮了。

努尔哈赤崩逝前，曾有“以多尔衮继位、代善辅政”的遗言，虽然遗愿成为泡影，却也可知多尔衮从小就聪慧过人，善于自处，在阿巴亥为努尔哈赤所生的三幼子中，独得老汗王的钟爱。

皇太极继汗位后，为了对抗另外三大贝勒，也是他的三位兄长的势力，格外用心地笼络三位幼弟。但阿济格愚鲁、懒散、不听话，多铎更是借年幼而荒唐胡为，故意与皇太极作对。只有多尔衮，从不把

未能继位的不满表现出来，处处谨慎自持，深得皇太极的好感，便也有意识地培养和优待他。

天聪二年三月，即皇太极继承汗位一年半之后，十七岁的多尔衮随皇太极征蒙古有功，被“赐以美号”，曰：“墨勒根戴青”，是汉文“睿智”的意思。多尔衮和硕睿亲王的汉文爵位便是由此而来。显然，皇太极对多尔衮的才智具有清醒的认识。同月二十九日，阿济格违反制度，擅自为多铎定亲，被皇太极罚银一千两，并罢免了他镶白旗旗主的名位权力，多尔衮这才正式成为镶白旗旗主。

多尔衮文武双全，英勇善战。天聪三年（1629），皇太极率军攻明，多尔衮在汉儿庄、遵化、北京广渠门诸役中奋勇当先，斩获甚众，一年半后，他又参加了大凌河之役，攻克坚城的功劳也有他一份。天聪八年（1634），皇太极再度攻明，多尔衮三兄弟入龙门口，在山西掳掠，结果“宣大地方，禾稼践伤无余，各处屋舍尽焚，取台堡、杀人民更多，俘获牲畜无数”。

天聪五年（1631）七月，皇太极初设六部，命十九岁的多尔衮掌管吏部。吏部是权力很大的一个部门，乃六部之首，掌理着官吏任命升迁等人事调动，是重要的权力机构。除笼络的目的外，皇太极还看中了多尔衮的聪明机敏，且多尔衮知书达理、通满汉文字，在当时的诸王中，也是一项突出的优点。他任事以后，勤勉政务，才能出众，办事妥善，常得众人赞扬，吏部被皇太极称为他最放心的一个部门。此后皇太极对多尔衮多次委以重任，使多尔衮有机会建功立业。

使多尔衮名声大振的是征服朝鲜和攻击蒙古察哈尔部之役。朝鲜和察哈尔被皇太极视为明朝的左膀右臂，是后金攻明的后顾之忧。天聪六年皇太极虽大败察哈尔部，林丹汗走死青海大草滩，但其残部仍散布在长城内外，于是在天聪九年二月，皇太极命多尔衮为主帅，同岳托、萨哈廉、豪格率兵一万前往征讨。

多尔衮富于谋略，在战争中能够因势利导，以较少的代价，获取最大的胜利。多尔衮一路严明军纪，先至锡喇珠尔格招降了察哈尔林丹汗妻囊囊太后和台吉索诺木及所属一千五百户，然后进逼托里图。

到达时适逢大雾，多尔衮恐额哲所属大众惊溃逃走，下令按兵不动。他利用额哲之母苏泰太后是叶赫贝勒金台什的孙女这层亲属关系（金台什是皇太极生母叶赫那拉氏的哥哥），特派已是后金大臣的苏泰太后的亲弟弟南褚前去劝降。

败亡后无路可走的苏泰太后母子，遇着靠山强大的亲弟亲舅来说降，焉有不从之理？对方还保证秋毫不犯——对此，主帅多尔衮和领兵贝勒都与额哲郑重盟誓。这样，察哈尔林丹汗的嗣子也归附了后金。

这一次出征，多尔衮不费一刀一枪，出色地完成了皇太极的使命。更具重大意义的是，多尔衮从苏泰太后（林丹汗之妻）那儿得到了遗失二百余年的元朝传国玉玺"制诰之宝"，其玺"交龙为纽，光气焕烂"。

胜利归来，多尔衮向皇太极献上这方传国玉玺，皇太极果然大喜，亲率王公大臣及众福晋等出沈阳迎接凯旋之师，后金王廷内外欢声雷动，都看作一统万年的吉兆，众贝勒是借此事上表称贺并劝进的：得元朝传国玉玺，乃是天意，是天命所归，天命不可违。皇太极是"顺天命"才登上了皇帝的宝座。

因此，登基后叙功分封的时候，多尔衮脱颖而出，被封为和硕睿亲王，排位第三，仅次于礼亲王代善和郑亲王济尔哈朗，成为满洲统治集团中的后起之秀。

皇太极亲征朝鲜时，多尔衮也在其身边。在率军进攻江华岛时，因其上居有朝鲜王子、王妃及众大臣，多尔衮一方面竭力劝降，另一方面"戢其军兵，无得杀戮"，对投降的朝鲜国王"嫔宫以下，颇极礼待"。这使朝鲜君臣放弃继续抵抗，减少了双方的杀戮。

这两役之后，清朝的战局顿时改观，皇太极除去了后顾之忧，便可全力对付明朝。他在天聪十年（1636）改国号为清，年号崇德，南面称帝，与明朝已处在对等地位。

多尔衮在这两大战役中所立的战功，也使他的地位继续上升。正月初一新年庆贺大典时，多尔衮首率诸贝勒向皇太极行礼，这与十二年前的情形相比，可谓天壤之别。当年四月皇太极称帝，论功行封，多尔衮被封为和硕睿亲王，已列六王之第三位，其时年仅二十四岁。

在此之后，多尔衮几次率师攻明，均获辉煌战绩。崇德三年（1638）他被皇太极授予“奉命大将军”，统率大军破墙子岭而入，于巨鹿得大胜而归，此役中明统帅卢象升战死。然后他又兵分两路，攻打山东、山西，多尔衮攻克山东重镇济南，前后只用了一天时间，之后“自北京以西，千里之内明军皆溃散逃遁”。在长达半年时间里，“转掠二千里”，“旌旗所指，无不如意”，这一次生擒德王朱由枢，并陆续攻克城池五十余座，杀死两名总督级大员，活捉明朝一郡王，杀五郡王等，在五十七次战役中全部获胜，俘获人畜四十六万余，黄金四千多两，白银九十七万余两。在八旗铁骑先后五次大规模绕道伐明的军事行动中，多尔衮指挥的这一次战果最为巨大。明朝大将洪承畴和孙传庭也是这一次被急急调离围剿李自成的第一线，从而，导致李自成有了喘息之机并死灰复燃的。他的军功，使素以勇猛善战著称的豪格、阿济格、多铎等人全部相形见绌。班师之后，多尔衮得到了马五匹、银二万两的赏赐。

崇德五年到六年，多尔衮又作为松锦决战的主将之一走上战场。起初，他因违背皇太极的部署，私遣军士探家而遭到急于破城的皇太极的责罚，但他仍以郡王的身份继续留在军中，一方面屡次上奏提出作战方略，另一方面率领四旗的护军在锦州到塔山的大路上截杀，并在攻破松山后率军围困锦州，迫使明守将祖大寿率部至多尔衮军前投降，这样，明朝关外只剩下宁远孤城，为清军入关扫除了许多障碍。

实事求是地说，在当时，多尔衮的才能和功绩是公认的。皇太极执政时期，多尔衮在一系列战略性军事行动中，均有上佳的表现，从而，令皇太极对他“特加爱重”，也为自己赢得了崇高的地位与威望。史书上说他“攻城必克，野战必胜”，不完全是溢美之词。

多尔衮虽然勇武，但他并不是一介武夫，他的政治头脑远在其他王公贝勒之上，这点连皇太极也看得很清楚，因此，在更定官制时，便把六部之首的吏部交给他管理。根据他的举荐，皇太极将希福、范文程、鲍承先、刚林等文臣分别升迁，利用他们的才智治国。之后根据他的建议，皇太极又对政府机构作了重大改革，确定了八衙官制。此外，文臣武将的袭承升降甚至管理各部的王公贵胄也要经他之手任命。而在统辖六部的过程中，多尔衮锻炼了自己的行政管理能力，为他后来的摄政准备了条件。他曾经对大学士刚林回忆说："以前经常看明朝的朝报，下面的人糊弄皇上，皇上的旨意也糊弄下面的人们，最是可笑。越看越不得了，索性不看了。"表明了此人的文化素养与政治敏感。

多尔衮的睿亲王府

之所以说多尔衮很聪明，还在于他一直秉承其兄皇太极意旨，对加强中央集权发挥了重大作用。崇德元年和二年，皇太极两度打击岳托，意在压制其父代善正红旗的势力，多尔衮等人揣摩帝意，故意加重议罪。崇德三年遣人捉拿叛逃之新满洲，代善略有不平，便被多尔衮抓住大做文章，上报皇太极，欲加罪罚。这些举动，正合皇太极心意，他一方面对忠君的兄弟表示赞赏，另一方面又减轻被议者的处罚，以冀感恩于他。通过这一打一拉，来稳固自己的独尊地位。

多尔衮因为攻城必克、野战必胜，每每倡谋出奇，而对待皇帝又十分谨慎忠诚，所以深得皇太极的信任，地位已跃居诸王之上，和一贯对皇太极忠心耿耿的济尔哈朗不相上下了。崇德七年十月，皇太极因病不能视朝时，便命郑亲王济尔哈朗、睿亲王多尔衮、肃亲王豪格、武英郡王阿济格裁决朝廷的日常政务。多尔衮此时在国家政治中的作用已可想而知。

但是，皇太极并没有料到，多尔衮正利用皇帝的信任一步步成长起来，从墨勒根戴青贝勒，到睿郡王，再到睿亲王，逐渐削弱昔日曾打击他与母亲之人的势力，直至有能力摆平战功显赫的皇长子豪格，等待时机，后成为辅政王，再成为摄政王，甚至觊觎皇权。

那么在多尔衮的不停升迁之中，有没有布木布泰的功劳呢？这个问题现在无人能说清，虽然后来孝庄皇太后与睿亲王多尔衮的关系是最为人津津乐道的话题，但皇太极死前，她与多尔衮的关系到底进行到了什么程度，她与多尔衮之间究竟发生了什么，怎样发生的，经过如何，结局怎么样等几乎全部笼罩在重重迷雾之中。

从实际情况判断，皇太极生前，她和多尔衮的交往可能只有很短暂的一段时日，就是在她嫁给皇太极而皇太极又没有继位为汗的一年多时间里，他们兄弟叔嫂、两个家庭之间有过交往应该是可以想见并十分正常的。布木布泰和多尔衮都是十多岁的孩子，天真烂漫，在一起玩也是很正常的，至于这种交往达到了什么程度，现在是一个几乎无法完成的考证工作。因为，这两个年轻人当时太无足轻重，史书上全无记载。但是，诚如我们所知，青年男女相互之间要建立起深切的好感乃至产生某种情愫，在很多时候并不需要特别长久的时间。他们很有可能就是在这段时间里，彼此之间建立起来了很深的默契。

五、豪格与多尔衮之关系

皇太极突然死亡之时，天下局势是十分复杂的，日薄西山的大明帝国，声势浩大的李自成、张献忠农民军，还有如日中天的大清朝，三支重要的政治力量逐鹿于中国大地上，已经接近最后大决战的前夜。这也致使皇太极身后的权力继承变得格外敏感并且关系重大。倘若处置不当，为争夺皇位而发生内斗，历史上的大清王朝或许就不存在了。

因为代善无意，关于皇位的争斗最激烈的是在睿亲王多尔衮（太宗之弟）和肃亲王豪格（太宗长子）叔侄之间展开的，这是当时清朝历史走向的焦点。

本来，按照推举制原则，就能力、威望、地位与实力而言，多尔衮最应该被推举为最高权力继承人。偏偏此时的情形已经与努尔哈赤死后大不相同。经过皇太极十七年经营，如今的大清早已不是当年的后金。从人性的层面考察，当年，当所有大小贝勒在代善的带领下，拥戴皇太极即皇帝位，誓死效忠，并全体匍匐在他脚下三跪九叩首时，这一切改变就已经行进在不可逆转的过程之中了。

此时的大清政权在组织结构、决策与施政程序、政策法令、思想观念方面已经深深地汉化了，在一定程度上就像是大明帝国的缩微版。为此，皇太极生前亲自统领的两黄旗大臣，坚定主张必须由皇太极的儿子继位。他们之中有八个人，聚集到三官庙盟誓，为达此目的，他们不惜以生命相搏。其中，还有人指名拥戴豪格。这就使事情变得异常棘手。

皇太极有十一个儿子，除夭折的三个外，豪格是最为出色的一个。豪格是皇太极的长子，比他的十四叔多尔衮还大三岁。从努尔哈赤的时代起，他就开始在战场上冲锋陷阵了。天聪三年，皇太极第一次绕道入关伐明时，在广渠门外，与袁崇焕的宁锦援兵发生激战，豪格勇悍异常，一直冲杀到了护城壕边上，令明军大溃。

豪格与多尔衮多次并肩作战，经常是多尔衮为主帅，豪格为副帅。譬如，那颗传国玉玺就是二人一起拿到的。不过，叔侄之间似乎并没有建立起同甘共苦、生死与共的情谊。豪格对多尔衮好像也并不服气，或许和他年龄比多尔衮大有关。

虽然豪格是皇太极的大儿子，但没有史料能够证明皇太极对豪格有什么特别的关照。豪格曾经三次被降职和罚款处分，第一次是因为和岳托两个人在一起发牢骚，泄露了皇太极的谈话机密，被皇太极抓住；第二次是因为有个人想讨好他，强迫一个蒙古部落酋长把女儿嫁给他，他不治那个人的罪，结果被父亲皇太极治了自己的罪；第三次就是因为锦州战役，和多尔衮一起被处分。三次被处罚之后，他和多尔衮一样，又凭借战功或出色表现恢复了原来的爵位。

到皇太极去世时，豪格作为四大亲王之一，已经成为大清国位高权重的人物。而皇长子的身份，更令他具有了其他宗室诸王包括多尔衮在内都不具备的优势。因此，在一定程度上，豪格似乎比多尔衮具有更加充足的理由成为皇位继承人。他的支持者之多，已经成为多尔衮不得不顾忌的力量。

肃亲王豪格府第遗址

另外一个因素肯定也在两大政治势力的角逐中发挥着潜在的、重大的作用，皇太极生前自领的两黄旗将士和多尔衮三兄弟所属的两白旗之间，关系可能不太和睦，甚至很不和睦。因此，两黄旗的八位重臣特别不愿意看到多尔衮继位。史书记载说，两黄旗八大臣的中坚人物、精兵护军首领“图尔格等人与白旗诸王素有衅隙”，遂调动三个牛录的精兵，全副武装“保护”住了宫门，致使形势变得剑拔弩张。

六、睿亲王孤掌难鸣，肃亲王坐失良机

皇太极死后，豪格虽然继位的可能性很高，但多尔衮的优势也是很明显的，他原有老汗王要他继位的遗嘱；他的母亲是尊贵的大福

晋；他身为旗主且手中握有两白旗，实力很强；他有显赫的军功；他有卓越的治国行政的才能，行事荒唐的豫亲王多铎无法与之相比，老迈软弱的礼亲王代善也无法与之相比，济尔哈朗因是努尔哈赤之侄更不是他的对手，只有豪格能与他相抗一二，但论政治素质，豪格也与他相去甚远。其他的努尔哈赤之子，因不是亲王就更没有希望了。

然而，多尔衮想要继位却很困难。其反对的声音来自直属皇帝的上三旗，特别是正黄和镶黄两黄旗。

原来的旗主是皇帝本人的两黄旗，自然是大清国最精锐的队伍，集中了满洲的精兵强将，更享受着高于其他各旗的荣誉和待遇。要想维护他们的既得利益，立皇帝之子继位是唯一的途径。豪格在皇子中年长且居亲王高位，久经征战，声望素著，所以两黄旗大臣一开始就把目光投向了他。

于是，两黄旗大臣鳌拜、图尔格、索尼等人同往豪格家中，议立豪格为君。豪格在两黄旗大臣的支持和怂恿下也积极展开活动，派遣何洛会、杨善往告郑亲王济尔哈朗说："两旗大臣已定立我为君，尚须商议。"济尔哈朗本是努尔哈赤之侄，与皇太极关系最远，为报其恩，也表示愿意拥立豪格为帝。

但就在豪格为继承皇位积极活动的时候，多尔衮也在秘密准备夺取皇位，两白旗都主张拥立多尔衮，他的同母兄弟武英郡王阿济格、豫王多铎跪劝多尔衮，当即大位，并说："汝不即位，莫非畏两黄旗大臣乎？"

多尔衮确实把两黄旗视为夺位的最大障碍，但对两黄旗中少数几人要立豪格，有些人要立自己为君的说法，不敢轻易相信，他不像豪格那样胸无城府，他端坐不动，并不应允，反而说："你们这样做，逼得我只有一死而已。"

多尔衮表面上不动声色，其实对拥戴他继大位绝非不动心。但他素来谨慎多谋，善于审时度势，想必济尔哈朗已经来找他商量过了，为了打破两白旗与两黄旗各自坚持己见的僵局，多尔衮亲自来到三官庙，召见了两黄旗大臣中的主要人物索尼。

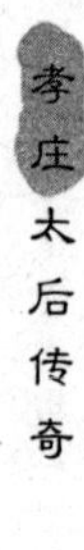

索尼生于1601年，出身赫舍里氏，满洲正黄旗人。清朝的开国功臣之一，一等公爵，清太祖努尔哈赤的时候，因为赫舍里·索尼父子及赫舍里·硕色兄弟皆通晓国书（满语）及蒙、汉文字，特命赫舍里·硕色与赫舍里·希福一起在文馆做官，赐号“巴克什”。授赫舍里·索尼一等侍卫。从征界籓、栋夔。后金天聪元年（1627），赫舍里·索尼随从清太宗爱新觉罗·皇太极攻锦州，侦敌宁远，并有功。顺治后由孝庄皇后指定，辅助康熙的四位辅政大臣之一。他的孙女赫舍里氏后来成了康熙的皇后。康熙六年（1667），索尼去世，谥号文忠，儿子索额图继承其职位和爵位。

多尔衮在三官庙见到索尼就问他继承人的问题，索尼的回答很坚决，坚持“父死子继”的原则，似乎没有商量的余地，他说：“先帝有皇子在，即位者必从皇子中选出，不能立他人！”

多尔衮看到索尼的态度十分肯定坚决，已经意识到问题不是那么简单，自己即位将面临重重困难，而豪格已是大有可能，于是他不得不另做打算。

这样一来，情势便成了原来的天子自将上三旗要拥立皇子豪格；两白旗则坚持拥立皇弟多尔衮；代善的两红旗处身事外作壁上观；济尔哈朗的镶蓝旗倾向于上三旗。

但在议立皇子之时，还有一股力量十分重要，那就是皇太极身后的五宫妃子，特别是来自身为大清国母的尊贵的皇后哲哲和皇妃布木布泰。

宸妃海兰珠病逝后，五大福晋只余下四位，皇太极再没有选新人来入主东关雎宫。皇太极病逝时，后宫当属蒙古博尔济吉特氏的天下。对于谁来继承皇位的问题，后宫当然也非常关心，其程度绝不亚于激烈对峙的两黄旗和两白旗。她们当然主张立皇子而不是皇弟。

此时由五宫后妃所生的皇子只有两个，一个是庄妃布木布泰所生的皇九子福临，这年刚刚五岁多；另一个是西麟趾宫贵妃娜木钟所生的皇十一子博穆博果尔，这年还不到两岁。因为皇后哲哲无子，按皇子贵盛的等级而言，福临和博穆博果尔是头一等，地位高于豪格，更高于其他侧妃庶妃所生之子。以贵而言，皇九子、皇十一子最有资格继位。

就皇后和宫妃的自身利益来说，她们也决不希望与她们毫无亲缘关系、今年已经三十四岁的豪格继位，因为那显然会使她们永远被遗弃在冷宫养老，度过凄凉的余年。而在皇九子与皇十一子两个孩子中，无论是从年岁还是重起主导作用的皇后哲哲的倾向来说，中选的必然是庄妃之子福临。

两黄旗旗主皇帝本人去世，尊贵的皇后还在，皇帝皇后同是主子，旗下大臣都是奴才，两黄旗大臣怎敢违逆皇后？再说两黄旗及正蓝旗这天子自将的上三旗，在继位问题上，与皇后皇妃有最大的一致处：立皇子。至于立豪格还是立福临，对上三旗来说没有太大的区别。所以，两黄旗大臣们或是被召进凤凰楼，或是得到后宫之主派人送来的懿旨，向他们指出：两白旗坚决反对豪格继位，如果两黄旗依旧坚持，将会产生僵持不下甚至内乱的后果，不如就立福临，可以两全。

这也是当多尔衮在三官庙召见索尼时，索尼态度坚决地说要立皇子的原因。

七、立皇子福临称帝，多尔衮妙计得逞

多尔衮见了索尼后的第二日，诸王和大臣在停放皇太极棺木的崇政殿召开议立嗣君会议，会场内外气氛非常紧张。当天凌晨，两黄旗大臣会盟于大清门，令两旗巴牙喇兵张弓挟矢，环立宫殿，随时准备战斗。而且对两白旗的行动严加戒备。会议开始，索尼、鳌拜首先发言，要求“立皇子”。这时，足智多谋的多尔衮以“八和硕贝勒共议国政”的旧制为由，命令大臣们退出会议，只召开诸王会议，索尼等人无奈，只好暂退。会场的形势骤然发生了变化，对多尔衮十分有利，因为阿济格、多铎皆能参加此会，成为他的代言人和支持者，而拥立豪格的势力却大大削弱了。

诸王会议上，礼亲王代善第一个发言，他说："豪格是先帝长子，理当承大统。"接着郑亲王济尔哈朗亦表示赞同。由于两位年长的亲王率先倡言，对会议有很大影响，形势有利于豪格。可是就在这个关键时刻，豪格却做了一件蠢事，他对眼前的有利形势估计过于乐观，想效法先王以谦让提高自己的身价，因此他说："我福小德薄，难当重任。"于是请辞退去。这样，会议陷入僵局。

豪格一走，豫亲王多铎和武英郡王阿济格就更加坚决地反对立豪格，说两白旗大臣都怕豪格继位后不得活路，由此也可知他如何的不得人心。豪格本人退席，反对者又非常强烈，代善和济尔哈朗顺势收回提议。这样，就以豪格性柔、能力不足以服众为理由，否定了豪格的继位可能。

趁此机会，白旗二王多铎和阿济格立刻劝睿亲王多尔衮继帝位。多尔衮却不明确表态，犹豫未允。多铎按捺不住，竟急不可待地说："睿王若不允，就该立我！汗父遗诏中列有我的名字！"

多尔衮立刻反驳他："汗父遗诏中也有肃亲王的名字，不独有你一个。"多铎气鼓鼓地说："要是不立我，论长就该立礼亲王！"

代善一听多铎提到的三个人选，即多尔衮、多铎，还有他自己，都是皇太极的兄弟，没有一个是皇子，便十分圆滑又十分巧妙地说："睿亲王若应允，当然是国家之福；否则还是应该立皇子。我老了，难胜此任了。"

代善把自己的意见最后又落实到了"立皇子"，这无疑是对两黄旗大臣的一种提示，其实豪格也并没有回家，他看无人出来坚持为他恳请嗣位，感到形势不妙，便指使两黄旗大臣举行武荐，于是两黄旗大臣和将领佩剑而前，说："我们受先帝皇恩，如果不立先帝之子为君，我们宁可一死，追随先帝于地下！"

这样一来，会场的空气骤然紧张起来。因为两黄旗大臣的言外之意很明白：如果不立皇子，他们便不惜兵戈相见、血染崇政殿了！

在这一触即发的时刻，代善连忙声明说："我乃皇帝之兄，因年老已多年不问朝政，又怎么能再参与议立大事呢？"说着，起身而去。阿济格见事有不妙，也跟在礼亲王后面一起退出会场。多铎眼看事态突变，便也知趣地不作声了。

皇太极统治时期铸造的钱币

怎样打破僵持，解决继位大事呢？多尔衮面临着千钧一发的严重形势，此时，多尔衮虽然在会场内占优势，但是在会场外两黄旗将领剑拔弩张，如果处理不当，就要发生火拼。自己若坚持登上皇位，不仅会导致爱新觉罗氏家族的分裂、八旗军的分裂，还会产生内讧、内战等不堪设想的可怕后果，最终断送大清国的前途。机敏的多尔衮终于以大局为重，为了摆脱困境，采取以退为进的办法，毅然放弃了继承皇位的第二次机会。于是他顺着两黄旗大臣的话说道："你们说得对！肃亲王既然谦让退出，无继位之意，那就当立皇九子福临为帝。只是他还年幼，由我和郑亲王左右辅政，分掌八旗军。待他年长之后，当即归政。"

这一折中方案，一则利用豪格的谦辞，否定了立豪格为帝；二则提出立六岁的福临为帝，以满足两黄旗大臣欲立皇子的要求；三则让济尔哈朗与己共同辅政是为了削弱豪格的支持力量；四则表明自己无嗣君之意，从而提高他在诸王贝勒大臣中的声望；五则福临年幼，便于控制弄权。多尔衮的意见为多数人赞同被通过，立福临为帝，一场继统危机暂时宣告结束了。这样的结果，实际上对多尔衮最有利，既打击了政敌，又获得了实权。

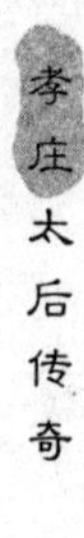

同时，这个方案也符合两黄旗大臣立皇子的原则，上三旗的地位不失；两白旗因旗主多尔衮为摄政王也得到实利；济尔哈朗与代善都没有任何损失；而且多尔衮与济尔哈朗左右辅政，也是皇太极崇德末年的实际状况，不会引起非议。这样各派政治势力再度达到新的平衡。于是，形成了决议，共作誓书，对天盟誓。盟誓的地点仍在崇政殿，诸王、贝勒，满、蒙、汉文武大臣都参加盟誓效忠，共奉幼主福临为帝，济尔哈朗与多尔衮则当众发誓要秉公辅佐皇帝，若“妄自尊大，漠视兄弟，不从众议，每事行私，以恩仇为轻重，则天诛地灭，令短折而死”。时间就在争议的同一天，八月十四日。

十二天后，崇德八年（1643）八月二十六日，五岁的福临在沈阳皇宫大政殿正式即位，尊中宫皇后哲哲和生母西永福宫庄妃布木布泰为皇太后，由睿亲王多尔衮和郑亲王济尔哈朗辅政。第二年改元顺治，史称顺治皇帝。这一次爱新觉罗氏家族的皇权之争就此结束。

八、多尔衮以退为进，终成清朝摄政王

历史上，在我国古代游牧渔猎部族中，许多分裂、仇杀与消亡都是在最高统治者突然死亡或失去权力的情形之下发生的。但清朝却没有，努尔哈赤死时没有，这次皇太极死时也没有，多尔衮提出的这种可以平衡各方势力的做法，极好地维护了清朝此时的政局，后来的事实发展也表明，在几大政治势力的形势之下，特别是在汉民族政治文化的深刻影响之下，多尔衮的做法可能是顾全大局、防止内乱发生的唯一有效途径。此时，坚定拥护皇子继位的两黄旗八大臣中，有六人又一次来到三官庙聚会，他们发誓要“六人如同一体，辅佐幼主”。福临继位后，他们中的几位迅速向多尔衮靠拢，不再理睬豪格，令豪格极度郁闷。此种情形再一次表明，此时的大清国，已经在精神层面上潜移默化地发生了深刻变化。

此时最郁闷的应该是豪格了，在豪格看来，过去，仅仅因为多尔衮是叔父，所以领兵打仗时才会成为主帅，自己不得不屈居副手。如

今，明明自己最有资格继承皇位，偏偏又被多尔衮搅了好事，不但皇位没有坐上，反而更要听从辅政王多尔衮的号令，就连那些曾经依附他的两黄旗大臣们，现在也纷纷倒向多尔衮。这口气令他实在难以下咽，因此，他不止一次说："多尔衮不是一个有福之人，他有暗疾，活不了多久。"并且同样不止一次放出狠话说："难道我就不能扭断这些家伙的脖子？"

但分析起来，也许多尔衮心中的悲愤则可能要更加深重。因为他的母亲年轻貌美，却被皇太极等人弄得声名狼藉，正值三十七岁盛年之时，却不得不给死人殉葬。有证据显示，多尔衮曾经认为皇太极的权位是从自己手里巧取豪夺走的。如今，皇太极死了，论威望、论战功、论能力，这个皇位本来已经非自己莫属，偏偏皇太极的儿子又横在了前面，使自己不得不推举出他的另外一个孩子——一个五岁的毛孩子来坐那把龙椅。对于多尔衮来说，天底下还有比这更不公平的事情吗？但不管怎样，多尔衮这么做，都是最有利的做法，他的以退为进，也终使他成为后来清朝的摄政王。

虽然从权力掌握的角度看起来多尔衮是这一轮角力中毋庸置疑的胜利者，实际上，他和豪格是两败俱伤，他们二人在心灵上全部创巨痛深。在向帝王政治演进的过程中，他们进行的只能是一场零和游戏。这种制度的可怕之处在于，它使最高权力的诱惑和人们对这种权力的渴望具有了嗜血的冲动，使染指它的人、胜利者常常双手沾满鲜血，而失败者则时常要付出生命。使这种政治不论达到多么辉煌耀眼的巅峰，其中，都隐藏着走向反面的悲剧基因。多尔衮、豪格的命运和大清帝国后来的发展就是明证。

多尔衮与豪格过去虽然并不亲密，但至少还是并肩作战的战友，如今，他们变成了不共戴天的仇敌。多尔衮虽然没有像豪格那样发狠，但他想要除掉豪格的冲动，可能比豪格要扭断多尔衮及其周围那些人脖子的欲望还要强烈一百倍都不止。于是后来，技高一筹的多尔衮将豪格幽闭致死，而他却也在正值三十九岁英年时遽然死去。

沈阳故宫皇帝龙椅

九、幕后之主孝庄，美人情动九王

那么多尔衮是如何肯舍弃皇位，去立福临为帝的呢，仅是当时形势所迫吗？其实这也与后宫的力量，特别是布木布泰的要求不会没有关系。

多尔衮曾多次出入后宫，不仅因为他是皇太极最信任最重用的幼弟，还因为他的嫡福晋也是科尔沁博尔济吉特氏家族的格格，是庄妃的堂姐、皇后哲哲的堂侄女。崇德五年（1640）七月，皇太极又把东衍庆宫淑妃带来的，她与林丹汗所生的蒙古格格赐婚给他。所以，多尔衮与现存的四大福晋中的三位都有姻亲关系。

清宁宫中，哲哲皇后以国母之尊，表示了立皇子的强硬态度，告诉多尔衮上三旗和镶蓝旗的退让程度，即可以扬弃豪格但决不立皇弟。她希望他为国家大局着想，不要因争位而使祖宗百战艰难而获得的宏业毁于一旦，妥善化解目前的僵局。为此，皇后提出了立福临、设摄政王的主张。

多尔衮来到西永福宫探望皇后提出的皇位继承人——尊贵的皇九子。然而，他面对着的是孤苦伶仃的母子俩：布木布泰和她五岁的小儿子福临。

丧夫的剧变和为儿子能否继位的日夜思虑焦劳，虽然使布木布泰憔悴了许多，但无损于她的美貌和她特有的优雅气度，这正是多尔衮多年来最为熟知、最为倾慕，也是他从任何其他女人身上都看不到、得不到的东西。她是那样妩媚动人、楚楚可怜，一双明净如秋水的眼睛却永远因为蕴藏着智慧而显得深不可测，就像两汪清冽的寒潭水。

多尔衮抚慰了幼小的侄儿，而后便与布木布泰进行了磋商，内容无非就是立福临为帝，多尔衮辅政，这符合两个人眼下的要求。

在多尔衮答应扶植福临为帝的时候，布木布泰的所有辛苦都得到了报偿：她千方百计维持住的五大福晋之一的尊贵地位，使福临子以母贵，在继位序列中排在庶出的皇长子豪格之前；她不惜一切地多生早生，使福临比另一个大福晋之子博穆博果尔年长三岁，自然幼不敌长；她多年努力获得其信赖和依靠的皇后姑姑哲哲，更为福临投了至关重要的一票；她精心设计的福临出生前后那些红光、香雾、金龙等吉兆和神人授子的梦境，此刻都成了非福临不可的天命象征。

布木布泰为什么会这么做？她从哪里学会了运筹权力，驾驭别人的呢？如果我们展开想象，不难猜出这或许是范文程的功劳。

在过去的岁月中，我们已经知道，范文程在皇太极继承汗位之后，开始受到高度重视。有证据显示，他后来的很多时光，可能都是在皇太极身边包括在汗王宫里度过的。有一个未经考证，但很多人愿意相信的说法，庄妃也就是后来的孝庄皇太后，曾经拜范文程为老师，跟着他学习汉家文化。

我们知道，古代的智者主张实行王道，其文化的核心是围绕着皇权展开的，而汉家皇宫中围绕皇位所发生的无数故事，也实在神奇。在二十四史之中，称得上“史不绝书”了。我们无法知道，庄妃——孝庄皇太后是不是在范文程的教导点拨下，豁然开朗，从而，开始编织属于她自己和儿子的美丽故事。她是在二十五岁时，即嫁给皇太极十二年之后，生下福临的。假如范文程曾经做过她的老师，这段时间应该足够教会她我国帝王政治文化传统的精髓了。

多尔衮虽然聪明，但这时的布木布泰在范文程的教导下，以及在自己的感悟下，或许已知道如何去驾驭多尔衮，所以，她以女人的柔情打动了他。

多尔衮的皇位之路困难重重，他自己心知肚明，所以，福临才是上天选好的皇帝。也许这时两人已无须多说什么，他们自从一见面，便认为这是最好的选择，也是最应该的选择。

在清朝王公贝勒中，多尔衮可能是除皇太极外文化素养最高的一个人，他对汉文化的了解大约在众多王爷中也是最深的。以他的聪明机警，当孝庄皇太后散布出福临降生前后的神话时，他可能在第一时间立刻就明白了这个女人想干什么。从而，在与豪格的尖锐对峙中，退而求其次，作出了推举福临的选择。

当时，庄妃与多尔衮之间如有过信息交换，可能也是极度隐秘，或者是通过庄妃——孝庄皇太后的侍女苏麻喇姑进行的。而哲哲皇后——庄妃的亲姑姑曾经生育过三个女儿，没有儿子，她对于自己这个侄女想要做的事情，大约是心知肚明，并且乐见其成。对于多尔衮推举福临继位，她应该和自己的侄女一样，也是心怀深切感激的。

按照满洲和蒙古兄死嫂嫁弟的传统习俗，他们两人很有可能由叔嫂变为情侣，甚至变为夫妻。但布木布泰何等聪明，她绝不会在此时匆忙地付之行动，她可以用目光、用表情，甚至用有意无意、半推半就的某些姿态表达心意，然而，那必须是在福临登上皇位以后，她才会实现以身相许的承诺。

在多尔衮被请进皇宫前后，和硕兄礼亲王代善、济尔哈朗，以及索尼等人，也可能被请进清宁宫，同皇后皇妃商讨过继位的人选。但后宫的所有这些活动，都是秘而不宣的，也基本都是由皇后哲哲出面的。但是从后来孝庄一手操纵大清政局的情况来看，我们有足够的理由相信，真正的策划者是西永福宫庄妃布木布泰。因为只有她在五宫大福晋中具有这样杰出的政治才能，因为只有她的儿子即位当皇帝，她的地位才能从第五升到第二，才能当上皇太后。当多尔衮率领诸王贝勒及文武群臣跪迎小皇帝登上金殿的帝王宝座时，心里一定很不是滋味。因为福临坐的那宝座曾经两次都应该属于他，但两次都因为当时的形势使大好机会从身边溜走了。就算多尔衮的能力不及皇太极，难道也不及这个五岁的孩子？同是努尔哈赤的子孙，难道多尔衮就没有当皇帝的命？

如果此时在多尔衮酸涩的心里还有几分安慰，那就是士为知己者死的悲壮情怀，为了他心爱的布木布泰，他做些牺牲，得到美人一世的芳心，那也值了。

但布木布泰心里的重点绝不是情人，而是她的儿子，因为她对权力的渴望，一定超过了对爱情的渴望，我们从她对福临的栽培上便可见一斑。

崇德八年（1643）八月二十六日，在沈阳清宫大政殿，五岁的福临在登上了皇帝的宝座时，表现尤为不俗，留下了不少让人津津乐道的逸事传闻。

即位之前，小福临就要离永福宫往大政殿去了，此时秋意渐凉，门外风大，宫婢跪进貂裘披风。小小的准皇帝福临看了一眼就推开了，说："这披风里子不是明黄的，朕岂能穿着它？"这奶声奶气的斥责，令宫婢惶恐，赶紧将这领红缎里子披风换成明黄的给他披上，福临才趾高气扬地去了。

出了凤凰楼，高大华丽的御辇在阶下候着。福临的乳母李嬷嬷习惯地抱起小福临，就要一同上辇入座。福临却一本正经地对她说："这不是你能坐的。"李嬷嬷先是一愣，接着满脸笑容，把福临安置在御辇中，自己在道边跪送。

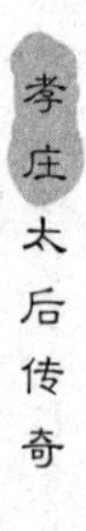

大政殿内外，密密麻麻地排列着仪仗卤簿、侍卫亲兵、文武百官、王公贵族，陌生的面孔都没有使这个五岁的小男孩慌乱失措，反倒是那些熟识的脸叫他心里疑惑起来：父皇在世的时候，每当节庆日家宴的时候，他常常见到这些长辈们。于是他不由得悄悄问身边的内大臣："一会儿诸位王伯王叔王兄来朝贺，朕应当答礼呢，还是应当坐受？"内大臣说："不宜答礼。"后来钟鼓齐鸣，王公百官分班朝贺跪拜，小皇帝果真一动不动端坐龙椅，安然受拜，俨然是一国之主。

朝贺过程中有个小插曲：喀尔喀蒙古也派来使者朝拜，随班祝贺，跪拜不到位，起落与众人不齐。小皇帝立刻蹙起小眉头，问："这是哪国人，怎么不会行礼？"侍臣回答说，因是远方使者，礼节未能娴熟。福临这才展开眉眼，微微点头，表情和悦，表示理解。

朝贺完毕，王公大臣们应当恭送皇上退朝出大政殿回宫。小福临竟然起立走到辈分、年龄和爵位都最高的大伯父礼亲王代善前，一再谦让，定要礼亲王先行，才肯升辇回宫。白发苍苍、德高望重的代善，望着满脸真诚的小皇帝，也感动得流下了老泪……

小福临虽然才五岁，却已是个十足的小人精儿，有着成年人般的老练，不得不说，小福临的所作所为，一定带有他的母亲布木布泰的鲜明印记，布木布泰一定在这个儿子身上寄托了很多希望，正是她的影响和调教的结果，小福临一步步被塑造得与众不同，真所谓有其母必有其子。

顺治通宝——清朝顺治年间的钱币

第五编

清朝代明　九王摄政

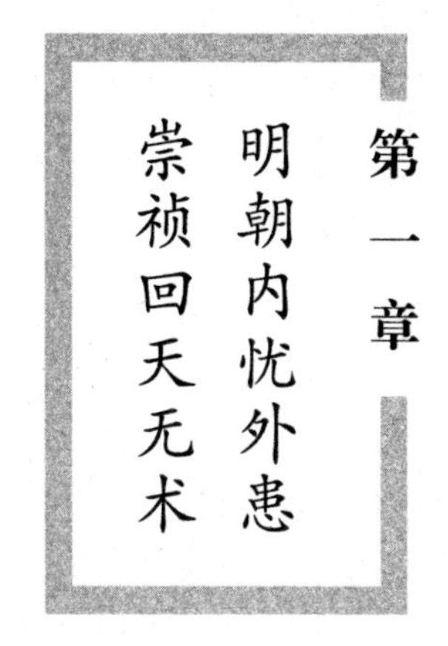

一、矛盾皇帝朱由检，祸乱天下魏忠贤

“太后下嫁”是发生在北京城里的，那么他们是如何从沈阳来到北京的呢？这就不得不交代一下清朝代明的故事。

明朝末年，国家动荡，民不聊生，崇祯皇帝朱由检虽然励精图治，终究没能挽回颓局，终致国家覆亡，清朝崛起。

造成这一事件的结果，固然与明朝政治腐败积重难返、清朝崛起于关外、李自成造反于国内三条原因有很大关系，但反观崇祯治国理政、待人处事之手段，不得不说他本人更难辞其咎。

崇祯皇帝朱由检是明朝第十六位皇帝，也是明朝的亡国之君，他是明光宗第五子，明熹宗异母弟，母为淑女刘氏，他生于 1610 年，于 1622 年（天启二年）被册封为信王，熹宗于 1627 年八月死后，由于没有子嗣，他受遗命于同月丁巳日继承皇位。第二年改年号为“崇祯”，世多称其为崇祯皇帝，或直接呼其年号。

朱由检继位伊始，就大力清除阉党。天启七年十一月，朱由检抓准时机铲除了魏忠贤的羽翼，使魏忠贤处于孤立无援的境地，然后一纸诏书，贬魏忠贤凤阳守陵，旋即下令逮治。在其自缢而死后，下令磔尸于河间。此后，将阉党二百六十余人，或处死，或遣戍，或禁锢终身，使气焰嚣张的阉党受到致命打击。崇祯皇帝谈笑间铲除了魏忠贤集团，曾一度使明室有了中兴的可能。

这里就魏忠贤其人其事略作介绍，读者朋友也可从中看出明末之际官场和社会的混乱情况，为明朝灭亡找到部分答案。

魏忠贤原名李进忠，中国明朝末期宦官。北直隶肃宁（今属河北）人。出身于市井无赖，后为赌债所逼遂自阉入宫做太监。魏忠贤通过太监魏朝介绍投入王安门下，颇得信用。对他来说，这是一个重要的转机。光宗朱常洛只当了一个月皇帝就病死了。他生前宠爱选侍李氏，要她照料皇长子朱由校。李选侍恃宠骄妒，不许朱由校与他人交谈，逐渐控制了他。朱由校即位时只有十六岁，李选侍欲继续控制朱由校，让他留居乾清宫。御史左光斗、给事中杨涟及阁臣刘一憬等倡言移宫，几经争执，李氏被迫移居仁寿殿。这一事件称“移宫案”，与万历时的梃击案、泰昌时的红丸案合称“三案”。

而熹宗皇帝自小由李选侍抚养，对她有依恋之情。这种关系被官僚们强迫中止，会使他对有关官员产生反感，而把感情移向其他人，诸如他的乳母客氏等人。与客氏交结，是魏忠贤的一大机遇。天启初年，有道人宿朝天宫，日歌市中，曰：“委鬼当朝立，茄花满地红。”这被看作魏、客当道的谶语。

明熹宗乳母客氏是北直隶定兴（今属河北）人，嫁侯二为妻，但十八岁便入宫。明朝宫中习俗，宦官与宫中女性，主要是宫女，也包括像客氏这样的妇女，可以暗中或公开结为名义上的夫妻，所以两宦官争一宫女之事，亦不乏其例。客氏原与魏朝相好，见到魏忠贤，便移情于他。熹宗即位，封客氏为奉圣夫人。魏朝与魏忠贤争客氏，意义不止于争一女，而是争宠于熹宗，自然更为激烈，甚至夜间于宫中喧闹。熹宗也竟然过问起此事，他问客氏看中了谁，由他做主安排。客氏选择了魏忠贤。魏忠贤与客氏合谋，降旨将魏朝打发回凤阳，派人在途中将他杀死。

谋杀了魏朝后，魏忠贤又把比他地位更高的王安定为了下一个谋害的目标。王安不同于魏朝，是顾命太监，在移宫案中与外朝大臣合

明熹宗像

作，有相当的威望。当时御史方震孺上疏，请逐客氏和魏忠贤。王安也感觉到魏忠贤的威胁，奏明熹宗，欲加惩处。但真要处治时，他又手软了，只是令他改过自新。

客氏出宫，魏忠贤一时无所作为。谁知熹宗比他更离不开客氏，若失魂魄，不食者数日。不久，又把她召回宫中。魏忠贤和客氏在外朝官僚中寻找伙伴，找到魏的同乡、给事中霍维华，指使他弹劾王安。客、魏包围熹宗，降旨将王安降为南海子净军，又派人把他杀害。

王安死后，魏忠贤升为司礼秉笔太监。这打破了常规，因为他不识字，原没有资格入司礼监的。熹宗皇后张氏，“性严正”，多次向熹宗谈起客氏、魏忠贤的过失。皇后主持后宫事务，有权直接处置客氏。她没有这样做，或因投鼠忌器，或希望熹宗决断。一次，张皇后看书，熹宗问她在看什么书，她答曰："赵高传。"张皇后用意很明确，熹宗默然。客、魏二人知道了，又恨又怕，扬言张氏非国丈张国纪女，而是盗犯所出，借以治张家罪。另一太监王体乾说，熹宗重夫妇兄弟情谊，"脱有变，我辈无类矣"。这才保全了张皇后的家族。尽管如此，张皇后还是深受伤害。在她有身孕时，客氏和魏忠贤派亲信服侍，致使其流产。另外一些得罪客、魏的妃嫔，连性命也难保。明光宗选侍赵氏为二人所恶，被迫自尽。熹宗裕妃张氏为客氏所妒，以有孕之身被禁闭，绝饮食而死。冯贵人劝熹宗罢内操，被责为诽谤，赐死。李成妃解救，被革封禁闭。

魏忠贤与外朝官僚的斗争，比起明代任何一次类似的斗争，更具有党争性质。天启初年，标榜清流的士大夫都以东林党人自居，或被认为是东林党人。经历一二十年政治舞台上的风云，他们不但仍然具有左右舆论的力量，而且占据了一些重要的位置。天启元年（1621），叶向高成为内阁首辅，孙慎行任礼部尚书，邹元标任都御史；天启二年，孙承宗入阁，兼掌兵部事，赵南星任都御史，第二年改吏部尚书。此外，高攀龙任左副都御史，杨涟也升至左副都御史，左光斗升至佥都御史。

天启四年六月，杨涟疏劾魏忠贤，列数他迫害朝臣、迫害太监、迫害妃嫔、蓄养内兵、罗织狱案等罪状，共二十四条，其他大臣也纷纷弹劾，不下百余疏。魏忠贤开始与外朝大臣的斗争，或者说，阉党与东林党的斗争，进入公开的阶段。

从当时的形势看，反对魏忠贤和阉党的力量还很强大，无论哪一方都没有必胜的把握。魏忠贤找到阁臣韩炉，希望他从中调解。这是一种妥协的姿态。韩炉不肯合作，其他大臣也不肯息战。魏忠贤只能依靠他和客氏摆布熹宗的能力。

熹宗年少好游戏，魏忠贤等引导他于陆地走马行猎，于池中窍水泻珠为乐，又利用他喜爱木工的特点，每在他手操斧锯时上前禀事，但在熹宗的眼里，国事远不如他引绳削墨、营筑小室重要，他不等听完，便说："你看着办吧。"于是朝政的议决权逐渐为魏忠贤把持。

杨涟像

这样，魏忠贤的同党就把反对派官僚开列名单，括入百余人，称为邪党，而将阉党六十余人列为正人，以此作为黜陟的根据。给事中阮大铖别出心裁，作《点将录》，以《水浒传》中的聚义领袖的名号排东林党人，于是在天启四年七月，叶向高被迫去官。此前，中官为了搜寻一个被缉拿的御史，闯入叶向高宅邸，鼓噪谩骂，这也是历代首辅从未受过的大辱。十月，赵南星、高攀龙致仕，杨涟、左光斗削籍。

魏忠贤痛恨杨涟、左光斗，必欲置之死地。他选择汪文言这条线索，把他下诏狱，严刑拷讯两个多月，定要他供出杨涟等受贿情状。汪文言很有骨气，说："以此蔑清廉之士，有死不承。"最后受刑气绝。负责审狱的锦衣卫官许显纯自造狱词，把杨涟等下狱。同时下狱的还有经略辽东军务的兵部尚书熊廷弼。熊廷弼得罪过朝中权贵；又倡议放弃辽东，撤回关内，负有失地之责；且有人传言，杨涟弹劾魏忠贤的奏疏由他起草，于是他在劫难逃。魏忠贤认为，仅以移宫一案定杨涟等罪，尚难以昭彰，且牵涉的人员太少，而若以交通边帅，收取贿赂定罪，则死有余辜。

天启五年（1625）八月，熊廷弼被斩首弃市，传首九边。八九月间，杨涟、魏大中、左光斗、顾大章等人相继死于狱中。受杨涟等人的牵连，被逮被杀的官僚尚有多人。魏大中被逮，押解过吴县时，吴县人、吏部主事周顺昌正在家中。他挽留魏大中，周旋数日，并结为亲家。这是对魏忠贤的公然蔑视。魏忠贤派缇骑前去逮人，在苏州引起骚乱。聚集的群众为周顺昌乞命，击毙缇骑一人，击伤多人。周顺昌下狱被害。在处理苏州民变时，市民颜佩韦、马杰、沈扬、杨念如和周顺昌的舆隶周文元五人论死。他们被合葬在虎丘附近，墓碑题曰“五人之墓”。高攀龙得到消息，自知不免，写下遗表，于三月十七日凌晨从容赴水，终年六十四岁。

魏忠贤与东林党的斗争已超出朝廷的范围，在社会上引起强烈的反响。

魏忠贤在用刑狱对付反对派官僚的同时，还命其党羽编纂《三朝要典》，重新记述和评价“三案”，为打击异己制造舆论。与此同时，魏忠贤的地位不断提升，相当一部分官僚出于各种原因向他靠拢，协助他控制局面，打击反对派，他们被称为魏党或阉党。

天启五年（1625）以后入阁的大臣，大多为魏忠贤的党徒。这里包括顾秉谦、魏广微、黄立极、施凤来、张瑞图以及魏忠贤被罢以后入阁的来宗道、杨景辰等人。表现最突出的当数顾秉谦和魏广微。顾秉谦为首辅，掌拟旨批答，朝廷有一举动，则归美魏忠贤。魏广微呈寄魏忠贤书札，称“内阁家报”，当时人叫他“外魏公”。

魏忠贤的党徒有五虎五彪十狗十孩儿四十孙等。“五虎”为文职，包括工部尚书兼左都御史崔呈秀、一年内由太仆少卿六迁至工部尚书的吴淳夫、一年内由太常少卿升至兵部尚书的田吉、太常卿倪文焕、左副都御史李夔龙。“五彪”为武职，包括左都督田尔耕、锦衣卫都指挥佥事许显纯、锦衣卫指挥崔应元、东厂理刑官孙云鹤和田尔耕的心腹杨寰。崇祯初年清查“阉党逆案”的结果，一共清查出首逆同谋六人，交结近侍十九人，交结近侍次等十一人，逆孽军犯三十五人，谄附拥戴军犯十五人，交结近侍又次等一百二十八人，祠颂四十四人，共计二百五十八人，如果加上“漏网”五十七人，那么共计三百一十五人。可见“阉党”声势之大。

居“十狗”之首的是周应秋。此人善烹饪，魏忠贤的侄子、肃宁伯魏良卿最喜欢吃他烧的猪蹄。他升至左都御史有赖于此，被人称作“煨蹄总宪”。十孩儿四十孙更是人品繁杂。如李蕃、李鲁生由知县分别擢御史、给事中。他们先投靠魏广微，魏广微失宠，改投阁臣冯铨，冯铨失宠，又投靠崔呈秀，因而被时人讥称为“四姓奴”。

魏忠贤的党羽还为魏忠贤建立生祠。最先建生祠的是浙江巡抚潘汝祯。他假借机户恳请，建祠于西湖，建成后上疏，请熹宗赐匾额。熹宗名之曰“普德”。作为对此举的鼓励，潘汝祯由此升为南京刑部尚书。而浙江巡按的奏疏晚到一天，竟被罢官。此例一开，兴建生祠立刻成为风气。全国各地都争先恐后地为魏忠贤建生祠。辽东巡抚袁崇焕也是较早为魏忠贤请建生祠的官员，只是崇祯即位之初，错误地将边事委之于崇焕，没有进行深究而已。

一名叫陆万龄的监生还别出心裁，建议在国子监建造生祠，把魏忠贤与孔子并论：“孔子作《春秋》，忠贤作《三朝要典》，孔子诛少正卯，忠贤诛东林，宜建祠国学西，与先圣并尊。”甚至尊贵如楚王也为魏忠贤建起生祠。

主持制造生祠的官员不一定都是魏忠贤的党徒。只能说当时迫于魏忠贤的声威，给其建生祠形成了一种潮流，即使为了自我保护，也不得不随潮流而动。其生祠“极壮丽庄严，不但朱户雕梁，甚有用琉璃黄瓦，几同宫殿。不但朝衣朝冠，甚至垂旒金像，几埒帝王”。每建一祠，多者用数十万，少者也要数万。所用钱财，不是盘剥民众，就是取自官府。建生祠需要土地，或占民田民墓，或拆民房民舍，无人敢阻拦。开封建祠，拆毁民舍达两千余间。生祠飨祀，按王公规格。祠内供像，以沉香木雕刻，外部镀金，工艺精细，眼耳口鼻及手足都可转动，有如生人。外则衣服奇丽，内则以金玉珠宝为肺为肠，发髻上有一空穴，不断更换四时香花。明人对权势者的阿谀奉承，至此而极。

在权威和治人方面，魏忠贤亲自提督东厂，锦衣卫官多是他的亲信和党徒。厂卫是魏忠贤专权的主要工具。厂卫的主要任务之一是监视官僚系统。魏忠贤时代，豢养厂役数百人，在东厂抽签，分派各衙门。

监视审狱的厂役叫听记，监视其他官府和各城门的厂役叫坐记。厂役将所探得事项汇报东厂叫打事件。有这一类情报，不论昼夜，都可直接从东华门投入。许显纯掌镇抚司，每审狱，魏忠贤必派人坐其后，“其人偶不来，即袖手不敢问”。至于社会上层人物的隐私，以至“家人米盐猥事”，很难躲过厂卫的耳目。中书吴怀贤读杨涟疏，还不敢与他人交谈，只是击节称叹，被家人告密，死于非命，家亦被抄。工部郎中叶宪祖见内城建内祠，颇有感触，窃叹：“此天子幸辟雍道也，土偶能起立乎！”把魏忠贤神像称作土偶，大不敬。魏忠贤闻知，把他罢官削籍。

厂卫的触角也深入到民间。下面一件事很有代表性：“有四人夜饮密室，一人酒酣，谩骂魏忠贤，其三人噤不敢出声。骂未讫，番人摄四人至忠贤所，即磔骂者，而劳三人金，三人者魄丧不敢动。”三人始则“噤不敢出声”，继则“魄丧不敢动”，显然不是预先布置的圈套。

厂卫对民间的监视，尤其是针对富民的监视，也无孔不入。吴养春靠黄山收息，是徽州有名的富户。他的家仆告他私占黄山，历年所得租税计六十余万金。吴养春被逮至京，照数追赔，他本人被拷打而死，妻女自缢，家产尽收。郡中许多富户也因受牵连而破产。处死百姓就更简单了。魏良卿旧宅有两大狮子，目下视，“魏太监怒之，榜石工至死”。

另外，魏忠贤专权期间，还在社会上造成了相互监视的风气，以致人人自危。

作为封建专制工具的厂卫系统，在魏忠贤擅权时期，造成很多冤狱。扬州知府刘铎，试图收买有关方面，救援被押狱中的国戚李承恩，为东厂太监张体乾缉获。张体乾进一步诬陷刘锋勾结道人方景阳，诅咒魏忠贤。事实上，方景阳与刘锋根本不相识。刘被斩于市，方被毙于狱。

魏忠贤统领下的厂卫，所用刑罚之酷，更是令人发指。被称为“六君子”的杨涟、左光斗、魏大中、袁化中、周朝瑞、顾大章六人都受过全刑，各打四十棍，拶敲五十，夹杠五十。杨涟受刑最多，五日一审。许显纯令将他头面乱打，齿颊尽脱；钢针作刷，遍体扫烂如丝；以铜锤击胸，肋骨寸断；最后用铁钉贯灌顶，立刻致死。死后七日，方许领尸，止存血衣数片，残骨几根。其他几人或是“亟鞫以毙之”，或是“阴害于狱中”。

另如周顺昌在狱中大骂许显纯，许显纯用铜锤击周顺昌齿，齿俱落。周宗建骂魏忠贤不识一丁，魏忠贤命以铁钉钉之，又使他穿棉衣，以沸汤浇之，顷刻皮肤卷烂，赤肉满身。

魏忠贤专权时期，厂卫横行，造成了超过历次宦官专权的恐怖环境，这恐怕也是魏忠贤给后世留下的最深刻印象。

魏忠贤本人、他的亲属和党羽，利用一切机会，谋求显赫的地位，魏忠贤的族人中，荫封锦衣卫指挥使的有十七人，他的族孙和姻亲中有多人官至左、右都督及都督同知、佥事等。他的侄子魏良卿地位最高，封宁国公，加太师。另一个侄子魏良栋封东安侯，加太子太保，侄孙魏鹏翼封安平伯，加少师。后两人都还是襁褓中稚子。

在名义上，魏忠贤本人除司礼太监和提督东厂太监职务外，还进上公，加恩三等。再者有熹宗所赐印鉴，文曰“顾命元臣”。而实际上，他的权势远不止这些。对他本人有九千岁的称呼，对他的雕像行五拜三稽首之礼。最轰动的事件是魏忠贤去涿州进香，“铁骑之拥簇如云，蟒玉之追随耀日，登跸传呼，清尘垫道，人人以为驾幸涿州，及其归也，以舆夫为迟，改驾四马，羽幢青盖，夹护双遮，则已俨然乘舆矣”。

魏忠贤是否有心篡位，这并不重要，而他权势的发展，已经威胁到皇权，这一点就足以决定他的命运了。天启七年（1627）八月，

明代瓷器

熹宗病死，他的弟弟、信王朱由检即位，他就是崇祯皇帝。无疑，魏忠贤也想要控制崇祯皇帝，据说他曾进献国色四人，带有香丸一粒，名“迷魂香”，他要把崇祯皇帝变成痴皇帝，但没有得逞。

崇祯皇帝初即位时小心谨慎，无所举动。九月，他采取了第一个措施，把客氏赶出皇宫。十月，弹劾魏忠贤和魏党的奏疏突然出现。十一月，魏忠贤被免去司礼监和东厂的职务，谪发凤阳守祖陵。这是一个试探性的决定，没有引起大的骚乱。于是，崇祯皇帝命锦衣卫擒拿魏忠贤治罪。

魏忠贤行至途中接到密报，当夜惶惶不安，忽然听到外边有人唱道：“随行的是寒月影，吆喝的是马声嘶。似这般荒凉也，真个不如死。”想到昔日的荣华富贵，魏忠贤也感到继续活着还不如死，于是他就上吊自杀了。

明朝官场和社会之乱大体如此，是以民心离散，只盼改天换地。

当时的明王朝也真是危机重重，在关外有后金连连攻逼，内有农民起义的烽火愈燃愈炽，而朝臣中门户之争不绝，疆场上则将骄兵惰。面对危机四伏的政局，朱由检殷殷求治。史载他每逢经筵，恭听阐释经典，毫无倦意，召对廷臣，探求治国方策。勤于政务，事必躬亲。同时，他平反冤狱，起复天启年间被罢黜官员。全面考核官员，禁朋党，力戒廷臣交结宦官。整饬边政，以袁崇焕为兵部尚书，赐尚方剑，托付其收复全辽重任。与前两朝相较，其朝政有了明显改观。

朱由检求治心切，很想有所作为。但因矛盾丛集、积弊深重，无法在短期内使政局根本好转。加上他性格刚愎自用，急躁多疑，又急于求成，因此在朝政中屡铸大错，又因增加赋税，增调重兵全力防范雄居东北的后金政权和镇压李自成、张献忠领导的农民军，也渐使民心离散。

因对外廷大臣不满，朱由检在清除魏忠贤为首的阉党后，又重用另一批宦官。给予宦官行使监军和提督京营大权。大批宦官被派往地方重镇，凌驾于地方督抚之上。甚至派宦官总理户工二部，而将户、工部尚书搁置一旁，致使宦官权力日益膨胀，统治集团矛盾日益加剧。无奈中，他不断反省，四下罪己诏，减膳撤乐，但终无法挽救明王朝于危亡。

其实崇祯皇帝也是一个极其矛盾的人，即位时正值国家内忧外患之际，内有上百万农民造反大军，外有满洲铁骑虎视眈眈，不过他决事果断，雷厉风行，一些大事是做得很好的，如处理阉党一案，但也有心细多疑、优柔寡断的一面，如关于是先攘外抑或先安内，一直拿不定主意，致使国家遭厄。

在用人待人上，他既有刻薄寡恩、翻脸无情的一面，也有多情柔肠的一面。他知人善任，如袁崇焕、杨嗣昌、洪承畴等人，具一代文武全才，任用他们时言听计从，优遇有加，一旦翻脸，严酷无情，果于杀戮，导致用人不专，出现崇祯朝五十相局面；如杀袁崇焕，基本未问清青红皂白就下令杀之，而他对周皇后却能互敬互爱。

在做人自律上，他自制极严，不耽犬马，不好女色，生活俭朴；他也经常征求左右的意见，但刚愎自用，不能做到虚怀纳谏；他悯恤黎民疾苦，常下诏罪己，但搜刮民膏，加派无度，置百姓于水火之中而不知；他励精图治，经常平台招对，咨问政之得失，与臣下讨论兴亡之道，为政察察，事必躬亲，全力行中兴之事，但他求治心切，责臣太骤，以致人心恐慌，言路断绝，自己却常说所任非人，终成孤家寡人，以至殉国之时，从死者唯一太监耳。

据有的史学家分析，崇祯是我国最勤政的皇帝，据史书记载，他二十多岁头发已白，眼长鱼尾纹，可以说是宵衣旰食、朝乾夕惕。史志称其“鸡鸣而起，夜分不寐，往往焦劳成疾，宫中从无宴乐之事”，但他的辛苦却并没有挽救明朝的灭亡，最后只落了个吊死煤山的结局。

如果崇祯皇帝不是生在明末，而是生在明朝中期，或者其他朝代的中期，他或许会成为青史留名的好皇帝，但历史没有假设，他几乎是赶上了最不好的时代，内有李自成的大顺起义军，外有清朝不时骚扰打击，这种内忧外患的局面其实是最不好处理的，崇祯回天无力，终致亡国。

二、大顺闯王李自成，起起伏伏终灭明

直接给明朝以最大打击的，无疑是李自成的起义军。当时政治的极端腐败和残酷剥削压榨造成的民心大变，致使农民起义风起云涌，其势如燎原烈火，在明朝统治的大地上遍野烧起，渐渐地，这些大火汇集成最大最厉害的一股势力，那就是以李自成为首的数十万农民大军。

李自成，明末农民起义领袖，古代杰出的军事家，原名鸿基，万历三十四年（1606）八月出生在米脂河西二百里的李继迁寨，李继迁（963—1004）是北宋时党项族人，先任北宋节度使，后为西夏国奠基者，其出生地被称为李继迁寨，就是米脂县殿市镇李继迁村，当地人也叫作李家站，村里的人代代口口相传是李继迁的后人，李自成应该也是其后人，其称帝时曾以李继迁为太祖。

李自成童年时给地主牧羊（一说家中非常富裕），少年喜好枪马棍棒。父亲死后他去了明朝负责传递朝廷公文的驿站当驿卒。明朝末

年的驿站制度有很多弊端，崇祯元年（1628）驿站进行了改革，精简驿站。李自成因丢失公文被裁撤，失业回家，并欠了债。同年冬季，李自成因缴不起举人艾诏的欠债，被艾举人告到米脂县衙。县令晏子宾将他“械而游于市，将置至死”，后由亲友救出。年底时，他杀死债主艾诏，接着又因妻子韩金儿和村上名叫盖虎的人通奸，李自成又杀了妻子。两条人命在身，李自成于是就同侄儿李过于崇祯二年（1629）二月到甘肃甘州（今张掖市甘州区）投军。当时，杨肇基任甘州总兵，王国任参将。李自成不久便被王国提升为军中的把总。同年在榆中（今甘肃兰州榆中县）因欠饷问题杀死参将王国和当地县令，发动兵变。

崇祯三年（1630），李自成率众投农民军首领不沾泥，继投高迎祥，号八队闯将。六年，在农民军首领王自用病卒后，李自成收其遗部两万余人，又与农民军首领张献忠等合兵，在河南林县（今林州）击败明总兵邓玘，杀其部将杨遇春，随后转战山西、陕西各地，连克陕西澄城、甘肃乾州（今乾县）等地，后于高陵、富平间为明总兵左光先击败。

崇祯八年，李自成提出“分兵定向、四路攻战”方略。会后与高迎祥、张献忠率部攻下南直隶凤阳，掘明皇室的祖坟，焚毁朱元璋曾经出家的“皇觉寺”，杀宦官六十多人，斩中都守将朱国相。后又入陕西，在宁州（今甘肃宁县）击杀明副总兵艾万年等，不久后又在真宁（今正宁西南）再败明军，迫总兵曹文诏自杀。九年，在高迎祥被俘杀后，李自成被推为闯王。领众“以走致敌”，采取声东击西，避实击虚的战法，连下阶州（今甘肃武都）、陇州（今陕西陇县）、宁羌（今宁强）。旋兵分三路入川，于昭化（今广元西南）、剑州（今剑阁）、绵州（今绵阳）屡败明军，击杀明总兵侯良柱。十年冬，围攻成都多日未克，后折师梓潼迎战明总兵左光先，曹变蛟失利。遂分道返陕，移师潼关，遭明军伏击，将卒伤亡散失甚众，率部将刘宗敏，田见秀等十八骑隐伏于陕西商、洛山中。

不久后，李自成亲赴谷城（今属湖北），获取为明廷招抚的张献忠资助。十二年，与复起的张献忠合兵破竹溪，移师截断明军粮道。后协助罗汝才于香油坪击败明总兵杨世恩部。十三年，为明总兵左良玉败于房县，重入河南，破永宁（今洛宁），斩万安王朱采。与当地农民军首领一斗谷合兵，众至数十万，攻克宜阳。进至卢氏，得牛金星、牛献策，用为谋士。纳李岩均田免赋建策，深得民众拥护，有歌谣称“迎闯王，不纳粮”。十四年春，移师围洛阳，得守军策应破城，执杀福王朱常洵，从其后园弄出几头鹿，与福王的肉一起共煮，名为“福禄宴”，与将士们共享。旋挥师围开封，一年半之内数攻不克，1642 年黄河决堤冲毁开封，之后南走邓州，与脱离张献忠的罗汝才合兵，众号百万。后乘明军四路向河南新蔡，项城调集，遣精兵于途中伏击，致明军阵乱败逃，执杀明总督傅宗龙于项城，声威大震。1643 年一月，李自成在襄阳称“新顺王”。三月，杀与之合军的农民领袖罗汝才。四月杀叛将袁时中。五月张献忠克武昌建立“大西”政权。十月，李自成攻破潼关，杀死督师孙传庭，占领陕西全省。1644 年一月，李自成在西安称帝，建国号“大顺”，随后，李自成尽起大军，向着明朝的心脏北京进发。

李自成称帝后建的行宫（陕西榆林）

三、崇祯自缢，明朝灭亡

1644年，是个值得中国历史永远谨记的年份，因为这一年发生的大事太多了。这一年，对处于中国大地不同地域的老百姓来说，是大明崇祯十七年、李自成大顺元年、大清顺治元年，但无论是哪里的老百姓，这一年都是不好过的一年。

这年的元旦，一年第一天，对于北京城的崇祯皇帝来说，就真正是个黑色的日子。元旦一大早，从三四点开始，北京城便刮起了大风霾。史书记载说，是日凌晨开始，北京便狂风漫卷，“震屋扬沙，咫尺不见”。崇祯皇帝早早来到大殿，坐在那把龙椅上，等着群臣前来朝贺。谁知，上朝的钟声敲响后，久久看不到一个官员上朝。可能是风声太大，等在外面的官员们没有听见，误以为皇帝还没有起身。于是，皇帝命令再敲钟，不停地敲，并打开东西两侧大门。等了好大一阵，还是一个人影也不见。

在古代的星相术士眼中，大风霾是边事刀兵大起的征象，乃大凶之兆。元旦吉日出现漫天狂风沙暴，把皇帝一个人孤零零地晾在偌大的宫殿里，推想起来，朱由检的心可能会凉到了骨头中。于是他命人占卜，占词曰：“风从乾起，主暴兵至，城破，臣民无福。”再占一卦，卦辞更糟，曰：“星入月中，国破君亡。”全都是大不吉之语，没有一句能够宽慰人心的。

据说在这前后，崇祯皇帝还曾经做过一个梦，梦见一位长者给了他一张纸，上面写着一个“有”字。崇祯皇帝把这个梦说给大家看，众人都说是大吉大利之兆，主“大有”“富有天下”之意。后来，有一个会拆字解梦的人冒死告诉他，这个字很不祥，因为“有”字拆开，就是“大不成大，明不成明”，表示大明残破不堪的意思。崇祯皇帝闻言黯然失色，他没有怪罪那个口无遮拦去解梦的人。因为他知道李自成正在西安城里建立大顺国，清朝人又立了新皇帝，他心中的感受或许正与解梦的人所说的一样。

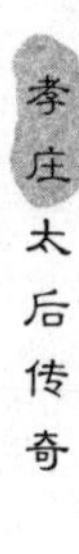

此时，李自成的势力在河南、湖北、陕西、山西等地迅猛发展，出兵北京的计划正在落实之中。南方地区同样烽火连天。张献忠率大军由南昌南下，连续攻占长沙、衡州，江西、广西的许多地方也相继陷落。进入甲申年后，张献忠溯江西上，进入四川，击败了对朝廷忠心耿耿的著名女将军秦良玉，一举攻占了万县等地。

朱由检万般无奈。他焚香沐浴后祷告天地，请求神灵指示。结果，扶乩之后神仙的回答是："帝问天下事，官贪吏要钱。八方七处乱，十灶九无烟。黎民苦中苦，乾坤颠倒颠。干戈从此起，休想太平年。"崇祯皇帝看后，默默无言。

正月初三，崇祯皇帝招来一位名叫李明睿的官员，询问御寇之策。李明睿请他命所有人等回避，然后直截了当地建议，值此天下汹汹之际，唯一可行的办法就是南迁。回到大明朝祖先开基创业的南京去。就当时的情形看，整个国家只有江浙一带还稍许平静一些。

朱由检沉思良久，说："这件事关系过于重大，不可随便说出口。"然后，他用手向上指指天，意思是，不知天意如何？

明思宗朱由检像

李明睿劝他当机立断，免得事到临头后悔莫及。朱由检说：“这事儿我早就想办了，可没有人赞助，所以拖到了今天。你的想法和我很吻合，外边不愿意怎么办？此事重大，你务必保密，切不可轻易泄露出去。否则，你的罪过不小。”

到此时为止，这南迁之议可能是朱由检唯一一个延缓大明帝国生机命脉的机会了。可惜，这位皇帝政治才能与个人品性上的重大缺陷又一次在这重大历史关头发挥了作用。哲人曰：“性格即命运。”信哉斯言！一个人的命运是由该人的性格与素质决定的。揆诸朱由检的一生，便是这句名言最好的、毋庸置疑的注释。他的品性表明，把自己吊死在景山下的那棵树上，可能是这位皇帝最恰当的出路。而大明帝国这朱家天下的命运，也由于有了这位皇帝，就此成为命中注定。

朱由检的皇后周氏，是一位端庄稳重的美貌女子。原籍苏州，其父名周奎，母亲丁氏是周奎的继室，家境清贫，周氏年幼时就操持家务，后举家迁往大兴。迁居北京后，周奎在前门大街闹市，以看相算命谋生。

由于周氏出身贫寒，后来被收入信王府（朱由检府第），天启六年（1626），当时的信王朱由检为了大婚挑选王妃时，主持后宫事务的懿安皇后，以长嫂代母的身份，从众多候选人中挑选了周氏，周氏于是成为王妃。史书记载说，看到周皇后的人，会“瞑眩不自持”，表明她的相貌可能十分光彩照人。

朱由检即位以后，周氏就由信王妃晋升为皇后。她个性严慎，有恭俭之德，始终保持平民本色，身穿旧衣服，亲自操持家务，包括亲自烧饭，把后宫治理得井井有条。据说，这位周皇后自幼熟读经史，与崇祯皇帝很有共同语言。但她从不干预朝政，也不为自己的娘家人谋取什么私利。

清初历史学家张岱在《石匮书后集》中这样描述周皇后：在后宫常常身穿布衣，吃素食，与皇帝一起提倡节俭，一切女红纺织之类事务，都亲自动手。张岱的这些话，并非毫无根据的阿谀奉承之词，这从周氏在后宫设置二十四具纺车教宫女纺纱一事可以得到印证。

天启七年（1627）朱由检刚刚登基时，由于魏忠贤专权，朱由检所处的形势十分险恶，唯恐被魏忠贤暗下毒手，懿安皇后（朱由检的皇嫂张嫣）秘密告诫：不要吃宫中的食物，朱由检便带了家中的麦饼进宫。进宫后，还得提防魏忠贤买通御膳房下毒暗害，于是饮食全由周皇后亲自下厨烹制。这件事看起来有点不可思议，却是确凿无疑的事实，许多野史都有记载。

一个能够烧饭洗衣、纺纱织布，处处懂得为夫分忧的皇后，不能不说是位极贤良的皇后。《崇祯宫词》称赞她：员分百二领璇宫，撙节咸资内教功。三洒亲蚕重浣服，拟将恭俭赞王风。又赞她：湘管挥来口授余，俨然村校接天居。何当一顿童蒙膝，遂揭鸡竿下赦书。

朱由检与周皇后之间情深谊笃，周皇后为朱由检生了三个儿子，“上重周后贤，伉俪恩甚备”，看来是真实的写照。有这么一件事：有一个年仅十一岁的小太监秦某，在坤宁宫侍候皇后。有一天，皇后问他是否识字，秦某回答不识字。皇后就教他识字，少顷考问，秦某全部忘记，被罚跪阶下。皇帝见了笑着说：我请求先生宽恕他，如何？皇后佯装嗔怒说：坏了学规。秦某谢恩而起。透过这种日常生活细节，人们似乎可以看到皇帝、皇后之间那种寻常夫妻谈笑谐谑之情。

但是，至清朝铁骑威胁京师之时，有一天，她特别委婉地对皇帝说：“我们在南京还有一个家呢。”没想到，那朱由检立刻声色俱厉地追问她是什么意思？追问她听谁说要南迁？吓得周皇后再也不敢多说什么。

张嫣是天启皇帝朱由校的皇后，是朱由检的皇寡嫂，这也是位明朝有名的贤后。她知书达理，对小叔子很好，曾经帮助朱由检度过了继位之初的困难时日。朱由检也特别敬重自己的这位嫂子。然而，她反对南迁，认为这将损害皇帝小叔子的形象。朱由检听说后，马上怒气冲冲地前去质问张皇后，听谁说自己要南迁？张皇后知道事关人命，坚决不肯说出人名。崇祯皇帝再三逼问，最后，张皇后表示，如果皇帝一定不依不饶地逼问是谁说的话，自己可以自杀谢罪。朱由检这才悻悻作罢。

明思陵——朱由检与周皇后之墓

由此，给人造成了一个强烈的错觉，就是皇帝是坚决反对南迁的。诚如我们已经看到的那样，实际情况根本不是这样。

实际上，崇祯皇帝心里可能极度矛盾。一方面，他应该很清醒地知道，南京作为留都，有一套完整的政府机构，且有重兵驻守。在那里是有可能再图振作的。为此，他秘密命令在天津海边准备了两百艘海船和一千名精兵卫队，随时准备扬帆南行。另一方面，他特别害怕臣民认为自己怯懦，害怕丢面子。其中，可能也有害怕动摇民心的意思。为此，他犹豫不决，首鼠两端。

随着李自成大军日益逼近北京，李明睿再也无法沉默，他公开上书皇帝，建议立即南迁。崇祯皇帝犹豫不决。

几天后，相当于今天中纪委书记的左都御史李邦华建议，皇帝自己留在北京，让太子到南京监国。崇祯皇帝继续犹豫不决。

见此情景，李邦华再退一步，请皇帝将两位皇子分封到太平、宁国二府，以便拱卫南北两京。崇祯皇帝还是犹豫不决。史书记载，皇帝“拿着奏疏，绕殿徘徊，一边读一边叹气”——仍然是犹豫不决。

刑部尚书徐石麒提醒大家：“倘若观望狐疑，导致想走也走不了的话，后果就不忍说了。”

恰在此时，出现了一位观点极端忠君爱国、特别慷慨激昂的官员，此人名叫光时亨。他上疏皇帝，激烈弹劾李明睿。这一来，皇帝又犹豫了，在朝堂上，他一反私下的主张，慷慨激奋地宣布：“国君死社稷，正也，我下定决心了。”

这种情形虽然令人扼腕，然而，知道了上面的故事之后，大约没有人会反对，景山，真的是崇祯皇帝朱由检最应该去的地方。

在此前后发生的事情就很简单了。李自成大军从西安向北京进发，两千多华里在他进军北京的路上，几乎是如入无人之境。然而，在山西代州西面的宁武关，他遭遇到了极其顽强的抵抗。代州守将周遇吉杀掉前来劝降的使者，一面加强城防，一面出兵奇袭，在城内弹尽粮绝，城外绝无援兵的情势下，他退守宁武关，居然率兵连连重创李自成大军，李自成有四员骁将战死在这里，士兵阵亡者达一万多人，伤者无计其数。有史书记载说，后来，李自成率军开进北京时，队伍中有大量伤残者，据说，都是在代州—宁武关战役中负伤的。

最后，李自成凭借压倒优势的兵力，经过真正的殊死战，才终于打通了这座关口。周遇吉战死，他的家人全部殉国。这使李自成十分震惊。他无论如何没有想到，到了这个时刻，大明朝居然还有如此坚强的捍卫者和忠诚无畏的战士。为此，他产生了返回陕西去的念头。因为，与这里比起来，前方许多险关要塞如大同、阳和、宣化、居庸，都是著名的军事重镇，全部都有重兵防守，若是这样打下去，恐怕就剩不下多少人了。

正当李自成已经准备退兵回西安时，镇守大同和镇守宣化的大明帝国最高军事长官先后送来了请求投降的书信，李自成大喜过望。随后，阳和、居庸守军也开城投降。就这样，他真的如入无人之境地开到了北京城下。到北京城下之后，李自成感慨万千地说了一句话：“要是再有一个周遇吉，我就到不了这儿了。”

三月十七日，李自成来到北京城下。早朝时，大臣们谁都不敢说话，有人站在那里只是默默流泪。崇祯皇帝显得有些神经质，时不时伏案写几个字，让边上的人看一眼，随即抹去，别的人谁也不知道写的是什么。有一种说法，说他反复写的是“臣皆亡国之臣”“文臣个个可杀”，此时此刻，他显然忘记了一个事实，这些臣子都是在他十七年执政岁月中，被他培养、训练成这副模样的。

三月十八日早朝，只有三个官员前来朝见皇帝。大约，众人已经知道皇帝在案子上写的字了，所以，大家谁也不敢来触皇帝的霉头。当日深夜，皇帝招来太子兄弟三人，亲手为三个儿子换上了破旧的衣服，为他们依次系紧衣带，叮嘱他们：“今天你们还是皇子，明天就是平民了。天亮以后，你们要忘掉自己的身份，隐藏好，不要告诉别人你们的姓名。见到老者要叫爷爷，见到年轻的叫叔叔。万一能活下来，要为父母报仇，别忘了今天的告诫。”史书记载说，在场者泪如雨下。

随后，皇帝将周皇后等妃嫔招来。周皇后说：“我侍奉皇帝十八年，你从来不肯听人一句话，才会有今天。”朱由检默然无语。周皇后搂着三个儿子哭成一团，随后，命人将三个孩子送到外祖父家去，自己自缢而死。

朱由检将十五岁的女儿长平公主叫来，喊道：“你为什么要生在帝王家？”随即以左手掩面，用右手挥剑，公主本能地一躲，长剑砍下了公主的左臂。据说，这位公主平素极为活泼可爱，脸上总是挂着笑容，此时昏倒在地。朱由检手中的剑掉在地上，公主算是捡回了一条性命。

有史料载长平公主名朱徽娖，是明末极著名的人物，本是朱由检次女，周皇后所出，清廷占领北京后，因公主非男儿身，不会有人拥立她为帝，因此就不会造成对清廷的威胁，所以对她赏赐有加。

朱徽娖身为末代公主，唯其国破家亡，身世悲惨，为人熟知。顺治二年时，朱徽娖上疏清帝要求出家为尼。清帝为笼络人心未许，将其下嫁崇祯帝生前选好的驸马周世显。但公主身心都受到极大创伤，婚后仅一年多就去世了，死时尚有五个月的身孕。如果是在太平盛世，她也许会像明朝绝大多数公主一样，在富足与尊荣中安然度过一生。然而时运不济“生于末世运偏消”，除了认命，还能怎样？诗人吴伟业曾为她作《思陵长公主挽诗》：“贵主孅音美，前朝典命光，鸿文垂远近，哀诔著兴亡。”

在金庸先生的小说《碧血剑》和《鹿鼎记》中，曾为这位长平公主费了大量的笔墨，虽然长平公主在金庸笔下算不得主角，但她却是其中很特别的一位，贯穿于《碧血剑》和《鹿鼎记》，演绎出不同的人生，不管是《碧血剑》中的“阿九”，还是《鹿鼎记》中的九难师太，在她身上始终都有着一股贵族气派，高贵而威严，且优雅端庄、美丽动人。

《碧血剑》中的“阿九”年纪轻轻就经历了亡国大难、丧父之痛、断臂的遭遇以及失恋的重重打击。于是，不惜削发为尼，学到了绝世武功，最后也成了铁剑门的继承人。她虽与袁承志情投意合，也深深地爱着心有所属的袁承志，但最终却选择了放弃。她不是不想拥有和争取爱情，而是她冷静、理智的个性特质使然，让她更喜欢享受拥有权力的快感，所以她宁愿放弃爱情去追求她的权力，显示她的尊贵。

在《鹿鼎记》中，长平公主则是以武功高强的独臂神尼这一角色出现，为了光复大明江山，独自奔走努力，也因为国仇家恨让她性情和脾气都变得有点古怪。这时的长平已是个布衣高手，性情虽受到环境的影响而有所改变，但皇家的尊贵与威严一丝也没有削弱，反而更见气派与成熟，就连耍尽滑头的韦小宝也不敢在她面前造次，百般讨好她。书中有这样的描写，韦小宝本想叫她“妈妈”以达到骂她的目的（因为韦小宝的母亲是妓女），但他不经意间向九难师太望了一眼，“见到她高华贵重的气象，情不自禁地心生尊敬”。便再也不敢造次，由此亦足见长平公主天生的威严与尊贵。

另外也有一部以其人生大致经历改编的电视剧《帝女花》，又名《乱世未了情》所述基本符合身世。

朱由检砍伤长平公主，处理完家事后，十九日凌晨时分，他来到景山寿皇亭旁，在一棵老槐树上自缢而死，陪伴他的只有一位名叫王承恩的司礼太监。

崇祯皇帝自缢处

据说朱由检在自己的前衣襟上写下了如下遗言："朕自登基十七年，逆贼直逼京师。虽朕薄德藐躬，上干天咎，然皆诸臣之误朕也。朕死，无面目见祖宗于地下，去朕冠冕，以发覆面，任贼分裂朕尸，勿伤百姓一人。"

有一种说法，说是衣襟上另外还写了一行字："百官俱赴东宫行在。"让大臣们前去拥戴辅佐太子。但是，太子已经不可能有东宫了。史书记载说，太子兄弟三人被送出皇宫后，来到周皇后父亲家。据说，这位外祖父不敢收留自己的三个外孙，将他们拒之门外。最后，三人全部落入李自成手中。

1644 年即大明崇祯十七年三月十九日中午，李自成的军队从德胜门进入了北京。明朝末代皇帝朱由检走投无路，又不愿受人屈辱，于是自缢在皇宫后面万寿山老槐树下，历时 276 年的大明王朝，走到了尽头，走进了历史。

第二章 多尔衮逐鹿中原 吴三桂怒起红颜

一、多尔衮排除异己，孝庄后独钟情人

福临即位，代表着清朝进入了一个新时代，努尔哈赤和皇太极奠下的雄厚基础已经齐备，大清国的目标只剩入主中原了，所以这个时代也是清朝统一中国的时代，但与其称这个时代为福临时代或顺治时代，还不如称其为多尔衮时代来得恰当。因为在清朝入主中原的过程中，多尔衮的作用和贡献太重要了。

我们先前交代过，皇太极死后，皇位由孝庄的儿子福临继承，并由济尔哈朗和多尔衮共同辅政，且济尔哈朗是排在多尔衮之前的，那么多尔衮是如何渐渐握有更多权力的呢？

福临即位后一个月，辅政王多尔衮替小皇帝发布谕旨，命令另一位辅政王济尔哈朗率军攻伐锦州与宁远。这是一次很奇怪的军事行动，其战略目标和战役战术指导都莫名其妙。而且是由排名在后的多尔衮命令排名在前的济尔哈朗，并且两天后就要出发。

济尔哈朗带兵走后，多尔衮又代小皇帝发布谕旨，晋封自己为摄政王。虽然这与辅政只是一字之差，但分量可是不轻。辅政者，辅助君主处理政事之意也；而摄政，则是代替君主处理政务，已经可以直接发号施令了。从《清实录》的记载上看，摄政王多尔衮很客气，

他的名字仍然还排在济尔哈朗的后面。

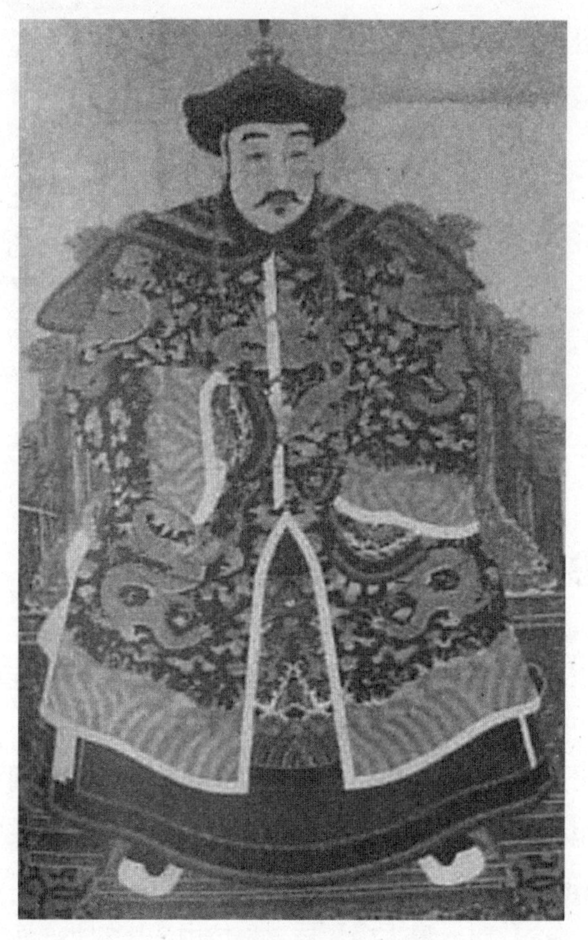

济尔哈朗像

成为摄政王之后，多尔衮召集贝勒大臣开过一个会，会议的重大决定是，从摄政王开始，所有亲王、贝勒、贝子“悉罢部务”，不再分管政府六部事务。所有政府工作全部由各部尚书负责，各部尚书直接对摄政王负责。当年，皇太极设立政府六部，本来就有削夺诸王贝勒权限的意思，并曾经有过悉罢诸王贝勒分管部务之举。后来，随着皇太极权位的巩固而渐渐放松了控制。如今，多尔衮再次记起这一招儿，意图仍然在于削夺诸王贝勒们的权限，使他们只能“议政”，而不能“干政”。多年以后，到了雍正及其儿子乾隆皇帝时代，索性连诸王议政的权力也予以废止。从此，给这个政权带来过勃勃生机的贵族共和便彻底退出了历史舞台，只剩下了完全汉化的皇权专制，这个政权也就此步入了真正的回光返照。

一个月后，济尔哈朗从宁锦前线返回沈阳，蓦然发现短短一个月时间一切已经物是人非。济尔哈朗深谙明哲保身之精义，不久他召集大家开会，宣布今后一切政府事务都要先报告多尔衮，排名顺序也要先写多尔衮。从此，济尔哈朗成了一位挂名辅政王爷。他和代善一样，因为懂得急流勇退，遂成为前清时期最高层中能够得以善终的很少几个人之一。

那么多尔衮又是怎么对付豪格的呢？仅在福临即位半年后，1644年即大明崇祯十七年、大清顺治元年，四月一日，在多尔衮即将出征大明前夕，豪格的一个亲信部下，据说在“力谏不从”的情况下，出面检举豪格“悖乱”。处理的结果是，几位忠实于豪格的部下被杀死，豪格本人被废为庶人，所有的七个牛录被剥夺，罚银五千两，然后“罪恶多端数不胜数，姑且不再追究，遂释之”。

这是一个奇怪的、完全说不通的判决，这也说明，多尔衮在罗织罪名、玩弄权术、陷豪格于不义。三年后，顺治三年（1646）正月，已经牢牢掌控了大权的多尔衮再次起用豪格，命他率军前去对付张献忠。顺治五年（1648）二月初三日，豪格在把这位令四川人闻之色变的“大西皇帝”杀死，灭亡了大西政权后胜利回京。一个月以后，为他庆功的热乎劲儿还没有完全过去，豪格便又一次获罪被幽禁起来。这一次，他的罪名真的称得上是欲加之罪，何患无辞了，说是因其隐瞒其部将冒功及起用罪人之弟的罪名被下狱，不久，时年四十岁的豪格在幽禁中无疾而终。他死后，其妻妾多为多尔衮所纳。

有人认为，豪格是被受过专门训练、具有高度技巧的大明锦衣卫留用人员奉命杀死的。死后，检查不出任何致死的原因。

就这样，曾经有过“贤王”之美誉的多尔衮终成为大清帝国的真正领袖，多尔衮为什么将这一切做得这么顺利呢？我们不得不说，他一定有着后宫的全力支持，布木布泰才是隐藏在幕后最隐秘的人。

二、范文程上书入关，多尔衮挥军中原

明朝尚未灭亡之时，李自成兵发北京的消息传到盛京，清王朝统治层中对是否入关还颇有分歧。因为此时明朝守将吴三桂已弃宁远，山海关外尽为清国所有，清朝以长城为界，与乱糟糟的中原南北分治，对于只以十三副铠甲打天下的努尔哈赤的子孙们来说，这当然已经是一份很不错的大家业了。

1644 年农历四月初四日，正在某温泉养病的大学士范文程闻听李自成兵发北京的消息，立即返回盛京，上书摄政王多尔衮，极力敦促清军入关，认为“如秦失其鹿，楚汉逐之，是我非与明朝争，实与流寇争也”，指出现在正是进取中原的大好时机，成基业以垂万世在此时，失机会而遗悔将来也在此时。他建议在战略上作出两项重大改变：一是明确主要敌人已不是明王朝，而是李自成农民军；二是把过去入关对明王朝的掠夺性战争，转变为争夺全国最高统治权的战争，指出“战必胜，攻必取，贼不如我；顺民心，招百姓，我不如贼”，因此要一改以往的屠戮抢掠政策，严禁军卒，严申纪律，变烧杀掳掠的八旗将士为“吊民伐罪”的仁义之师。

清朝创建之初，清太祖努尔哈赤和太宗皇太极能得范文程相助，实在是清朝莫大的幸运。他不愧为深知中华国民性格和当时时局的汉族知识分子，他的分析和建议可谓高瞻远瞩，而他此时催促清朝积极进取的态度，对多尔衮、济尔哈朗及诸王，对后宫的两太后，尤其是对年轻的布木布泰，都是极大的鼓舞！

这里对范文程再作一下表述，他初在文馆任职，被称为“书房官”“文臣”或生员、秀才，没有正式官衔。他虽系儒生，但相貌堂堂，体格魁伟，倒很像是一员虎将，且临阵不惧，随军从征时，奋勇冲杀，又长于用计，能言善辩，因而立下功劳，曾“招抚潘家口、马栏峪、山屯营、马栏关、大安口五城”。明军围攻大安口城，他又“披甲逼阵”，“率枪炮手，杀敌甚众”。十一月十一日，皇太极统军

往攻北京，留参将英俄尔岱、游击李思忠及文程与八员备御，领兵八百名，驻守遵化。明军来攻，“清军前锋被围，文程突围力战，援之以出”。因战功显著，范文程被授予游击世职。

范文程像

天聪五年八月，皇太极再次进攻明朝，统军七八万围攻大凌河城。初十日，范文程奉汗命，往城之西山一台劝降。明兵“据险死守”，他“单骑至台，晓譬详切”，守兵听后下台投降，其中有生员一人、男丁七十二名、妇女十七人，还有马二匹、牛二十四头、驴二十一头，汗“即付文程养之”。

在文馆任职期间，范文程日益磨砺，尽心国事，才干日强，识见愈高，迅速博得皇太极宠信。天聪七年三月二十七日，以孔有德、耿仲明欲来降，范文程奉汗命，偕吴赖、白格、塞古德，赍汗谕往探及劝降。五月，孔有德率众来归，范文程遵谕将其部安插于东京，并陪孔有德等人至沈阳拜见天聪汗。虽然文馆至天聪十年三月才改为内三院正式设立大学士，但在此之前，范文程实际上已被皇太极当作类似此职之亲信内臣来使用，经常被召入宫，与汗密议军国要事。史称

"文程所领，皆枢密事，每入对，必漏下数十刻始出。或未及食息，复奉召入，率以为常"。因此，当初编汉军旗时，"廷议首推文程"任固山额真，而汗却不愿让其离开文馆，曾下谕："范章京才堪胜此，但固山职一军耳。朕方资为心膂，其别议之。"

天聪十年三月初六日，文馆改为内国史院、内秘书院、内弘文院，亦称内三院。范文程被任命为内秘书院大学士，职掌：撰写与外国往来书札，掌录各衙门奏疏、辩冤词状、皇上敕谕、文武各官敕书并告祭文庙谕、祭文武官员祭文。范文程之世职亦进为二等甲喇章京，益受汗宠信，"每议大政，必资筹划"，宣谕各国敕书，皆出其手。

范文程感恩图报，殚心竭力，操劳国事，先后疏言废除连坐法，奏准更定部院官制，六部各设满洲承政一员，下置左右参政、理事官、副理事官、额者章，荐举邓长春、张尚、苏弘祖等人为吏部参政、户部启心郎。

1641年（崇德六年）三月，皇太极知悉睿亲王多尔衮等王公统军围攻锦州时，离城远驻，又私遣部分官员兵丁返家，守兵得以出城运粮入内，不由得勃然大怒，遣内大臣昂邦章京图尔格、固山额真英俄尔岱和内院大学士范文程、希福、刚林等，讯问多尔衮如此办理的原因，并下谕严厉斥责主帅多尔衮和同在军营的肃亲王豪格、饶余贝勒阿巴泰、安平贝勒杜度、公硕托等人。图尔格、范文程等传达帝谕后，多尔衮等引罪。图尔格、范文程等人向帝奏报其情，皇太极更为恼怒，命他们谕令多尔衮等自议其罪。多尔衮自议死罪，豪格亦言应死，杜度、阿巴泰削爵为民，尽没户口奴仆，从征将领三十余人分别议死、革职、籍没。三月二十二日，图尔格、范文程等将此情奏报，皇太极予以宽减，降多尔衮、豪格为郡王，分别罚银一万两、八千两并夺二牛录、一牛录，余皆罚银。第二日，多尔衮等俱至议政衙门，皇太极命大学士希福、范文程等将他们逐出议政衙门。

皇太极十分生气，多尔衮等人虽然引咎自责，但并不心悦诚服，君、王、将之间的关系非常紧张。多尔衮身为正白旗旗主、和硕睿亲王，"统摄"吏部，其亲弟为镶白旗旗主、和硕豫亲王多铎，其同母之兄阿济格是英郡王，三兄弟拥有二旗，皆骁勇善战，军功卓著。安平贝勒杜度、公硕托，是礼亲王代善所辖正红、镶红二旗系统中的实力人物，代善遭皇帝压抑，心怀不满。固山额真阿山、谭泰等二十余名官员，皆是开国有功之战将。统治集团中这样多的人员与皇帝长期不和，将会带来严重恶果。

范文程此时已是久经锻炼智谋高超蒙帝宠信之大学士，为了改变这种状况，他于四月初五日偕大学士刚林、学士额色黑奏称："国中诸王贝勒大臣，半皆获罪"，不许入署，不准晋谒皇上，他们回家日久，又将去锦州更替郑亲王，对明作战，"各部事务，及攻战器械，一切机宜俱误"，望皇上息怒，令其入署办事。皇太极遂允准诸王贝勒大臣"遂各赴署办事"。范文程为协调皇帝与诸王之间的紧张关系，立下一功。

1643 年（崇德八年）八月初九日，皇太极去世，福临被推为新君，八月十六日，郡王阿达礼、贝子硕托向郑亲王济尔哈朗、礼亲王代善、睿亲王多尔衮游说，谋立多尔衮为君，代善、多尔衮告诸王贝勒，遂以扰政乱国的叛逆罪，将阿达礼、硕托处死，籍没其家。范文程原是红旗硕托的属下人员，此时被拨入镶黄旗。

范文程刚刚避免了因主硕托乱国而险遭不测之祸，不久又遇到了新的麻烦。摄政王多尔衮之亲弟豫郡王多铎欺之为满人之走狗，竟然要抢夺范文程之妻，经过一番周折，才得到解决，诸王贝勒审实后，决定罚多铎银一千两，夺其十五个牛录。范文程虽然化险为夷，没有遭受妻室被霸之灾祸，但仍不免忧心忡忡。多铎乃一旗之主，贵为亲王、郡王（原系亲王，因故降爵，不久复封亲王），又系摄政王多尔衮之同母亲弟，日后会舍此不究吗？万一追念前怨，范文程恐难免灭门之灾了。

尽管身遭故主被戮、爱妻险被欺凌之双重危难，范文程仍以大局为重，在清朝入主中原这一紧急关头，献计献策，立下了殊勋。于是在李闯王进京的 1644 年（顺治元年）四月初四日，范文程上书摄政王，奏请立即出兵伐明，夺取天下。此文给清朝进军中原作出了详尽的战略战术部署，对清朝之后的发展尤为重要，现摘录如下：

乃者有明，流寇距于西土，水陆诸寇，环于南服，兵民煽乱于北陲，我师燮伐其东鄙，四面受敌，其君若臣，安能相保耶？故虽天数使然，良由我先帝忧勤肇造，诸王大臣祗承先皇帝成业，夹辅冲主，忠孝格于苍穹，上帝潜为启佑，此正欲摄政诸王建功立业之会也。窃唯成丕业以垂休万世者此时，失机会而贻悔将来者亦此时。何以言之？中原百姓蹇罹丧乱，荼苦已极，黔首无依，思择令主，以图乐业，虽间有一二婴城负固者，不过自为身家计，非为君效死也。是则明之受病种种，已不可治，河北一带，定属他人，其土地人民，不患不得，患得而不为我有耳。盖明之劲敌，唯在我国，而流寇复蹂躏中原，正如秦失其鹿，楚汉逐之，我国虽与明争天下，实与流寇角也。为今日计，我当任贤以抚众，使近悦远来，蠢兹流孽，亦将进而臣属于我。彼明之君，知我规模非复往昔，言归于好，亦未可知。傥不此之务，是徒劳我国之力，反为流寇驱民也。夫举已成之局而置之，后乃与流寇争，非长策矣。曩者弃遵化、屠永平，而径深入而返，彼地官民，必以我为无大志，纵来归附，未必抚恤，因怀携贰，盖有之矣。然而已服者，有未服宜抚者，是当申严纪律，秋毫勿犯，复宣谕以昔日不守内地之由，及今取中原之意。而官仍其职，民复其业，录其贤能，恤其无告，将见密迩者绥辑，逖听者风声，自翕然而向顺矣。夫如是，则大河以北，可传檄而定也。河北一定，可令各城官移其妻子避患于我军，因以为质，又拔其德誉素著者，置之班行，俾各朝夕献纳，以贤辅翼。王于众论中择善酌行，则闻见可广，而政事有时措之宜矣。此行或直趋燕京，或相机攻取，要当于入边之后，山海长城以西，择一坚城，屯兵而守，以为门户，我师往来，斯为甚便，唯摄政诸王察之。

范文程上书时，李自成率农民军攻克明王朝京师的情报，尚未传到处于关东一隅的清朝统治区，范文程以其敏感的政治嗅觉和犀利的政治眼光，率先提出行将改写大清国国运、改变中国历史走向的战略主张。

仅凭这份上书，范文程就有资格成为清朝第一谋士，可比之于汉之张良，明之刘基。

范文程此书对多尔衮启发尤大，对清朝统治者讲清了四个问题。

第一，明国必亡。尽管此时清国君臣尚不知晓李自成农民军已打进北京，灭了明皇朝，崇祯帝自尽，但范文程已经看准，曾拥有雄兵百万、辖地万里、臣民上亿的大明国，必将迅速灭亡。他非常透彻地剖析了明朝的内忧外患，四面受敌，人心尽失，业已病入膏肓，无可救药。认清这一基本形势，对久怀入主中原雄心的八旗王公的决策，无疑有着重大的影响。

第二，与“流寇”争天下。如果说在此之前已有人议论明国将亡，范文程不过是阐述得更清楚、更全面、更深刻，那么，与明末农民军争夺明皇朝的天下的论点，则是范文程最先提出来的。此时，清朝将领和谋士对大顺、大西农民军所知甚少，仅把其当作活动于西北一隅的“流寇”。顺治元年正月二十六日，蒙古鄂尔多斯部之人向多尔衮报告李自成取陕西、攻三边的消息时，多尔衮还于当日给农民军写信，欲图与其建立联系，协同攻明。信中明确讲道：“兹者致书，欲与诸公协谋同力，并取中原，倘混一区宇，富贵共之矣。”范文程高瞻远瞩，敏锐地察觉到农民军才是清帝入主中原的大敌，强调指出：“正如秦失其鹿，楚汉逐之，我国虽与明争天下，实与流寇角矣。”这一论断十分精辟，至关紧要，为清军入关及其与大顺军决战，奠定了思想基础。

第三，良机难得，稍纵即逝。范文程剖析了明朝必亡、“流寇”势强之后，着重点明，中原土地人民，不患不得，患得而不为我有，恐将落入农民军之手。如果处理不当，不争取人心，则有可能以己之力驱逐人民投往“流寇”，那时大势就无可挽回了。因此，他大声疾呼：“成丕业以垂休万世者此时，失机会而贻悔将来者亦此时。”机不可失，时不再来，成败与否，在此一举。范文程此论，确系高见，此时李自成已入驻北京半月有余，河北、山东传檄而定，设若清军晚个一年半载才出兵，大顺农民政权有可能统一黄河、长江流域，全部接管除辽东以外的明朝旧有辖地，那时大局已定，清军要想问鼎中原，就难上加难了。

第四，改变方针，创建“大业”，严禁杀掠，收买人心。早年努尔哈赤大杀汉民，弃遵化屠永平，清军四次深入，抢掠而返，使明国臣民以为清朝并无大志，不过是抢掠子女玉帛而已，“纵来归附”于清，亦“未必抚恤”，因此他们疑惑不定。范文程剖析了汉民“因怀携贰”的缘故，提出应当宣布此次“进取中原之意”，申严纪律，“秋毫无犯”，并纲要性地提出四条原则：“官仍其职，民复其业，录其贤能，恤其无告”。这样一来，汉民必然纷纷归顺，“大河以北，可传檄而定”。

范文程的建议，对清夺取中原的基本方针、政策的制定，对促使清军出发，起了巨大的作用。此时的多尔衮已成为大清的实际执政者，他听取了范文程的建议，作出了大举入关的英明决策，并果断地下达了紧急动员令，征调兵马迅速集结，准备入关争雄。

顺治元年四月初七日，多尔衮举行庄严仪式，向太祖太宗神灵祭告出师。四月初八日，与多尔衮的决策相配合，皇太后布木布泰奉同中宫皇太后哲哲，使六岁的皇帝福临驾临大政殿，大会诸王诸将，向摄政和硕睿亲王多尔衮颁赐“奉命大将军”敕印，以自己年幼，授权多尔衮“代统大军，往定中原，战守方略，一切赏罚，俱便宜行事”，并赐给御用旗黄伞等物，以重事权。多尔衮得到了类同于皇帝亲征的所有权限和军事力量。由此可见后宫之主对多尔衮的信任和倚重，也可见后宫决策人的英明。

四月初九日，雄壮的号炮声震动了盛京城，这是在清朝历史上最关乎国家命运的一次进军，摄政王多尔衮亲统满蒙八旗的三分之二及全部汉军，约十四万人马出发了！其副帅为多罗豫郡王多铎、多罗武英郡王阿济格，还有八旗的精兵强将以及孔有德、耿仲明、尚可喜三汉王及范文程、洪承畴等重要谋臣，这几乎是大清国的所有精英，真是出倾国之兵，志在必胜的历史壮举！祭师出发之时，多尔衮明告三军：“曩者三次往征明朝，俱俘虏而行。今者大举，不似先番，蒙天眷佑，要当定国安民，以希大业。”

三、投机分子吴三桂，乱世佳人陈圆圆

1644年四月十五日，多尔衮率领的清朝大军行至翁后所地方，历史又给清朝送来了极好的机遇，明朝山海关总兵吴三桂向清军“泣血求助”借兵，请“灭流寇于宫廷”，为君父报仇！多尔衮马上意识到这是一份厚礼，于是他紧紧抓住机会，毫不迟疑率军急进，立刻奔赴山海关。多尔衮在山海关欢喜岭上会见了吴三桂，二人攘刀为誓，决定共灭李自成的起义军。

吴三桂，字长伯，一字月所，辽宁人，明末清初人物，祖籍江南高邮（今江苏高邮），生于明万历四十年（1612）。父吴襄，字两环，明天启二年（1622）武进士，崇祯年间先后任都指挥使、都督同知、总兵、中军府都督等重要职务。吴襄自幼习武，善于骑射，是明朝将领祖大寿的妹夫。吴三桂在父亲吴襄和舅舅祖大寿等的教诲和影响下学文又学武，不到二十岁就考中武举，从此跟随父亲吴襄和舅舅祖大寿，开始了他的军旅生涯。

崇祯四年（1631）发生的明朝与后金的大凌河之战中，团练总兵吴襄率马步四万余往援大凌河祖大寿，结果吴襄临阵逃脱，被削职。第二年六月，为平息山东登州参将孔有德等兵变，吴襄随副将祖大弼出征山东，最后孔有德从登州乘船渡海，投奔后金，崇德元年（1636）成为清初“三顺王”：孔有德为恭顺王，耿仲明为怀顺王，尚可喜为智顺王，而吴襄恢复了总兵职务。

随着吴襄官复原职，吴三桂开始在军中混得风生水起，二十三岁时为前锋右营参将，二十六岁时任前锋右营副将，相当于副总兵，二十七岁时任宁远团练总兵。吴三桂从游击、参将到副将，再到总兵，升迁之快，超乎常规。这一来和他懂文习武、能说会道有关，但与他父亲吴襄、舅舅祖大寿是总兵关系更大，还有一个关键是吴三桂拜御马监太监高起潜为义父。蓟辽总督洪承畴年初调到辽东，发现辽

军缺乏训练，影响战斗力，用吴三桂为署练兵总兵官，负责练兵。后来吴三桂参加了几次战斗：杏山战斗、松山战斗、松锦大战。以上几次战斗吴三桂虽有战绩，但既表现出智慧勇敢的品格，又暴露出怕死投机的秉性，这种性格的两面性后来影响并决定了吴三桂的命运。

1643 年正月，已投降清朝的祖大寿在沈阳收到吴三桂的来信，祖大寿即将来信转交皇太极，皇太极回信道：尔遣使遗尔舅祖总兵书，朕已洞悉。将军之心，犹豫未决。朕恐将军失此机会，殊可惜耳。吴三桂在动摇中，虽然没有降清，但是已经给自己留出了降清的后路。

吴三桂像

这年春天，清军第五次迂道入塞侵扰，吴三桂奉命入关驰援京师，但他行军迟缓，到达时清军已退，但是崇祯还是很感谢他来北京勤王。五月十五日，崇祯帝在武英殿宴请来勤王的吴三桂等，赐吴三桂尚方剑。

此后不久，吴三桂应邀到国丈田弘遇家做客。这田弘遇也是个投机分子，原是山西人，曾在扬州任千总小官，娶扬州娼妇吴氏为妻，故又视为广陵人（江苏扬州），他的养女嫁给了崇祯为妃，称皇贵妃，她“能书，最机警”，很受崇祯的宠爱。田弘遇从此身价十倍，官封右都督。因为他是皇亲，人们习惯称他为“田戚畹”。他仰仗女儿得宠，“窃弄威权”，京城里没有一个人敢得罪他，敢怒不敢言，心里无不痛恨他。他作为崇祯的宠臣，当然也最了解国势已危急到何等地步，农民军日益向京畿逼近，不能不引起他对自身安全与家室财富的忧虑。但他的靠山田贵妃已于崇祯十五年七月病逝，田弘遇失去内援，更感孤立。他看到吴三桂年轻有为，又受到皇帝的器重，便有心与之交结，欲把他当作自己的保护人。于是，就趁吴三桂进京陛见之机，请至府上，博取欢心。

在这里，吴三桂遇见了他一生为之纠缠不清的女人——陈圆圆。

陈圆圆小像

陈圆圆，原姓邢，名沅，字圆圆，又字畹芬，明末清初苏州名妓，江苏常州武进人士。生于1623年，父亲是一位货郎，其母早故，育于姨母陈氏家，改姓陈，居苏州桃花坞。隶籍梨园，为吴中名优。戏曲家尤西堂少时“犹及见之”。陈圆圆“容辞闲雅，额秀颐丰”，有名士大家风度。每次登场演出，明艳出众，独冠当时，“观者为之魂断”。

明天启至清康熙年间吴江邹枢所著《十美词记》中载“姑苏歌姬昆曲戏子陈圆圆年青聪慧，容貌娟秀，演《西厢》扮贴旦红娘角色，体态倾靡，说白便巧，曲尽萧寺当年情绪，常在予家演剧，流连不去。后为田皇亲以二千金酬其母，挈去京师……”

圆圆能歌善舞，色艺冠时，为苏州名妓，名冠苏州，享誉江南，时为“江南八艳”之一。崇祯时外戚周奎欲给皇帝寻求美女，派遣田妃的父亲田弘遇下江南选美。后来田弘遇将名妓陈圆圆、杨宛、顾秦等献给崇祯皇帝。其时战乱频仍，崇祯无心逸乐。陈圆圆又被发回到田府，田弘遇见谄媚不成，便将其占为私有。

在田府豪华的客厅中，吴三桂不一会儿就喝得有点醉，国丈田弘遇对吴三桂十分虔敬，频频让酒。至酒兴正浓时，田弘遇唤出本府一群歌妓，个个盛装艳丽，如出水芙蓉，随着悠扬的丝竹声，吴三桂魂魄已被摄入仙境。在这群歌姬中，为首有一美女，天生丽质，穿着素淡，先自唱了起来，边唱边舞。其舞姿，体态轻盈，飘飘欲飞；其歌声，音质清丽，恰似夜莺啼鸣。吴三桂看得“神移心荡”，对田弘遇说：“这位不就是人们说的圆圆吗？真有倾城之色！”田弘遇听到吴三桂夸他的歌姬，一时高兴，命圆圆给他斟酒。吴三桂停酒，不住地顾盼。他在关外，无日不忙于军务，或者打仗，整天听到的是军中特有的金鼓及各式号角之声；看到的是千军万马，山头上报警的狼烟，除带给他激昂、准备厮杀的情绪外，还能得到什么？但在这里，远离战场的京师繁华之地，一个有权势的豪奢的府第，亲眼看到了世上最美的女人，听到了与军号完全不同的江南靡靡之音，对他这位刚三十出头的青年将军来说，不免对那女人产生无限遐想……

在谈话间，三桂已流露出钟情于圆圆的意思。田弘遇正盼此机，为尽其拉拢之意，便说吴将军不如纳圆圆为妾，这样圆圆也算有了个好的归宿。为实现此愿，他禁不住喜形于色，高兴得搂着圆圆陪酒。酒过三巡警报突起，田弘遇恐慌地上前对吴曰："寇至，将若何?"吴三桂说："能以圆圆见赠，吾首先保护君家无恙。"

回家后，吴三桂从崇祯所赏银两中拿出千金付给了田弘遇。而至于陈圆圆，其心里应该也很愿意。因为跟一个年迈的老人怎比得上同一个年轻有为的将军在一起生活更合心意呢！虽然三桂已娶妻辽东人张氏，而圆圆只能做他的侍妾，但这对一个沦落风尘的青年女子来说，能嫁与一个有前途的青年将军，也是不易得的事。

吴三桂得了圆圆，不由得眷恋不舍，但关外不断传来警报，崇祯催促吴三桂从速离京。吴三桂不敢违背圣意，便出京奔向宁远战地去了。他哪里会料到，此一去，竟是他与崇祯诀别，他所报效的大明政权一朝垮台，而他的爱姬也因此遭到种种磨难，后来吴三桂因灭明有功，得封云南王，复娶小妾，陈圆圆失宠，后出家为尼。

陈圆圆出家为尼后的小像

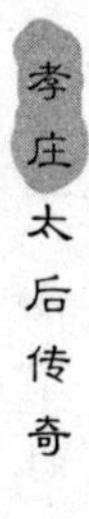

四、假意勤王真投降，冲冠一怒为红妆

1644年，明朝正陷于灭亡之际，时局也使吴三桂深深陷入大明、大清、大顺三股势力的夹缝中，他也不断地徘徊不定。大顺军直指京师时，崇祯诏征天下兵勤王，命吴三桂火速领兵入卫北京。吴三桂从宁远入山海关，二百里路程走了十一天，善于投机的他是在观望动静。这时李自成派唐通带四万两白银前去招抚吴三桂，吴三桂觉得机会还不够好，便不答。等李自成攻破北京，崇祯自缢，吴三桂才到达丰润一带，又觉得失了良机，便犹豫观望，停止不前。

李自成又发书招吴三桂，命其父吴襄写信劝子投降，另派人带白银四万两犒赏吴军官兵。于是吴三桂和众将商议决定归顺大顺。

吴三桂之“决意降李”，并非其立场的转变，而是在敌我形势悬殊下的投机之举。他希望自己的投降至少可以保证已有的特权和在京家小财产的安全，也许还抱有充当新王朝的佐命功臣的幻想。

四月初五日，吴三桂行到永平西沙河驿，见到从北京逃出的家人，得知父亲吴襄为闯王部下行掠，吴三桂大怒，考虑到自己和清军结仇甚深，北归很难，而李自成是否会善待自己还不知道，接着又听到京城被李自成部下大掠，拷掠净尽，自己的爱妾陈圆圆被刘宗敏抢占，又发现不能投降李自成，就改变了投降李自成的初衷，寻找新的主子。

吴三桂固然喜欢陈圆圆，但他投降清朝未必完全是因为“冲冠一怒为红颜”，另一方面的原因是李自成的大顺王朝对于投降的贵族阶级大肆掠夺，虽然李自成已经占据了大半个中国，但是他的军队和贵族阶级并不相容，而吴三桂则属于贵族阶级。于是李自成的势力就和吴三桂的既有利益冲突，和吴三桂的家族利益冲突，这时吴三桂已清楚地知道，他不能和李自成的大顺王朝共同相存。

在政治上和李自成相决裂使得吴三桂处于腹背受敌的局面。山海关之西，李自成重兵近在咫尺，一场恶战迫在眉睫。山海关之东，又有日益逼近的宿敌强大的清兵。降李的道路既已堵塞，为图本身生存之计，吴三桂被迫把目光转向了雄踞东北的清朝政权。1644 年农历四月初十左右，吴三桂才开始了他的联清击李计划的实施。

吴三桂致多尔衮的第一封求援信，表现了他最初对联清击李这一重大问题的基本立场。在此信中，吴三桂屡称明朝为“我国”“我朝”，称清朝为“北朝”。也就是说，吴三桂是以明朝臣子的身份向清朝求援，请兵之目的是“灭流寇”，并使明朝得以“中兴”，而不是让清入主中原。在消灭农民起义军之后，将以“子女玉帛”和部分土地作为对清朝出兵的酬谢和报答。在清军进关路线问题上，吴三桂要求清兵“直入中协、西协”，而他本人却“自率所部，合兵以抵都门”。即是说，只允许清兵从喜峰口、龙井关、墙子岭、密云等处进入明境。这些地方，既是以往历次清兵进入内地之旧路，又是目前李自成大军驻扎之处。按照这一规定，不但可以保护自身安全，防止清军乘机行其假途灭虢之计，而且还可以促使清军与李自成主力进行火并，他自己可坐收渔翁之利。这就是吴三桂最初实行的联清击李的政策。

因为当时山海关形势虽然紧张，但李自成大军尚未东行，吴三桂尚未到达山穷水尽的地步，他对清仍心存疑惧，但就在吴三桂派出的使者携带书信刚刚出发时，李、吴军事对峙形势又有了新的发展。在吴三桂于四月初连败降将唐通、白广恩之后，李自成开始注意到山海关方面局势的严重性，便对吴三桂施加更大的军事压力。四月初六日，李自成增派万人东援并运大炮出城，两天以后，又“发数万骑东行”。

李自成大军东来，山海关将作为主要战场。这样，清军即使从中协、西协等处入境也解救不了吴三桂即将覆亡的命运。在形势的逼迫下，吴三桂被迫改变初衷，由不许清兵自山海关进关转而迫切要求其自山海关进兵，以与即将到来的农民军作正面的交锋。据《沈馆录》卷七载，吴三桂使者转达了他的紧急请求：“贼锋东指，列郡瓦解，唯山海关独存，而兵弱力单，势难抵挡。今闻大王业已出兵，若及此

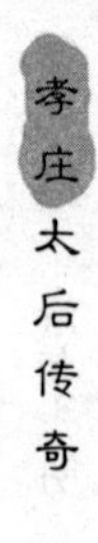

时促兵来救，当开山海关门以迎大王。大王一入关门，则北京指日可定，愿速进兵。”

清军主帅多尔衮闻讯大喜过望，立即接受了他的请兵，“即遣学士詹霸、来衮往锦州，谕汉军赍红衣炮，向山海关进发”。次日，多尔衮所率的全部军队也转向山海关进发。这说明，在清兵入关路线问题上，由于李、吴军事对峙形势的变化，吴三桂临时改变了决定。

因为长城的阻隔，长期以来，山海关一直是清军入关作战的重要障碍，此次多尔衮率师入境，最初，其行军路线也仍是走密云、蓟州。此时，吴三桂却请求主动献关，这对清军来说无疑是得到了极大的方便。所以一接到吴三桂的来信，多尔衮便立即决定全部军队折而向南。次日，又迅速复信吴三桂，告以共捐前嫌，许诺“封以故土，晋为藩王”，“世世子孙，长享富贵”，为了共同的利益，清、吴之间的联合阵线就这样初步形成了。

在吴三桂派出求援使者不久，四月十三日，李自成亲率六万大军奔向山海关。此时，被年初以来的一系列胜利冲昏了头脑的李自成，对当时军事对峙的严重性是估计不足的。在他看来，不但自己的军事实力远远超过吴三桂，而且吴三桂的父亲吴襄及其家属也都控制在自己手中。吴三桂不是在大兵东向途中卷甲归降，也一定会在战争中被轻而易举地消灭掉。对于吴三桂勾结清兵入关的现实可能性，则更是连想也不曾想。因此，在大军出发之时，他还携带了崇祯帝的两个儿子和吴襄随行，把政治上招降吴三桂作为此行的主要目的。

但是李自成的这种轻敌麻痹思想和政治解决的幻想正好被吴三桂所利用。他得知李自成亲自率军东征的消息后，随即派出了山海关士绅、儒生李友松、谭邃寰、刘泰临、刘台山、黄镇庵、高选六人迎候李自成大军于北京之东不远的三河县，表示投降之意，以拖延时日，等待清兵。在派赴清军求援的使者携带多尔衮的复信返回山海关后，吴三桂马上又致书多尔衮，求其“速整虎旅，直入山海”。李自成直到行抵山海关之时，吴三桂派去接洽投降的代表妄图脱逃，才发现吴三桂假投降的真实意图，但已贻误了轻兵速进夺取关门的有利时机。而多尔衮却在接到吴三桂的二次求援信后，经过一昼夜的强行军，于二十一日抵达关门十五里之外。这时，吴军已与农民军在石河战斗了一天。李自成未能在清军到达之前攻下山海关，已使自己处于被动地位，清军的到达更使清、吴联军在数量上超过了李军。这样，尽管两军尚未交锋，但战争的胜负已经大致决定了。

四月十二日，清军抵达关门附近的当夜，便开始进行紧张的战斗部署，“夜半移阵骈阗之声四面皆至”。清军统帅多尔衮利用吴三桂所处的危急局面，逼迫吴三桂放弃联清击李的政策而彻底投降清朝。出于这一目的，次日平明，清军进迫关门前五里许，“即屯兵不进”。“驻兵欢喜岭，高张旗帜以待”。此时，由于连日以来农民军所发动的强大攻势，山海关已危在旦夕，吴军内部也出现了瓦解的迹象。

山海关

四月十四日，大军抵达翁后，明平西伯吴三桂又自山海关遣使前来求兵，言及李自成已破明都，多尔衮立即派人往召在盖州汤泉养病的范文程来商大计。范文程抱病力趋，建议说：自闯寇猖狂，中原涂炭，近且倾覆京师，戕厥君后，天怒矣；刑辱缙绅，拷掠财货，士忿

矣；掠民资，淫人妇，火人庐舍，民恨矣。备此三败，行之以骄，可一战破也。我国家上下同心，兵甲选练，……何功不成……自古未有嗜杀而得天下者。……官来归者复其官，民来归者复其业……

多尔衮收到吴三桂的乞兵书，本来相当犹豫，是前进，还是中止。清军之行，是为了夺北京取中原，现在既然农民军已先据都城，直捣山海，清军还有无必要继续前进。而且过去清兵三逼明都，皆未能得手，现农民军能袭破其城，其军战斗力谅必很强，如与清兵交战，胜负难卜。多尔衮对阿济格、多铎说：“吾尝三围彼都，不能遽克，自成一举破之，其智勇必有过人者。今统大众亲至，得毋乘战胜精甲，有窥辽之意乎？不如分兵固守四境，以观动静。”三人“咸有惧色，遂屯兵不进”。

正是在这犹豫不决的紧急关头，范文程讲明了清军必能打败李自成农民军，获取大胜，并再次强调禁杀掠收人心，从而坚定了多尔衮进军的信心和决心，并决定收降吴三桂，迎战农民军。

吴三桂正与农民军交战，不能得胜，万分紧急的时刻，得知了清军到达的消息，马上“遣使往请，九王犹未之信，请之者再三，九王始信，而犹未及行”。吴三桂初次遣使往请，多尔衮屯兵不进，固然是因为不明吴三桂之真意和城中之虚实，是一种军事上的持重。而在“请之者再三”亦即了解了上述情况后，仍然观望，则显系借机逼迫吴三桂作出更大的让步。

果然，在生死存亡的关头，在清、吴之间“往返八次”之后，吴三桂又向清军作出了新的让步，这就是剃发归顺清皇朝和割让包括北京在内的黄河以北的大片领土。在此同时，吴三桂也提出了“毋伤百姓，毋犯陵寝，访东宫及二王所在，立之南京”，作为允许清兵入关的条件，并得到了清军主帅多尔衮的同意。这样，一方面是吴三桂在政治上降清，另一方面清朝又允许其拥立明朝故太子。尽管这一约定的两个方面是直接矛盾的，但却是清、吴联合中的新突破，对于击败李自成农民军起了重要的保证作用。

五、多尔衮把握良机，吴三桂被迫卖命

从吴三桂借兵开始，多尔衮就知道这是一个千载难逢的机会，但他非常谨慎，一方面召集大臣谋士商议，另一方面派人回沈阳调兵，同时故意延缓进军速度，逼迫吴三桂以降清的条件就范。由于事态紧急，吴三桂只得答应多尔衮的要求，请清军尽快入关，因为二十一日清军还距关十里，而关内炮声隆隆，喊杀阵阵，农民军已经开始攻城了。

多尔衮非常了解吴三桂的窘境，因此长时间地作壁上观，在李自成即将攻下东西罗城和北翼城，吴三桂几次派人又亲自杀出重围向他求救的情况下，估计双方实力已大损，这才发兵进入山海关。

清军入城后的当天下午，清、吴联军和李自成为数甚少的农民军交战于山海关外的一片石战场。次日，爆发了决定未来中国命运的惨烈的石河大战。

在这次决战中，多尔衮见吴三桂还有点兵力，就又使吴军首先上阵和农民军对战，在双方精疲力竭之际再令八旗军冲击，结果农民军战败，迅速退回北京。可以说，在山海关以西发生的这次著名战役前后，多尔衮充分利用了汉族内部的阶级矛盾，挟制了吴三桂，使他不得不充当清军入主中原的马前卒。

一片石和石河大战时，李自成事先对清军入关毫无所知，兼之以连日作战，农民军士气也处于再而衰的境地，虽然拼命搏战，但最终还是抵挡不住清、吴两军的凶猛攻击，军队遭到严重的打击，战场上“积尸相枕，弥漫大野”。农民军被击败了，李自成被迫率余众西走。决定三方命运的山海关之战就以清吴联合作战的胜利和李自成农民军的失败而告结束。

自明初以来，山海关一直是北京的门户和屏障。关门既已为清、吴军所有，北京即告危急。在军事上异常被动的形势下，李自成被迫西撤，途中，将吴三桂父吴襄及家属三十余口全部杀死。

一片石战场

李自成于四月二十六日回到北京，二十九日在紫禁城匆匆即皇帝位，然后便向陕西撤退。临走时，按照军师牛金星的主意，为了仿效西楚霸王的千古豪气，在凝聚了几百年民脂民膏的紫禁城中放了一把大火。这把大火烧了三天三夜，除一座武英殿尚完好之外，其余大体残破不堪。

而吴三桂此时已成了多尔衮砧板上的鱼肉，他接到多尔衮的命令，让他绕过北京城继续向西追赶李自成，不许他护送太子进入北京。就此，吴三桂借兵复国的算盘算是彻底落空了。他一生善于投机钻营，谁知算来算去，父亲被杀、爱妾被夺，上不能为君父报仇，下不能保家人性命，自己要活命还得看人脸色。

当时，北京城内外盛传吴三桂大将军已经夺回太子，将要拥戴太子回京登基。一批前明朝官吏准备了全套的皇家礼仪迎接，五月二日这天，他们出朝阳门五里前去迎接，结果烟尘起处，一片大军浩浩荡荡蜂拥而至，只是他们拥来的不是明朝皇太子，而是大清摄政王多尔衮。大清铁骑终于在大明皇家仪仗的迎接下，进入了北京城。随着多尔衮踏进朝阳门，中国历史进入了大清王朝的时代。

这样，以吴三桂献关降清为转折点，中国社会开始进入了一个新的时期。而吴三桂献关降清为清进据中原提供了极大的方便，吴三桂也因此得到了新主人的最高奖赏：山海关之战刚刚结束，摄政王多尔衮即于军中承制，给吴三桂晋爵为平西王。他请兵击败李自成，以为父亲和家人报仇，但他此举也暗合了亡明士大夫的共同愿望，并且又得到了南明政权的赏识：南京福王政权建立伊始，便将他遥封为蓟国公，还派专使北上，携银犒军。一时之间，吴三桂这样一个在政治旋涡中挣扎图存、反复投机之人，竟然被戴上了“纯忠极孝、报国复仇、裂土分藩”的“世间伟人”的桂冠，成了明清之际风靡一时的人物！

但这个时候，真正在左右天下的，无疑是大清摄政王多尔衮，在未来的岁月里，他带领八旗铁骑一举拿下了全中国，当时在中国社会与政治舞台上叱咤风云的所有人物，不是成为他的部下或棋子，就是灭在他的手里。在他手中，建立起了对这一片广大土地完整而有效的管理秩序。大明帝国许多遭人痛恨的人物，俨然变成了治国之能臣，如洪承畴，如著名阉党、大明帝国前大学士冯铨，甚至李自成的宰相牛金星之流。

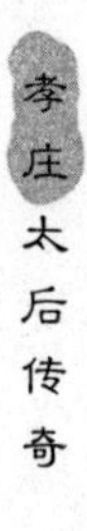

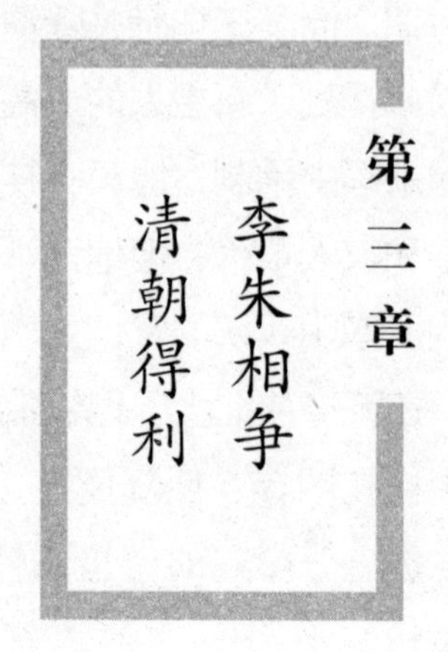

第三章 李朱相争 清朝得利

1644年五月二日，多尔衮率清军进入北京，乘辇入紫禁城武英殿升座，定鼎燕京。

这正应了当时的一段民谣：“朱家麦面李家磨，做得一个大馍馍，送给隔壁赵二哥。”这里的“朱家”是指明朝，“李家”是李自成大顺军，“赵二哥”是指清朝，这民谣说得可谓准确而深刻。

在这一系列的事件中，作为最后的赢家，而且是大赢特赢的赢家，多尔衮不愧为努尔哈赤和皇太极的继承者，不愧为强悍的女真民族的后起之秀，由于他善于审时度势、抓住机遇，可谓用最小的代价获取了最大的胜利！

清军入关时，沿途官民畏惧杀掠，“民多逃匿”。范文程扶病随征，建议多尔衮草檄宣谕：“义兵之来，为尔等复君父仇，非杀百姓也，今所诛者唯闯贼。官来归者复其官，民来归者复其业。师律素严，必不汝害。”其檄皆署范文程的官阶姓氏。这一宣谕相当有效，“民心遂安”，把本来是清与明、满与汉之间的民族矛盾，巧妙地转化为农民阶级和地主阶级的对抗，为入关拆除了民族樊篱。

明朝灭亡，李自成败逃，多尔衮乘胜占领了北京，接受北京汉人的拥戴，清朝迅速实现了多年以来入主中原的宏愿。从此之后的三百年，北京变成了清朝人驾驭天下的都城。

自掌权起不到一年，多尔衮便为清朝立下了两件大功：一是拥戴福临，巩固了新的统治秩序；二是山海关之战中运筹帷幄，击败了农民军，收复了吴三桂，占领了北京城，开启了清朝发展史上最辉煌的一页，清朝入主中原，也代表着其作为一个主要朝代，被载入华夏史册。清军占领北京之后，多尔衮实行了一系列稳定局面的良好措施，他下令严禁抢掠，停止剃发，并为明崇祯帝朱由检发丧，博得了北京一带汉人的好感。

多尔衮进入北京的两天后，即五月五日，他发布了第一份政治宣言，曰："天下者非一人之天下，军民者非一人之军民，有德者主之。我今居此，为你们明朝雪君父之仇，破釜沉舟，一贼不灭誓不返辙。"显然，这是一篇话里有话、伸缩余地很大的声明，似乎并没有入主全国的意思。

此后，他发表的一些文告和谈话也保持着这种姿态，一再声称"非有富天下之心，实为救中国之计"，甚至放出了可以考虑和南京弘光政权"南北分治"的空气。这种谈话，一方面可以理解成是多尔衮对全国特别是对南方广大地区心中无数，另一方面可以理解为一种稳扎稳打的政治策略。

此同时，他所做的一切，都是为入主中原而盘稳根基。他极为准确地抓住了那些最为敏感、最牵动人心的事项。有一件小事，颇能表现他的作风：进京后，曾经调派三千名蒙古八旗将士协助守城。这些以军纪败坏著称的大兵来到京城时，多尔衮命令他们把武器弓矢等全部包裹起来，运上城墙，以免惊吓百姓。

据说，多尔衮住进武英殿之后，见到明朝人士时，曾经彬彬有礼地表示："我们来作践佛地，实在是罪过。"这种做派和朝鲜王室评价多尔衮温和有礼颇为吻合。记载了这段故事的观察家是明朝官员，当时正在北京，他对大清并无好感，这样的记载或许是可信的。

多尔衮进北京时，有一个叫吴惟华的明朝侯爵首先出面迎接多尔衮，因此功劳，上朝时被排列在武将的首席。据说，战乱中，他收养了一些明朝勋旧子女。为了拍多尔衮的马屁，这厮从中选了二十个有姿色的女子，要敬献给多尔衮。多尔衮愀然色变，问那位侯爷："明朝勋旧，不就和你我一样吗？把你我的子女送给别人做婢女侍妾，你会怎么想？”然后一个不留，下令为这些女子找良家子弟嫁之。

崇祯皇帝死后，与周皇后的尸体一起被放在东华门外的施茶庵，允许明朝臣民前去祭奠。但很少有人这样做，后来被草草收葬。多尔衮进京后下令以礼葬之，并为其服丧三日。这种做法，对明朝遗民是个不小的安慰。就是在此前后，多尔衮以顺治皇帝的名义，册封吴三桂为平西王，并认为洪承畴是个“特别清廉的好官”，予以重用。同时，命令明朝原有官员，一律以原有官职恢复工作，和满洲官员一道开始办公，从而，使中央政府部门的国家机器迅速运转起来。

有一个名叫宋权的官员，颇能代表当时这些明朝遗留官员的心思。宋权字元平，号雨恭，又号梁园，河南商丘人，明天启五年进士，官至顺天巡抚，驻密云。崇祯皇帝死前，这位宋权当过三天顺天巡抚。也就是说，他只当了三天河北省长，李自成就进了北京，随后，他投降李自成，并被任命为顺天节度使。李自成败走西北时，此人立即计杀李自成将领黄锭等人，并将京畿地区的留守农民军一网打尽，然后迎接多尔衮进城。

睿亲王多尔衮率师入关，宋权率所部以降，多尔衮命他继续任巡抚之职。据说，这位几个月间做过“三姓家奴”的人物曾经说得非常坦率：“我是明朝的大臣，大明亡了我无所归属，谁能为大明报仇，谁就是我的主子。”无疑，这种情形肯定是多尔衮所欢迎的。

之后宋权开始全力为清廷效命，上书多尔衮说：“旧主御宇十有七年，宵衣旰食，声色玩好一无所嗜。不幸有君无臣，酿成大乱。幸逢圣主，歼乱复仇，祭葬以礼。倘蒙敕议庙号，以光万世，则仁至义尽，天下咸颂，四海可传檄而定。明朝军需浩繁，致有加派，有司假公济私，明征外有暗征，公派外有私派，民困已极。请照万历初年为正额，其余加增悉予蠲免。勤求上理，宜育贤才。臣所知者，如王永吉、方大猷、杨毓楫、朱继祚、叶廷桂等，均济时舟楫，唯上召而用之。”这篇上疏，也让他得到了多尔衮的嘉奖。

一、多尔衮赫赫大功，庄妃惴惴不得安

多尔衮在北京志得意满的时候，留在盛京的清朝臣民，也在为大清开国以来的最大胜利欢呼雀跃，沸腾不已。

多尔衮命人传去的一次次捷报，除了带来一次次欢庆之外，也给不少人带来一次次的不安，其中当以福临皇帝之母布木布泰为最。

多尔衮入居明朝大内武英殿，被京师人称作“九王”，以致关内人只知有九王，不知还有皇帝，这一系列消息从不同渠道传来时，疑虑更加深了，这时的布木布泰，还会相信她的情人？

联想到多尔衮出征前紧急征兵动员，男丁七十以下、十岁以上无不从军，朝鲜方面都惊异地报道说清朝前后兴师，从未有如此之大举。精兵强将、精壮男丁都被摄政王带去，留守盛京及各要地的，多属老弱病残。如果多尔衮有异心，那么首先会危及她的皇帝儿子，此时留守盛京的人马能有什么辙？还不是干瞪眼儿？

布木布泰的心里正不停想的是：多尔衮会不会有异心呢？

就在一年前，多尔衮本是诸王会议中提出的帝位继承人之一，除了其他原因之外，主要还是因为他的两白旗势力不敌，不得已而退让，如今呢？他手握重兵，有谁的实力能与他相比？他想要称帝，还不是轻而易举？

再说，中原繁荣昌盛，明朝宫室壮丽辉煌，皇宫深藏上万女子，皆天下绝色，哪个男人不喜欢富贵风流？身处明朝皇宫之中，就是铁石心肠也难自持，多尔衮难道就不动心？

于是布木布泰心里一直在打鼓，她除了害怕儿子的皇位受到威胁，除了害怕自己的尊贵地位丧失，还有一分害怕情人变心的苦闷。

以前多尔衮和布木布泰在一起的时间并不少，他们或许曾在一起海誓山盟，共度了许多甜蜜的时光。布木布泰曾经愿意相信多尔衮，但他和她一样，都具有政治家的头脑和素质，绝不会把情感放在高于政治权力的位置上。

关山阻隔，千里迢迢，颇有心机的布木布泰如何驾驭颇有心机的多尔衮？她想不出办法，于是又一次感到了危机降临到自己头上，却又只能听天由命。

到了农历六月，距多尔衮出征已经快两个月了，辅国公吞齐喀和固山额真何洛会由北京驰返盛京，将多尔衮之意禀奏两宫皇太后，以“燕京势踞形胜，乃自古兴王之地，皇上迁都于此以定天下”为词，要迎请顺治皇帝南下入关进京。布木布泰闻听此言，才终于放下心来，长出了一口气。

沈阳故宫

二、多尔衮定都北京，小皇帝移驾京师

从多尔衮来到北京后的所作所为来看，他还是对得起他的老情人布木布泰的，他清理了一切障碍，接下来就是请他的小侄子，大清顺治小皇帝福临，以及他的母亲、自己的情人前来北京城的皇宫中安居了。

从史书记载看，在清朝王公贝勒中，围绕是否迁都北京的问题曾经有过不小的争论。阿济格继承了女真人的野蛮嗜杀，所以以他为代表的一派主张，既然已经拿下了北京，就应该屠城，杀光北京人，杀他个痛快，然后留下人驻守，大军回沈阳，或者退守山海关，这样可以万无一失。

另一种意见则主张仿效宋金议和，实现南北分治，由清王朝占有原金朝版图，加上北方的辽阔领土，这也是女真人从未有过的大国了，而这也正是皇太极生前的理想。这是多尔衮来到北京后，降清的明朝臣子的意见。

还有第三种意见，就是迅速定迁都北京，然后发兵西进南下，及早统一全国。这种意见的积极鼓吹者，多为较早就投降清朝的明朝降臣。摄政王多尔衮选择了第三种意见，作出了定都北京，统一全国的决策，正是这一决策，把从努尔哈赤到皇太极奋斗了两代人的大业又推上了一个新的更加灿烂辉煌的高度！为达到这一目标，就一定要把国都移往北京。

多尔衮早已深受中原汉文化的影响，知得天下首先在于得民心，他为说服反对者迁都的阿济格等人，搬出了太宗皇太极，说太宗在世时曾经说过，拿下北京后就要迁都，然后再图统一天下。据说，兄弟两人为此吵得很凶，最终还是弟弟多尔衮拍板决定迁都，并派人回沈阳去恭请皇上与两宫皇太后裁夺。

布木布泰心中悬着的大石头终于落了地，不仅为了母子们得到保全，更为自己没有看错人托错人而庆幸，多尔衮的过人才略、蓬勃的进取精神以及他对母子们的一片忠诚，使布木布泰宽慰、欣喜又感激。她强自抑制着情绪，直到回到她的永福宫，才面对西南方，遥遥地轻声呼唤，让欢喜的热泪痛痛快快地流下来。

有关迁都的事，北京的老百姓更有另一种看法，当时，北京城里流言四起，人们传说七八月间将要东迁，除了儿童，所有人都要杀光。为平息谣言，多尔衮下令加快将辽沈地区的人民迁往北京，并从沈阳提取白银一百余万两及各种物资运送至北京。于是京都局势趋于稳定。

就这样，多尔衮剑履所及，在几个月时间里，干净利索地把北京乃至北方地区换成了另外一副模样。真个是“大河以北，传檄而定矣”。多尔衮这些功绩，在顺治元年开国大典上均得到表彰，不仅给他树碑立传，还赐他大量金银牲畜和衣物，并封他为叔父摄政王，确立了他不同于其他任何王公贵族的显赫地位。

1644 年，即大清顺治元年七月初八日，正好是福临在大政殿命多尔衮出征往定中原的整整三个月之后，小皇帝又兴高采烈地前往福陵和盛京太庙，以克定中原、迁都燕京，祭告列祖列宗。

八月二十日，顺治皇帝与两宫皇太后起驾，由辅政郑亲王济尔哈朗护驾，离开了盛京，向另一个更有魅力的帝都进发。

三、庄太后通州驻驾，有情人共度良宵

1644 年九月初，顺治皇帝驾过山海关；九月十二日，驾至永平府；九月十八日，驾抵通州，摄政王多尔衮率诸王、贝勒、贝子、公及文武群臣至通州迎驾。这里有一个很有意思的细节，后世人读之难免要产生一些遐想。按照礼部早已经安排好的时间表，皇帝和太后一行应该在顺治元年九月十七日到达北京。在通州只是迎入行殿短暂停留一下，更衣——皇帝大小便的委婉说法，然后便前往北京皇宫。但实际上，摄政王多尔衮率领百官迎接至通州城外五里处时，率百官进入行殿叩拜，完毕后退出，摄政王留下与皇帝、皇太后叙话。不久，百官接到命令，皇帝一行旅途劳顿，决定当夜驻跸通州，次日一早起驾进京（《清世祖实录》卷八）。有历史学家认为，就是在这一天，时年三十二岁的孝庄皇太后，开始以自己的柔情和身体来回报三十三岁的大英雄多尔衮。

第二天，也就是九月十九日午后，福临和其母亲庄妃等一众人从正阳门进入紫禁城。

从沈阳到北京，从一个新兴国家的都城，来到一个刚刚灭亡的国

家的都城，福临所看到的一切，应该足以令一个孩子眼花缭乱。

十月一日，多尔衮主持举行第二次登基大典，六岁的福临以定鼎燕京，来到南郊告祭天地，举行了盛大的登基典礼，即皇帝位于大内武英殿，仍用大清国号，顺治纪元。从此他成为君临整个中国的大清帝国皇帝。该大典除拜祭堂子——爱新觉罗家族神庙外，其余一切礼仪均按照大明朝皇帝登基的仪式进行。

北京故宫紫禁城鸟瞰

福临也是中国历史上少有的两次登基的皇帝，前一次登基是在沈阳，面对的是关东地区大清臣民；如今是在北京，面对的是全国人民。

十月初十日，顺治皇帝于皇极门颁发登基诏书，布告天下。全文共五十五款，对故明宗室勋臣、文武官员、进士举人、食廪生员、山林隐逸，乃至商贩车户等，在政策上作了种种优惠的规定，同时正式宣布废除明末三饷，并严禁各地官员侵渔扰害百姓。这实际上就是清政府的一篇极其完备的开国政策声明。其影响之巨大和深远，可以从后来一年中清朝统一战争的顺利发展中窥到。

此日，顺治皇帝加封多尔衮为叔父摄政王，正式给予他独秉大政的权位，赞扬他的功业超过周公，因他定鼎燕京、征伐中原功劳最高，特地为他建碑纪绩。

这当然不只是幼小的福临自己的认识，这里面更饱含着后宫之主庄妃对多尔衮的推重赞赏与感激之情，以及情人间的缠绵之爱。

之后，加封郑亲王为信义辅政叔王，恢复豫郡王多铎为豫亲王，恢复豪格的肃亲王爵位，加封武英郡王阿济格为英亲王，并大封了一大批宗室的有功者为郡王、贝勒、贝子、公等爵位。

晚明前清之际的改朝换代就这样大体完成。由此，多尔衮很自然地开始谋取天下之大一统。从这时开始，到顺治七年（1650）十二月多尔衮病死，福临从未满八岁到未满十四岁，大清帝国的实际权力掌握在摄政王多尔衮手中。福临的皇位来自多尔衮的推举，福临的天下也是多尔衮为他打下的。在此期间，大清朝的一切德举善政应该归功于多尔衮，这个王朝初期的暴行恶政也是在多尔衮的指挥下所施为的。

四、多尔衮剿抚并用，汉族人助定中原

多尔衮助清朝入关定都北京，虽然这是巨功一件，但当时天下的局势并不令他乐观。李自成兵败退入陕西山西一带后，原明朝降官降将纷纷脱离李自成的管辖，但极少有归顺清朝的，都是自立一派观望时局；而李自成更是不甘心轻易失去北京皇城，所以他积极准备反攻，坐镇平阳（今山西临汾）时，他分兵三路北伐；而另一支农民军在张献忠率领下已建大西国于成都，统一了全川，而多尔衮对此尚不了解。其他小规模的农民军则更是活动频繁，使京畿地区常常飞章告急。除此之外，残明势力已于五月中拥戴福王朱由崧为帝，定都于南京，改年号为弘光。

朱由崧为明神宗朱翊钧之孙，明熹宗朱由校、明思宗朱由检堂兄弟，福王朱常洵长子。1617 年，十岁的朱由崧被封为德昌郡王，后来又立为福王世子。本以为可以像他的父亲一样，锦衣玉食，无忧无

南明弘光时的钱币

虑终其一生。没想到天不遂人愿，明末李自成农民军攻陷洛阳，老福王朱常洵遇害。福王妃邹氏及世子由崧在大臣的护卫下逃出洛阳，从孟津过黄河避难于怀庆府（今河南沁阳市）。1644年，李自成攻占怀庆时，朱由崧又与潞王等一起逃到淮安。

李自成攻破北京后，崇祯帝自尽于煤山。这对大江南北的明朝诸臣来说，无疑是一个晴天霹雳。事已至此，原来形同陪衬的南京留都的政治作用就凸显出来。很显然，摆在留守诸臣面前的首要任务是拥立新君，组织政权。

拥立新君，最要紧的是血统亲近，福王、桂王、惠王成为不二人选。而由于福王在三藩中年龄最大，又加上没头苍蝇一样乱跑乱撞，流窜到南京附近（淮安），比起其他两个远在广西的藩王来，自然近水楼台先得月。然而事情并没有这么简单。江南士绅中部分东林党人从狭隘的一己私利出发，以福王昏庸为名，坚决反对。但内中隐情却要追溯到天启朝时，为反对老福王继统和老福王之母郑贵妃干政，东林党人已和福藩结下不解之仇。为防止朱由崧登位之后趁机报复。以东林领袖钱谦益为首，以立贤为名，大张旗鼓地推出了一个莫名其妙的继承人——潞王。

潞王血统偏远，自然缺乏继立的理由。但他的所谓贤名，却赢得了许多人的同情和支持。直至今天许多不明内情的人还以为憾事。其实，抛开潞王是否真贤不说，封建王朝的嫡长子继承制，自有其现实

考量。当时政治以内阁负责，即使皇帝昏庸，负责的臣下仍可以维持政治机构的正常运转。以局势而论，留都诸臣需要的只是一个形式上的精神领袖。而并不一定非要雄才大略的贤君不可。历史上司马睿能偏安东晋，他也只不过是一个懦弱无能的君主而已。关键在于臣下齐心协力，方能维持危局。现在以立贤为名抛开福王。明王朝散居各地，小有贤名及野心才具的龙子龙孙，大有人在。既然潞王可立，何人不可立？他们自然不可能要求进行全国范围内的普选，却总有大批的野心家趁机上下其手，借拥力争功。南明的局势势必将土崩瓦解，一发不可收拾了。

南京的拥立大会正开得热闹不堪之时，远在淮安的朱由崧却慌了神。作为三大热门候选人之一，却没有人来请他发表竞选演说、施政纲领。前来表忠心、搞投机的也寥寥无几。这一切都使朱由崧感到情况不妙。而实际上，史可法、马士英等南明重臣一开始就是把他们所挑选和准备拥立的皇帝看作土偶木像的。不论是谁为君，重要的是不会妨碍他们掌握手中的权力。从心底深处，曾经天威凛然的皇帝对这些重臣不过是一个象征、一个摆设。在史可法指出福王不可立的七大理由中，其一就是“干预有司”。是的，重臣忌讳的正是一个“干预有司”的皇帝。出乎所有人意料的是，在大家看来脑满肠肥、糊涂昏庸的朱由崧竟走出一着妙棋，一举击溃了南京城内自以为得计的衮衮诸公。

据《南渡录》记载：“时王（朱由崧）闻，惧不得立，书召南窜总兵高杰与黄得功、刘良佐协谋拥戴。刘泽清素狡，先附立潞议，至是以兵不敌，改计从杰等。”朱由崧竟懂得枪杆子里出政权的真理，直接向雄踞江北的三镇总兵求助。高杰、黄得功本来就是野心勃勃的流窜军阀，见有“定策拥立”的大买卖可做，真是无本而有万利的好机会。于是一拍即合，甩开他们的顶头上司——正与史可法密商的凤阳总督马士英，做起了定策元勋。

消息传到南京，所有人无不大惊失色。马士英老于官场，见自己部将窝里反，想来争也没用。连忙向朱由崧表白心迹，成为从龙文臣第一人。史可法一开始还蒙在鼓里，指手画脚地不服，又在写给马士英的信中痛骂朱由崧昏聩糊涂。没想到却成为落在别人手中的把柄。随即马士英便带领大军杀气腾腾地护送朱由崧来到南京浦口。大势已定，满心悔恨的史可法和东林党人也只好接受这个现实了。

朱由崧求助于三镇军阀拥立，对以后的局势变化产生了重大影响。最直接的作用是使他自己得偿心愿，顺利地登上了至尊的宝座。而间接影响，则是江北诸镇以“天子恩人”“从龙元勋”自居，南京从皇帝到重臣再无人可控制这支飞扬跋扈的军队。从此开了南明军阀勋镇势力尾大不掉的滥觞。

其实，高杰与黄得功、刘良佐等都是出自行伍的悍勇匹夫，其部下各怀心事，却不乏良将猛士。倘若朱由崧稍有他祖上太祖、成祖的权谋阅历，只要驾驭得当，完全可以在仰仗三镇拥立之时，施加手段影响，使三镇为己所用。可惜，朱由崧继承了乃父的心宽体胖，却没有继承乃祖的雄才大略。求助于三镇而得帝位，已算得上是他的超常发挥，想做皇帝心切，一开始就高开了价钱，自贬了身价。三镇也看清了这位“承天启运”之人乃是阿斗。从此对他的权威再也不屑一顾。

马士英等以拥戴有功，把持朝政，起用阉党余孽，贪赃枉法，与高弘图等东林余党针锋相对。

作为皇帝，弘光帝是十分昏庸腐朽的，只知吃喝玩乐，整日沉湎于酒色之中，不理朝政，弘光元年（1645）除夕，当清军南下之际，他却在群臣面前感叹“后宫寥落，且新春南都无新声”，下令广选美女。由于纵欲无度，还命人替他捉蛤蟆配制春药，南京的百姓叫他“蛤蟆天子”。

南明政治十分腐败，内讧不断发生，风雨飘摇的弘光小朝廷内，又闹起了一些宫廷疑案，如大悲案、太子案、童妃案等，更加速了其灭亡。而弘光帝身边全是些只会阿谀奉承的奸臣和宦官，如马士英、阮大铖等。他对清军的进攻根本不过问，尽管有史可法这些忠臣，但明朝复兴之势也难见。

虽然南明政治腐败，但它毕竟继承了明朝的衣钵，不可小视，李自成的农民军虽然已被战败，但完全有可能东山再起。在这种复杂的情况下，多尔衮的战略是：对农民军的主要力量坚决消灭，其中对地方小股起义、“土贼”则剿抚并用；而对南明政权则是“先礼后兵”。在此方针领导下，多尔衮先后派叶臣、石廷柱、巴哈纳、马国柱、吴惟华等率军进攻山西，十月攻陷太原，进而包围陕西。同时，多尔衮派出大量降清的明官对南明君臣招抚，并写信给南明阁臣史可法，提出“削号归藩，永绥福禄”。在南明派出左懋第使团来北京谈判过程中，他将其软禁起来，并不给予明确的答复。

在做好这些事的同时，多尔衮更不会放着军队不用，他迅速地命令清军占领河北、山东、河南、苏北一带，与史可法的军队沿河相持。在这种形势下，多尔衮认为全面进攻农民军和南明政权的时机已经成熟，便于十月先后命阿济格和多铎率军出征，向农民军和南明福王政权发起了战略总攻。

就当时双方实际力量对比而言，多尔衮过高地估计了自己的实力。由于他双管齐下，本来不多的兵力却分兵作战，兵分则势弱，容易被分别吃掉；况且此举很容易引起汉民族的同仇敌忾，使他们暂释前嫌，有可能携手作战。就在这年十月，大顺农民军两万余人进攻河南怀庆，获得大胜。败报传来，给多尔衮猛然敲了警钟。他立即令多铎暂停南下，由山东入河南，与北面的阿济格军对陕西形成前后夹击之势。

多尔衮的这一战略不愧为明智之举，这使清军得以在战略上改变两个拳头打两人的方针，而是集中优势兵力，对李自成军队重点击破。很快，多铎于十二月底破潼关，李自成只好放弃西安。这时农民军的兵力已所剩不多，于是多尔衮又下令由阿济格追击农民军余部，而让多铎率军南下攻打南明。至顺治二年（1645）二月，李自成农民军连战失利，五月十七日，李自成死于湖北通城县九宫山，其军队也基本随之瓦解。

多尔衮在派大军追剿李自成农民军的同时，他又运用了军事逼迫

闯王陵——李自成墓地

和招抚并用的手段，使山东、山西两省迅速归附，并立刻建立起两省的地方政权，负起守地治民、筹措粮饷的重任。有了这两省从东西两翼拱卫京师的有利态势，清朝统治者在军事上立住了脚。山东、山西的这种模式，成为后来清王朝统一战争中的定式：军队打到哪里，就把招抚使或总督、巡抚派到哪里，去立刻建立起地方政权。这是它在长期的激烈战事中，尽管处境险恶，却始终能立于不败之地的重要原因之一。李自成号称雄兵百万，转战千万里，被他的敌人骂为“流寇”，这个“流”字，正说着了他的弱点。多尔衮的强点却正是避免“流”，着力于“定”。这恐怕也是多尔衮最终打败李自成的一个政治素质上的优势。

五、扬州十日杀戮重，荒唐王爷平南明

在陕西击败李自成后，多尔衮命令阿济格继续征讨李自成，而令多铎率军回师向南打击南明政权。

多铎原有南下江南，征讨南明的使命。在配合阿济格完成攻破李自成的任务之后，便率军掉头南下，分兵三路，出虎牢关、出龙门关、出南阳府，不到半个月，就杀到了河南安徽交界处的归德；又十天，攻陷徐州、颍州、太和等处，兵锋所至，凌厉无前，很快就逼近到了长江边！

多铎这个人极具个性，在清初诸王中别具一格，属于历史上比较少见的那路奇人。他本是努尔哈赤最心爱的老儿子，自幼恃宠而骄是可想而知的。父死母生殉，给当时只有十一岁的他造成心理上的重大刺激，所以一直表现得性情乖张、行为荒唐，使继承汗位的皇太极大伤脑筋。

多铎本有荒唐王爷之称，多尔衮也曾治过他，他受命随摄政王出师南定中原的前一个月，还曾因游猎于山林禁地而被议罪。但在这时，他突然摇身一变，成了一位杰出的将帅之才，应该说是形势的突变，给他建功立业提供了千载难逢的良机，使他成为开国诸王中战功最著名的一个。所谓十年不鸣，一鸣惊人；十年不飞，一飞冲天！多铎就以这样的雄姿，驰骋在中原大地，席卷了整个江南！

在多铎身上具备了父兄的所有特点。当顺治二年（1645）四月里，他挥师南下，强渡淮河，势如迅雷猛电，只用了十二天时间，就兵临扬州城下。扬州历来是中国最为繁华的城市，“腰缠十万贯，骑鹤下扬州”是中国人的人生乐趣或目标之一，这是一座很早就拥有了百万人口的美丽都市。

围城七日后，多铎数次派人招降明军统帅史可法，均遭拒绝。四月二十五日，他下令用红衣大炮攻城，摧毁了城内军民的顽强抵抗，俘获史可法，多铎再次劝降遭拒后，便斩史可法、下屠城令。有记载说，连续十天的屠城后，这座城市里剩下的人口大约不超过千人，无数汉人百姓死于清军屠刀之下。这就是历史上有名的“扬州十日”，是清军入关后的极大罪恶之一。

在向南方进军、定鼎中原的过程中，多铎及其指挥下的八旗军队犯下了累累令人发指的罪行，对比努尔哈赤进入辽沈地区后大杀汉人的历史，可以看到，在镇压反抗的时候，多铎和他的父亲一样，凶暴野蛮，带有浓重的原始嗜杀之兽性。“扬州十日”之外，还有嘉定三屠、江阴保卫战之后的屠城、湖南湘潭争夺战之后的屠城等。前三次屠城，发生在顺治二年，大体上是由豫亲王多铎等人所主导。这三座江南名城，数百年的繁华，都被多铎的清兵砍杀殆尽。

多铎此举，多尔衮并未谴责，甚至应该是赞成的，因为他也是女真人，血液中还留有其嗜杀的野性，所以他只对多铎取得的一连串的胜利喜出望外，对其大加封赏。

血洗扬州后，多铎挟着“杀人恶魔”的恐怖威焰，乘势渡过长江，五月初八日占领镇江，南明的武装力量尽都投靠清朝，二十三万守卫南京的军队也很快放下武器，他没有受到任何阻挡。五月十四日，多铎的前锋抵达南京城下；五月十五日，多铎率大军开进南京城，朱由崧被俘，宣告南明弘光小朝廷的覆灭，清军很快尽得江南之地。

清代火炮

南明失败的速度之快，让人为之大跌眼镜又扼腕叹息，由于自上而下的腐败，清军南下之时，基本没有遇到像样的抵抗，便连续破徐州，渡淮河，兵临扬州城下。

三月，宁南侯左良玉称奉太子密诏，入诛奸臣马士英以“清君侧”。马士英（约1591—1646），字瑶草，贵州贵阳人，万历四十四年，与怀宁阮大铖同中会试。又三年，士英授南京户部主事。天启时，迁郎中，历知严州、河南、大同三府。崇祯三年，迁山西阳和道副使。五年，擢右佥都御史，巡抚宣府。到官甫一月，檄取公帑数千金，馈遗朝贵，为镇守太监王坤所发，坐遣戍。然而此乃官场惯例，故而当时颇有东林复社集团之人上书称此为阉党构陷。

阮大铖与张溥交情颇好，崇祯时动用了自己与冯铨的关系，和张溥一起为周延儒复起而奔走，周延儒复出后，阮大铖要求他举荐自己，但周延儒迫于和东林——复社一脉有君子协议，不敢起用“逆案”中人，于是和阮大铖协商，最后阮提出起用好友马士英，于是马士英才被起用。

马士英被起用时，尚在戍籍，也就是说他还是个戴罪流放者，当时茫然不知这任命是怎么回事，至事后才知此乃阮大铖所为，故对阮感激涕零。而他与张溥的关系就此而起，也因此在张溥死后，为了替其经营后事而一月奔波千里。

马士英拥立福王朱由崧于南京成立了第一个南明政权后，任东阁大学士兼都察院右都御史，仍督凤阳等处军务，并起用阮大铖，与东林党人和依附东林的前齐党高弘图等多有争执。部分东林党人于是结交明军将领左良玉，发动“清君侧”。而马士英等也以内战为优先考虑，与左良玉大战。

左良玉，字昆山，今山东临清人。幼时父母双亡，由其叔抚养，他身材高大魁梧，力大过人，乡邻都称之为“红脸大汉”。虽未曾上学，但聪颖过人，自幼习学武艺，尤善弓射，娴熟左右开弓。从军后更有用武之地，加上他多智多谋，很快晋升为辽东车右营都司，后在镇压农民起义军的战争中，不断扩大部队，升为大帅，日益骄横跋扈，拥兵自重。

明崇祯元年（1628），宁远兵变时被撤职，后又复官至游击，在隶属昌平督治侍郎侯恂部下时，由侯恂推荐为副将。后因陕西、河南、河北一带的农民起义军风起云涌，明王朝调兵遣将镇压农民起义，左良玉被调往镇压农民运动的前线。在陕西、河北、河南三省交界处屡次交战中各有胜负，督军杨嗣昌荐左良玉有大将之才，遂拜“平贼”将军。

明崇祯九年（1636）左良玉与张献忠、李自成、高迎祥领导的农民军在河南偃师一带交锋中胜少败多，巡抚杨绳武弹劾左良玉兵强而败，属“避贼”所致，责令其戴罪自赎。

明崇祯十年（1637）安庆告急，左良玉当时正在南阳与农民军作战，河南监军太监力促左良玉入山“围剿”农民军，左良玉拥兵不动，崇祯遂派熊文灿至安庆，请左良玉至安庆。可左良玉对熊文灿漠然置之，擅去郧县攻打张献忠。

崇祯十一年（1638），追击张献忠，挥刀击之，献忠面流血。叛军因此陷入低潮。崇祯十二年（1639）五月，张献忠复叛，一路势如破竹，占领谷城县城与房县。熊文灿令左良玉、罗岱率兵进剿，从襄阳起程，途中缺粮，士兵沿途采摘山中野桃、枣子为食，七月二十五日至房县。张献忠、罗汝才在播箕寨两山之间设下埋伏，诱敌深入，良玉中计，官军大败，罗岱被杀，左良玉拼命突围，士卒死者一万多人，脱困士兵不到千人。据此，以“轻进”致败而贬三秩。

明崇祯十三年（1640），督军杨嗣昌荐左良玉有“大将之才，兵亦可用”，拜为“平贼”将军后，在川陕交界的平利一带与张献忠遭遇，农民军受挫严重，献忠妻妾被捕，十六个农民军首要人物被害，左良玉因此加“太子少保”。

杨嗣昌虽拜左良玉为“平贼”将军，但总觉得此人傲不可用。除督师约束左良玉外，又暗许贺人龙指日可取代左良玉之职，就在贺人龙跃跃欲试急于取代左良玉的时候，左良玉在玛瑙山与农民军交锋中，胜农民军，杨嗣昌对贺人龙说：任命之事后议。贺人龙因此怀恨在心。并将此事告诉左良玉。左良玉怀恨在心，就在川陕一战中，杨嗣昌命令左良玉堵截农民军，左良玉袖手旁观，杨嗣昌九檄左良玉，左良玉仍置之不理。由于左良玉观战不至，张献忠从容出川攻打襄阳，农民军大胜，杨嗣昌一气之下汤水不进而亡。崇祯十四年（1641）又将左良玉削职戴罪立功自赎。

明崇祯十五年（1642），侯恂为督师发帑五十万两犒赏左良玉所属部下，左良玉与李自成会战于朱仙镇，左良玉大败，损失惨重，退至襄阳。开封再战，左良玉不敢前去迎战。李自成遂攻打襄阳，左良玉渐病，撤兵至武昌，左良玉向楚王要兵员、要粮饷，均没得到补给，遂掠夺武昌包括漕粮盐舶。到九江后拥兵二十万观望自保。后张献忠克武昌，朝廷严令出兵，才出战大败立足未稳的张献忠，收复汉阳。待张献忠入蜀后，出兵收复武昌。

左良玉品质恶劣，治军极差，军纪极为涣散，据《三垣笔记·下·弘光》中说：左良玉的兵一半要算强盗，甚是淫污狠毒。每入百姓家勒索，用木板将人夹住，小火烧之；胖人能流油一地。他们抢掠来妇女，公然在大街上奸淫。将她们拉到船上抢走时，有人望着岸上的丈夫或父亲哭泣，立刻被这些兵砍下脑袋。

崇祯十七年（1644），三月封宁南伯，北京城破，崇祯自缢亡，左良玉尽出己掳掠所藏金银财物二三万两，散给诸将，才稳住军心。南明福王立，左良玉被晋升为宁南侯。当时左良玉拥兵八十万，号称百万军，成为南明重要屏蔽。

因为经常败给农民军，左良玉早已经成为勇于虐民、怯于大战大军阀，他不敢同大顺军主力作战，顺江东窜后。听说马士英、阮大铖的掌权在官绅中引起强烈不满，觉得这是给自己提供了避战东下的借口。于是在三月二十三日，左良玉伪称奉先帝太子密谕前往南京救护，以讨伐马士英为名，全军乘船顺江东下。临行之时，下令把武昌居民屠戮一空。

四月初一日，左良玉兵至九江，邀江督袁继咸到舟中相见。左良玉从衣袖中取出“皇太子”密谕，“设坛刑牲，与诸将歃盟。武人不知春秋大义，一时欣然附和”，逼勒袁继咸一同前往南京“清君侧，救太子”。

但袁继咸认为“皇太子”真伪未定，密谕“不知何人传来”，正言厉色道："先帝之旧德不可忘，今上之新恩不可负"，并且向诸将下拜，请求他们"爱惜百姓"。左良玉回答道："谋陷太子，臣下所为，与今上无干。若爱惜百姓，大家本心，先生何必过虑?"随即拿出"誓文、檄文"给袁继咸看了一遍。

袁继咸回城后，命部将坚守九江，不准左兵进城。不料部将张世勋已经同左部将领私下勾结，夜间纵火焚烧全城，顿时大乱起来，袁部诸将不能存身，劈门而出，同左军合营；左良玉部兵乘势入城杀掳淫掠。

袁继咸于绝望当中准备一死了之，左良玉派部将张应元把他掳入舟中，袁继咸一再投水自尽，都被救起。左良玉竭力向他表达自己并没有推翻弘光帝的意思，要袁继咸一道东下"调护兵将"；监军李犹龙也再三劝说徒死无益，不如见机行事。袁继咸无可奈何，只好同左良玉及其麾下诸将约定严禁烧杀抢掠。

正当左军由九江准备东下时，四月初四日左良玉突然病死，他死后，部下诸将推其子左梦庚为留后，把袁继咸拘禁在船中，继续引兵东下，先后占领彭泽、东流、建德、安庆，兵锋直逼太平府。

弘光朝廷接到左良玉叛变率师东下的报告，大为恐慌。马士英决定由兵部尚书阮大铖会同靖南侯黄得功、广昌伯刘良佐以及池口总兵方国安等人组织堵剿。黄得功的军队被调到长江以南的太平府，刘良佐军部署于对岸江北。江北四镇的大部分军队都被调去迎击左军，江淮防线一时陷入空虚。

在清军南侵，左良玉又顺江内犯的形势下，弘光帝曾经召对群臣，商讨对策。刑部侍郎姚思孝、御史乔可聘、成友谦说："左良玉稍缓，北尤急，乞无撤江北兵马，固守淮、扬，控扼颍、寿。"弘光帝虽荒淫昏庸，却又讲出一句明白话："左良玉应该不是真想反叛，还是以兵坚守淮扬抵挡清兵。"

马士英闻言大怒，怒目对弘光帝喝道："北兵（清军）至，犹可议和。左良玉至，我君臣死无葬身之地。宁可君臣同死于清，不可死于左良玉手。"当时有人抗言："淮扬最急，应亟防御。"马士英命令

"有议守淮者斩"，朝议之后，竟诏史可法尽撤江防之兵以防左良玉。于是明军皆从江淮沿线回撤，死保南京不被左军攻破，却任由清军纵横直前。

时清军迅速南下，连续破徐州，渡淮河，兵临扬州城下。清军攻打重镇扬州，史可法率城中百姓抵御清军，清军围困百日，损失惨重。史可法急忙向朝廷求援，弘光帝却没理他，最终因寡不敌众，扬州沦陷，史可法被杀，清军对扬州进行十天血腥的大屠杀，史称"扬州十日"。

史可法，字宪之，又字道邻，汉族，明末政治家，军事统帅，祥符人（今河南开封），祖籍顺天府大兴县（今北京），东汉溧阳侯史崇第四十九世裔孙，其师为左光斗。

史可法是崇祯元年（1628）进士、东林党人，授西安府推官。历任户部员外郎，郎中。崇祯八年（1635），随卢象升镇压各地农民起义。崇祯十年（1637），被张国维推荐升任都御史，巡抚安庆，庐州，太平，池州及河南江西湖广部分府县。崇祯十四年（1641）总督漕运，崇祯十六年（1643）七月拜南京兵部尚书，参赞机务。崇祯十七年三月李自成攻占北京，弘光政权建立后，拜礼部尚书兼东阁大学士，时称"史阁部"。时议设刘泽清、刘良佐、高杰、黄得功江北四镇，以史可法为兵部尚书，督师扬州。

明朝此时处在清、顺两方面压力之下，史可法为首的诸臣，主要采取的策略是"联虏平寇"。希望能够借助清军的力量，首先剿灭李自成势力，再谋求后续打算。然而南明朝中却不能同仇敌忾，反而仍旧党争不断，文、武官员之间互相钩心斗角、争权夺利。东林党人与马士英、阮大铖之间的矛盾，以及姜曰广、高弘图、刘宗周等人的辞官，说明了明朝廷的无法齐心向外，也因此种下弘光朝败亡的祸根。

其实史可法还算是个有才能的人，南明朝廷也确实很想重用他。当福王刚刚在南京监国时，史可法确实被拜为首辅，但是由于马士英觉得自己拥立有功，却没被封首辅之位，于是煽动南京附近的军队哗

史可法像

变，逼迫福王即位封臣时将自己改封首辅，而史可法只落得个东阁大学士之职。而福王不重用史可法的另一原因，则是其父老福王乃万历之子，当时万历宠幸郑贵妃，欲改立老福王为太子，是东林党人全力阻挠此事才没能成功。现在的南京城中，东林党人以史可法地位最高，福王自然不会忘了这个缘故，因而有意疏远他。种种原因导致了史可法的不得志。

史可法后被马士英等人排挤，失势之后自请督师江北，前往扬州统筹刘泽清、刘良佐、高杰、黄得功等江北四镇军务机宜。然而，四镇因定策之功而飞扬跋扈，各据地自雄，史可法与朝廷皆无力管束。四镇尾大不掉、各自为政，致使明军非但无力进取，连抵抗清军南下皆不得要领。

弘光元年（1645）正月，河南总兵许定国私通清朝，巡按陈潜夫和参政分巡睢阳道袁枢请四镇之一的高杰北上。弘光元年正月十二日夜，高杰在睢州被许定国害死，清军乘机南下。史可法闻讯长叹："中原事不可图矣!"

弘光元年（1645）四月，左良玉率数十万兵力，由武汉举兵东下，要清君侧，"除马阮"，马士英竟命史可法尽撤江防之兵以防左良玉。史可法只得兼程入援，抵燕子矶，以致淮防空虚。左良玉为黄得功所败，呕血而死，全军投降清朝；史可法奉命北返，此时盱眙降清，泗州城陷。史可法遂至扬州，继续抵抗清军的进攻。

当年五月十日，多铎兵围扬州，史可法传檄诸镇发兵援救，刘泽清北遁淮安，仅刘肇基等少数兵至，防守见绌。此时多尔衮劝降，史可法致《复多尔衮书》拒绝投降。《复多尔衮书》："今逆贼未服天诛，谍知卷上西秦，方图报复。此不独本朝不共戴天之恨，抑亦贵国除恶未尽之忧。伏乞坚同仇之谊，全始终之德；合师进讨，问罪秦中；共枭逆贼之头，以泄敷天之愤。则贵国义闻，昭耀千秋，本朝图报，唯力是视。"不卑不亢，流传万世。副将史德威追随史可法有年，可法收德威为义子，托以后事；二十四日清军以红衣大炮攻城。入夜扬州城破，史可法自刎，被众将拦住。众人拥下城楼，大呼曰："我史督师也!"多铎劝降，可法表示："城亡与亡，我意已决，即碎尸万段，甘之如饴，但扬城百万生灵不可杀戮!"后壮烈就义于南城楼上，时年仅四十四岁。

扬州失守，史可法殉难的消息传到南京，正在与爱妃饮酒作乐的弘光帝朱由崧方寸大乱，顾不上通知其他人，就与马士英和少数宦官仓皇出逃，和他的爱妃一路辗转来到芜湖。芜湖守将正是拥立有功的江北四镇之一——黄得功，他尚对京城变故一无所知。当知道南明天子弃都而来时，内心不胜感慨，但仍然决定以死报国，对这位昏君效忠到底。

五月十五日，南明大臣赵之龙、王铎、钱谦益等献南京城投降。由于事先将招降安民告示遍挂通衢，也由于扬州屠城的威胁所致，多铎进入南京时，南明的大批官僚，冒着滂沱大雨跪在道边迎降。次日，南明的文武各官，争趋朝贺，相当于今天的名片的职名红帖堆了十数堆，每堆高达五尺。

五月二十八日，在尾随而来的满洲重兵压迫下，黄得功部将田雄、马得功策谋降清。在猝不及防的情况下，黄得功被暗箭射中，随即自刎而死。弘光帝则被田雄活捉，献给清军邀功，解至北京，弘光政权覆灭。

据郑达《野史无文》记载：当时田雄背着朱由崧，马得功在后面紧紧抱着朱由崧的双脚，生怕这个活宝贝飞掉，朱由崧痛哭流涕地哀求两人，却毫无效果，于是恨得咬住田雄的脖子，血流满衣。当时朱由崧的痛悔愤恨之情，可见一斑。

但亡国之君，总是难逃一死。次年五月，这位南明天子，就在北京被加以谋为不轨的罪名凌迟处死，年仅四十岁。死后谥号“处天承道诚敬英哲缵文备武宣仁度孝简皇帝”，庙号安宗。

多铎在消灭南明政权的过程中曾犯下滔天罪行，扬州十日仅是一例，不过他虽然嗜杀成性，但也有开明之时，不知是不是受到了汉官的教导，或者受到多尔衮的指示，他在占领南京后，却又如皇太极一样实行了一系列开明的政策：他亲自去拜谒了明孝陵（朱元璋墓），对被弘光帝囚禁的所谓崇祯“太子”，奉若上宾。他命南明大小官员每日照旧入内办事，一概予以留用。他下令建史可法祠，优恤其家属，以示崇敬。他下令将八名抢劫百姓的八旗兵斩首。另外还郑重出告示于各城门，说：“剃头一事，本国相沿成俗，今大兵所到，剃武不剃文，剃兵不剃民。尔等毋得不遵法度，自行剃之。前有无耻官员，先剃头来见，本国已经唾骂。特示。”

这些举措很好地安定了民心，也颇得士心。也由于江南百姓饱受南明暴政之苦，对新统治者存有希望和幻想，使得多铎的大军从南京到杭州，一路长驱直入，节节胜利，兵锋所向，如摧枯拉朽。许多地方，可说是传檄而定，杭州的明潞王、绍兴的明淮王都投降了清朝。清军轻而易举地占领了全国最富庶的江浙全境。

七日，摄政王多尔衮以大兵日久劳苦，命多罗贝勒勒克德浑及洪承畴前往替代驻守江南。十月十五日，多铎班师还京。顺治皇帝亲率诸王贝勒、文武群臣到南郊迎接，并赐金五千两、银五万两，又加封多铎为和硕德豫亲王。

六、以汉治汉成效大，知人善任评价高

总体来看，多尔衮还是个极聪明的人，其聪明之处不在于他自身有多大能耐，而在于他能听从汉人大臣的好建议，由于他的这一品性，一批有学问有远见的汉人官员充分发挥了自己的才能，如范文程、洪承畴、宁完我等，帮助多尔衮迅速安定了人心沸腾的不安社会局面。

在进行统一战争的同时，多尔衮也开动了整个国家机器，力图使其正常运转。在政治体制上，他无法完全采用在关外时期的一套来治理如今这样庞大的国家，而是接受了明朝的现成制度，并且任用所有北京的叛将降臣，因而大部分时间管理得十分得心应手。

在中央机构中，多尔衮仍以六部为最重要的国家权力机关，尚书皆由满人担任，但王贝勒亲理部事的制度却在入关前夕废除掉了。到顺治五年，多尔衮于六部实行满汉分任制度，命陈名夏、谢启光等六汉人侍郎任汉尚书，但其地位要低于满尚书，金之俊对此曾表示不胜感慨，更不胜恐惧。多尔衮力图表现得比较开明，因此除原有的都察院之外，六科十三道也保留了下来，并一再鼓励官员犯颜直谏，以纠正错误。

总的来说，中央机构虽承明制，但也保留了某些满族特有的制度。除满官权重这一点外，还引进了议政王大臣会议、理藩院等机构，其内院的权力比起明代的内阁要小得多，并对原明臣试图增大内院权力的努力加以压抑。

清初地方机构不同于中央，由于急需用人，所以清朝普遍任用了降清的汉官。如多铎克南京后，把南下途中招降的明将吏三百七十二

人分别任命各级职务。洪承畴总督江南军务后，也一次推荐旧官一百四十九名，这些都得到多尔衮的批准。

于是在多尔衮的麾下，聚集了大明朝遗留下来的庞大官僚队伍。这些人，在崇祯皇帝甚至更早的时代曾经分属各个不同派系，互相之间掐得不可开交，彼此恨不得一口就咬死对方，令崇祯皇帝牙根痒痒，恨不得把他们一个个全数咬死。如今，在多尔衮这儿，他们争先恐后地表现着自己，仿佛个个从来都是忠诚且能干的好官，其变化之大，会让熟悉他们的人们错以为见到了一个不认识的新人。他们彼此之间似乎也很少再有那些乱七八糟的党派之争了，在三十二岁的摄政王面前，大家都像听话的奴隶一样。

多尔衮之所以能迅速管理好偌大一个中国，很大原因就在于他能听从汉人的建议，把明朝遗留下来的国家机器全盘继承下来，这无疑是为适应清朝以少数民族入主中原而施行的明智之举，但急于补缺，宽于任人，难免把明皇朝的弊习带到新皇朝来。

对于吏治，可以说多尔衮是进行了大力整饬的。多尔衮曾谕令官民周知，严禁行贿营私。命令中说：明朝之覆亡，皆由于贿赂公行，有钱财者不是个东西也能升官，不拿钱的虽然贤明也无用武之地。乱政坏国，罪莫大于此。因此，一经抓住，一定杀头示众（当时的汉官认为：“摄政王新政比明朝好多了。蠲免钱粮，严禁贿赂，皆是服人心处。”）。

但因为多尔衮基本全盘接受了明朝的官员和制度，所以明代吏治之弊也遗留入清，他曾批示：“衙役害民，从来积弊。如果有巨奸，即加重治，严禁重蹈明朝故辙。”如，有人发现吏部中有四名小吏，为害甚多，他批示道：“三法司严审追拟，毋得徇纵。”府、州、县守一级，贪劣者亦不乏其人。如牛金星之子牛铨，降清后任黄州知府，他在任上贪污受贿，被人举劾。多尔衮批道：“牛铨着革了职，并本内有名人员，该督抚按提问具奏，该部知道。”最贪酷的大员当属福建巡按周世科，其为非作歹，令人发指。被人参劾之后，多尔衮批示革职，并令督抚按审问定罪，最后将其就地斩首。

总体来看，这一时期多尔衮在用人问题上表现得相当高明，使得帝国新官场呈现出了一派奇异的景象。他曾经说过："凡我欣赏的人，花万金请他出山我都不心疼。"此外，他还十分重视各级官员严格考核。顺治七年正月，大计全国官员，对没有通过考核的816名官员分别加以革职、降调、致仕。

除整顿旧官之外，多尔衮还注意选用新人。他自称："别的聪明我不能，这知人一事，我也颇用功夫。"所以自入北京伊始，便多次下诏各地征聘汉臣士人。难得的是，在顺治元年十月的登基诏书中，他还规定了重开科举的制度，并于顺治三年、四年、六年举行了三次会试，共取进士一千一百人。

清代皇帝举行殿试的地方

光在首科之中，就出了四位大学士、八位尚书、十五位侍郎、三位督抚，还有都察院副都御史、通政司使、大理寺卿、内院学士等六位高官，如傅以渐、魏裔介、魏象枢、李霨、冯溥等均出自是科。其余人员也都充实到中央和地方的各级机构中，成为新朝统治的骨干力量。

七、社会经济大发展，民族团结外交好

由于明末清初动乱不安，社会经济十分凋敝，而要想使社会安定，非恢复和发展经济不可。所以在经济政策上，多尔衮采取的措施简洁有力。当时，有人建议他按照明末的标准继续征收赋税。范文程坚决反对，认为按照万历年间的水平征收，已经害怕摧残百姓了，哪里可以按照崇祯多次加派过的标准征收。多尔衮立即表态，支持范文程，同意按照万历年间的标准征收赋税，将所有加派的苛捐杂税全部取消，百姓积欠的税款全部豁免。并下令，若有巧立各种附加税名目加收加派的，一律按照贪赃枉法处理。史书记载说，由是，“赋税负担一年减轻了数百万两白银，百姓的痛苦得以缓解”。

清军入关之时，投降的明朝官员宋权便提出应“尽裁加派弊政以苏民生”。多尔衮便批示道：“征输须循旧额，加派弊政速宜停止。”十天后便发布“大清国摄政王令旨”，向全国人民宣布取消明末加派。

但从主观上说，清政府按万历年间则例征派赋税，免除了天启、崇祯时期的加派，而万历末年加派之辽饷共五百二十万两照征如故；从客观上说，由于连年战争，经济支出庞大，所以一些“杂费”的征派逐年增加。百姓一听说开征便想方设法逃避。赋税征收不上来，无法支付军费，战争却始终不得结束，形成恶性循环。对这个问题，多尔衮费尽了心机，他在会试中两次以此为题，征求贡士们的意见，又两次召开中央各部门的联席会，讨论能否在不加派的前提下增加收入，减少不必要的支出。但由于满人执政能力低下，所以效果甚微。

在处理在民族关系和对外政策方面，多尔衮因为听取了一些汉族大臣的意见，其措施取得了一定的成功。因为历史的原因，多尔衮对蒙古族相待甚好，漠南蒙古、科尔沁、扎鲁特、鄂尔多斯、土默特、苏尼特、翁牛特、喀喇沁等诸部曾入关协助清军作战，多尔衮对他们优劳有加，封赏甚丰，后来双方的封贡往还长期不断。此外，双方首

脑人物也时有来往，如科尔沁部卓礼克图亲王吴克善、郡王满朱习礼等贵戚前来，多尔衮等亲自迎送宴请。多尔衮因事出塞，也常与各部落王公贵族相会，从而不断加深双方的感情。

顺治二年四月，皇太极第八女下嫁科尔沁部巴雅思护朗。同年十月和四年十二月，皇太极之二女及十一女先后下嫁阿布鼐和噶尔玛索讷木。四年八月，多尔衮自己也纳阿霸垓部落笃思噶尔济农之女为妃。这些都是传统的联姻政策的体现。多尔衮正是通过这种手段，维持了北方的稳定。正如后来魏源所感叹的："世祖当草创初，冲龄践祚，中外帖然，系蒙古外戚扈戴之力。"多尔衮对漠北蒙古人似乎不太热情，该部蒙古对清廷也不怎么买账，喀尔喀部札萨克图汗曾将满人称为"红缨蒙古"，与清廷尔我相称。

顺治三年初，苏尼特部落的腾机思等人叛清投奔漠北之喀尔喀车臣汗，因此多尔衮命多铎率军平叛，并直接与土谢图汗和车臣汗发生了冲突。事件平息之后，双方经过书信往还和使者谈判，土谢图、车臣、札萨克图三汗先后遣使谢罪，表示和解。但此三部真正向心于清政府，还是在四十年后他们在噶尔丹的威胁下迁入内蒙古的时候。另外，多尔衮与漠西蒙古也开始往来。清兵入关后，准噶尔下属的许多部落纷纷前来朝贡，巴图尔珲台吉也与清廷建立了联系，厄鲁特下属一些部落还曾帮助多尔衮镇压甘肃等地的人民起义。尽管这样，多尔衮对漠北、漠西蒙古人尚怀有戒心。

西藏和回疆也早与清廷建立了联系。统治西藏的和硕特顾实汗和达赖五世、班禅四世在顺治二三年间上表入贡，多尔衮也遣使携礼物去慰问。顺治五年，多尔衮又派人敦请达赖喇嘛进京，加强双方的关系。对已经不占统治地位的西藏帕木竹巴家族的后代首领，多尔衮也没有轻视，亦赐号锡诰。

此时吐鲁番首领也遣使入贡，多尔衮也表示欢迎，并同意对他们重新封爵。这样，在多尔衮摄政时期，清廷已与西藏和新疆的地方政权及宗教政权建立或是恢复了联系，为康熙、雍正、乾隆时期进一步确立在这些地区的统治奠定了基础。

清初与朝鲜的往来比较频繁。多尔衮入关之时，带着入质世子在军中，顺治二年又同意入质世子等回国。但是，他也曾多次令朝鲜贡米、水果等物，并令朝鲜为他选美女，搞得朝鲜王国人心惶惶。日本一直对清抱敌视态度，当时的德川幕府似乎有意支持南明。但在顺治元年发生的漂倭事件中，多尔衮却对那些日本人十分优待，又多次召见他们，“恳切地问话”，并在第二年送他们回国，向日本表示了友善的态度。

西方传教士自明末以来就进入中国，但多尔衮并未以狭隘的民族偏见对待他们，这从他优待和信任汤若望的行动中可以明显看出。但对葡萄牙人入广东贸易的要求仍加以拒绝，这表现出多尔衮对少数为自己服务的外国人十分优宠，政策开明，而对有可能威胁清朝安全的较大规模双边交往则持保守态度。后来，其侄孙玄烨也采取类似的态度，不能不说受到多尔衮的一定影响。

八、剃发令出战端起，三大恶政造祸多

从清军入关后，短短的一年多时间内，打垮了李自成数十万大军，推翻了腐朽的南明政权，统一了整个北方和江南地区，进展神速如霆击飙举，战功显赫令人心惊目眩，在中国历代统一战争中可谓罕有其匹！

这些成果的取得，与摄政王多尔衮的善于审时度势、博采众议，能在关键时刻作出明智果断的决策，有很大关系。所以对清王朝能定鼎中原而言，多尔衮居功至伟。

可惜这位具有杰出政治和军事才能的摄政王多尔衮被胜利冲昏了头脑，入关的巨大成果使他以为天下就此平定，江山已归一统，汉人真是不堪一击。于是他错误地估计了形势，竟在胜利之际，不听任何劝阻，悍然发布了剃发令！

多尔衮出身女真族，从小受族内风俗影响，就想让汉人也学他们的风俗，他见汉人都不剃发，越看越不顺眼，就想让汉人也剃，并将

其作为服从的标志，顺治二年五月底，他对大学士们表示要重行剃发之制，六月初，他正式向全国发布剃发令。

清代人剃发时的情景

这本来是由他因认识到不顺民情而自责、下令停止推行的法令，此时却又由他用“留头不留发，留发不留头”的严酷形式布告天下：凡“不随本朝制度剃发易衣冠者，杀无赦”！

此举是多尔衮少有的昏招之一，这一措施好像是一根导火索，一下点燃了各地的抗清烽火。

剃发令涉及了每位汉族人的尊严，所以此举关系着长城内外、大河上下整个汉民族的每个男人、每个家庭！极大地激化了民族矛盾，使各阶级各阶层的汉族人民纷纷起来抗争，其愤怒的情绪，如火山爆发，正如一首诗写道：“满洲衣帽满洲头，满面威风满面羞。满眼干戈满眼泪，满腔悲愤满腔愁。”多尔衮这道侮辱人格、损害民族感情的法令，理所当然地激起广大汉民百姓的反抗。

事实正是如此，随着剃发令的下达，本来已经帖然归附的江南，顿时斩木揭竿，纷然四起，杀官披甲，奋起反抗，安徽、山东、江西、湖北、陕西、甘肃等地，都因此而掀起了抗清斗争的汹涌怒潮。这在客观上促成了大顺、大西等农民军与南明永历朝廷联合抗清，形成了以南方为主的全国性的抗清高潮。

本来清军南下就打破了南明官绅"联清抗闯"的迷梦，这一下，继南明之后的鲁王政权、唐王政权已纷纷建立起来。鲁王朱以海政权曾在十月给清军以重创，被时人评论为"真三十年来未有之事"。唐王朱聿键政权也颇想有所作为，在仙霞岭一线设防备战，但终因清廷汉臣的出谋献策，而被清军各个击破。

人们所熟知的"嘉定三屠"就发生在这一时期。清廷下剃发令后，要求十天之内，全国百姓一律剃头。嘉定人闻剃发令下，立即开始酝酿反抗。

嘉定，秦代属会稽郡娄县，隋唐时属苏州昆山县。至宋朝嘉定十年，遂以年号为地名，这里受程朱理学影响甚深。清初剃发令下后，嘉定知县强制剃发，起义顿时爆发。城郊居民一呼而起，打败来剿清军。人民公推黄淳耀、侯峒曾出面领导抗清。

为在嘉定强行推行"剃发令"，清国决定实施武力征服之。七月初三日黎明，满洲军踏破了昔日嘉定古城的宁静。据史载：清军进攻嘉定城的先锋李成栋，曾是已故南明弘光朝廷兵部尚书史可法的部下。早在弘光元年（1645）的四月，当清军固山额真准塔统兵南下，逼近徐州城之时，时任守城总兵官的李成栋竟望风而逃，不久遂降于清国。此时，为反抗清军的侵略，嘉定城内的市民一致推举侯峒曾和黄淳耀、黄渊耀兄弟主持城防。

侯峒曾，字豫瞻。原任南明弘光朝通政司左通政，南京沦陷后，避难于老家嘉定。黄淳耀，字蕴生。乃崇祯年间进士，与其弟黄渊耀均世居于嘉定城。在侯峒曾和黄氏兄弟的指挥下，城中民众不分男女老幼，纷纷加入了抗满行列。

为鼓舞士气，侯峒曾下令在嘉定城楼上悬挂一面“嘉定恢剿义师”的大旗。同时在城楼上“集众公议”，决定“划地分守”嘉定城：由南明诸生张锡眉率众守南门，秀水县教师龚用圆佐之；南明国子监太学生朱长祚守北门，乡绅唐咨佐之；黄淳耀兄弟守西门；侯峒曾亲自守东门，诸生龚孙炫佐之。此外，由诸生马元调（时年七十岁）与唐昌全、夏云蛟等负责后勤供给。集议已定，各头领率众在城上日夜巡逻。“嘉人士争相执刃以从，人情颇觉鼓舞。”

为阻止满洲军进犯，侯峒曾又下令将城外各桥毁坏，“东、北二门俱用大石垒断街路，西、南二门用圆木乱石横塞道途”。

侯峒曾像

天亮时分，凶残的清军击败了城外各村镇的乡兵后，便将嘉定城四面包围。随即李成栋下令，集中火炮齐轰东、西二门。“清兵攻城甚急，多缚软梯至城下，城上砖石如雨。”守城民众虽“亡失甚众”，但仍顽强不屈。若有某段城墙被炮火轰塌，城内民众便及时用木料和充土布袋堵塞之。“守城者若有伤亡，乃立即补充。”

李成栋，山西（一说陕西）人，字廷贞，号虎子，绰号“李诃子”。他曾长期跟随李自成的部将高杰（绰号“翻山鹞”）作战，后来随高杰投降南明，弘光时任徐州总兵。1645 年，高杰在睢州被许定国刺杀，清兵南下时，李成栋奉高杰的妻子邢氏投降了清朝。清朝任李成栋为一军将领，他率部下骑兵路过新泾桥时大肆奸淫妇女，致死七名，后亲率兵船百艘、马步兵两千余名停泊县城东关，大肆奸掠。六月初九，李率兵去吴淞，留偏裨将梁得胜等三百名守护兵船。十二日，清军下剃发令，群情激愤，远近乡兵，竞相围攻李成栋船队。船只及所掠财物悉数焚毁，斩杀清官兵八十四名。十五日，李成栋去太仓求援，行至罗店又被乡兵追杀，伤亡惨重。于是，李成栋疯狂纵兵报复，滥杀无辜，誓言血洗嘉定城。

黄昏时分，突然暴雨如注，狂风骤起。嘉定守城民众仍毫不畏惧，冒雨抵抗。是时，因“城中遂不能张灯，（李）成栋令兵丁潜伏城下之穴城，而守者弗觉也”（文秉《甲乙事案》）。翌日破晓时分，暴风骤雨仍然不止。时城上民众已连续守城三昼夜，遍体淋湿，加之饮食已绝，故人人身疲力竭。李成栋遂令士兵“置灯于地穴中，炮发震城”。火炮声“终日震撼，地裂天崩，炮硝铅屑落城中屋上，簌簌如雨，婴儿妇女，狼奔鼠窜”（朱子素《嘉定屠城略》）。

在这腥风血雨之中，灾难终于降临。随着城墙一隅在炮声中轰然倒塌，清军乘机登城，蜂拥而入。清兵“悉从屋上奔驰，通行无阻。城内难民因街上砖石阻塞，不得逃生，皆纷纷投河死，水为之不流”。此刻，侯峒曾正在东门城楼上。城陷，“士卒皆曰：‘吾曾受公厚恩，尚可卫公出走。’峒曾曰：‘与城存亡，义也。’及下城拜家庙，赴水死之。其长子玄演、次子玄洁身处数十刀，亦死之”。

城陷之时，黄淳耀、黄渊耀兄弟急趋城内一僧舍。“淳耀问其从者曰：‘侯公若何？’曰：‘死矣！’淳耀曰：‘吾与侯公同事，义不独生。’乃书壁云：‘读书寡益，学道无成，进不得宣力王朝，退不得洁身远引，耿耿不没，此心而已。大明遗臣黄淳耀自裁于城西僧舍。’其弟渊耀曰：‘兄为王臣宜死，然弟亦不愿为北虏之民也。’淳耀缢于东，渊耀缢于西。”（黄宗羲《弘光实录钞》）

又据史载：诸生张锡眉解带缢于南门城楼上，死前作绝命词，大书裤上云："我生不辰，与城存亡，死亦为义！"教师龚用圆赴水死，二子从之。诸生马元调、唐昌全、夏云蛟、娄复闻，城破亦死之。又有黄某，与清军巷战中"手挥铁简，前后杀数百人，后中矢而死"。

这些"志士仁人"之死，从历史上看，固然是其儒家"仁义"观念的根本追求所致。但从民族兴亡的高度看，这为民族生存而死之大丈夫精神，亦为汉民族高贵不屈之魂。

清军破城，随即下达屠城令，于是清兵"家至户到，小街僻巷，无不穷搜，乱草丛棘，必用长枪乱搅。""市民之中，悬梁者，投井者，投河者，血面者，断肢者，被砍未死手足犹动者，骨肉狼藉"。若见年轻美色女子，遂"日昼街坊当众奸淫"。有不从者，"用长钉钉其两手于板，仍逼淫之"。

血腥屠杀之后，清兵便四出掠夺财物。史载：如遇市民，遂大呼献财宝，"恶取腰缠奉之，意满方释"。所献不多者，则砍三刀而去。是时，"刀声割然，遍于远近。乞命之声，嘈杂如市"。

更有甚者，屠城罪魁李成栋，竟用三百只大船运走了他掠夺的金帛女子。在此劫难中，不乏为虎作伥者。

又有史载：清军攻北门时，"乃奸民导敌入"。至于趁火打劫者，亦不在少数。有汉奸徐元吉者，"以削发为名，日出行动，割人腹，啖人心肝，动以百计"。

然而，清朝的暴行并未扑灭民众的反抗怒火。七月二十四日，有江东人朱瑛者，自封游击将军，率兵五十余人回到嘉定城。是时，朱率部会同城内市民，将清军驱赶城外。第二天，逃至城外的李成栋，急令万国昌率兵增援。李本人则坐镇城外之织女庙，指挥各路兵马企图第二次攻城。七月二十六日清晨，清军乘城内民众武装力量尚未集结完毕，再次攻进城内。有汉奸浦嶂者，向李成栋献计曰："若不剿绝，后必有变。"于是，清军第二次屠城。

因疲乏多日，此时城内许多居民尚未起床，"遂于屋中被猝然杀之"。顿时，"城内积尸成丘，唯三四僧人撤取屋木，聚尸焚之"。在此次屠城中，浦嶂一马当先，"大显身手"。他甚至将好友娄某的全家斩尽杀绝。为此，嘉定城内民众“是日逢嶂，齠龀不留”。有一郭姓市民者，曾不胜愤慨地痛斥他：“人面兽心，狗鼠不食。”人神共怒，浦嶂唯掩面鼠窜耳！

同时，在嘉定城外，一支被打散的乡兵队伍聚集在葛隆和外冈，他们一旦发现那些剃了发的人，就将这些人当场处死。李成栋的一支小分队也被这群乡兵歼灭。李成栋狂怒下派了一支大军进入葛隆和外冈，屠杀了所有居民。这两个城镇也被夷为平地。

每当社会大变动之时，必然会有一部分人如李成栋、徐元吉、浦嶂等得益。此除时势之必然外，各阶层之个体的品行德与其地位之升降，亦有不可忽视之关系。而品行德之沦丧，必然导致个人占有欲的极度扩张。孟子曰：“人不可以无耻，无耻之耻，无耻矣。”真是说得太对了。

清朝的第二次屠城，也未能削弱嘉定民众的反抗意志。八月二十六日，原南明总兵吴之番率余部，反攻嘉定城，周边民众也纷纷响应。城内清兵猝不及防，竟被杀得大溃出逃。城内民众纷纷奔至吴军前，“踊跃听命”。然而，吴军大多未经过作战训练，清兵反扑之时，“一时溃散”。史载：吴之番“连杀数人，不能定。呼天曰：‘吾死，分也。未战而溃，我目弗瞑矣！’挺枪欲赴东门死”。

李成栋清兵涌入城内，第三次血洗嘉定城，不仅把吴之番数百士兵砍杀殆尽，顺带又屠杀了近二万刚刚到嘉定避乱的民众，血流成渠，是为著名的“嘉定三屠”。对清军而言，如果说前两次屠城多少留下一些“隐患”的话，那么这第三次屠城，他们可谓“如愿以偿”。因为在这满城的累累白骨之上，总算插上了“削发令已行”的旗幡！

嘉定三屠之后，汉族人并没有放弃抵抗，数年中清军并无宁日，四年多以后，湘潭争夺战发生，当时，郑亲王济尔哈朗率军第二次拿下湘潭后，下令屠城，从正月二十一日开始，“屠至二十六日封刀，二十九日方止”。半个月后，一位名叫汪火军的读书人来到湘潭，看到的景象令他魂飞魄散——“但见尸首纵横满地”，“全城所余人口不满百人，受伤未死者数十人”。可见剃发令的实行，让汉族人付出了巨大的牺牲。

嘉定古迹法华塔

清军入关初，只用了短短一年完成的统一大业，但其大好形势，就这样被一道剃发令毁于一旦，等清朝再次统一全国，又花了整整十七年！这十七年间，清朝劳师糜饷，战事连年，给国家的政治、经济发展背上了沉重的包袱。

剃发令之外，在多尔衮摄政期间，他还狂征暴敛，最大限度地搜刮汉人的财富，同时大开杀戮，这不断激起人民的进一步反抗。所以，清初统治者一直吃力地挣扎在财政泥沼之中，难以自拔。然而，在导致清初经济迟迟不得恢复的因素中，还有圈地、投充、逃人三大恶政。

清军入关之初，多尔衮为了安置大批满洲贵族官兵，发布过圈地令、强迫汉人投充旗下的投充法以及防止投充汉人逃跑的严酷的逃人法，历史上称之为清初三大弊政。

随着清朝定都北京，大量八旗官兵及其族属也进入关内，其生计便成了问题。多尔衮于顺治元年十二月下令清查无主荒地，建立八旗庄田。但在实际执行时却变了味道，那些八旗兵并不是查无主荒田，而是见好田就圈，不管是有主还是无主。若是有主之田，表面上换拨给其他土地，但由于大规模的杀戮，许多田地荒芜成不毛之地，无法耕种，甚至根本找不到所拨之地。到顺治二年九月，由于关外兵民继续涌入，多尔衮下令继续扩大圈地，河北、山东、山西等地均深受其害，人民或流亡，或反抗，官员们也纷纷谏阻。与此同时，一些汉人被迫带地投入满洲贵族旗下，为满洲人卖命，还有一些地痞无赖随意指称别人之地为自己所有，携带投充，迫使土地原主也成为旗下之奴。

顺治二年三月，多尔衮准许贫民投充，这无疑为满人通过各种方式增加自己的奴仆数量提供了借口。圈地和投充的直接后果就是"逃人"问题的严重。土地被圈或被逼投充后成为旗下奴仆的汉族百姓，无法忍受残酷的压迫而纷纷逃亡。多尔衮在顺治三年五月时发现，"只此数月之间，逃人已几数万"。但他并未清查原因，而是认为自己满洲人比汉人高一等，因之并不怜悯逃亡的汉人，更多次下令加重对逃人及有关人员的惩罚，即使因父子、夫妇、兄弟团聚而逃的也都得不到宽恕。但效果适得其反，顺治六年时旗下奴婢"今俱逃尽，满洲官兵纷纷控奏"。由于清统治者把这些看成维护国体和事关八旗特权，所以凡官员为这些事上疏参劾的，一律予以严惩，致使这些恶政扰害社会达数十年。

好在跑马圈地主要在京畿地区，波及山东等邻省，投充为奴的汉人在全国范围内终究是少数，所以这三大弊政还只是局部性的弊政。

因为多尔衮某些政策的不得人心，各地开始频繁地打击清朝统治，此时抗清力量的主体是南明和地方军和自发反抗的广大人民。大顺农民军余部李过、高一功、郝摇旗等与南明何腾蛟、堵胤锡部联合抗清，在湖南等地连获大捷。张献忠死后，大西农民军在李定国等人率领下，与永历政权联合，也接连掀起抗清高潮。其他如山东揄园军、山西吕梁山义军等亦在北方暴动，搞得多尔衮防不胜防。根据《清世祖实录》的不完全统计，从顺治二年七月起到五年七月止的三年中，关于反清斗争及清兵攻击农民军的记录就达一百二十条左右，而官书未载的小规模斗争更是不计其数。此外，还有明降将金声桓、李成栋、姜瓖等人在江西、广东和山西宣告反清，也使多尔衮一时手忙脚乱。

各地不断起来反抗清朝统治的消息，也使被胜利冲昏头脑的多尔衮失去了他素来的明睿，这时的他不但不能预见这些弊政的严重后患，也收起了入关之初虚怀若谷、从谏如流的风度，开始一意孤行，坚持他的民族高压政策，竟然在朝廷下令说："凡有为剃头、圈地、衣冠、投充、逃人牵连五事具疏者，一概治罪。奏本不许封进！"

虽然各地起义由于各种各样的原因先后为清军镇压下去，但直到多尔衮离开人世，他也没能看到一个他所希望的"太平"天下。尽管多尔衮在战争中充分显示了他的军事才能，但由于他制定的某些政策失当，而引起连年战乱，并招致了政治、经济等方面一系列社会恶果。

第六编

多尔衮大权在握
孝庄后舍身下嫁

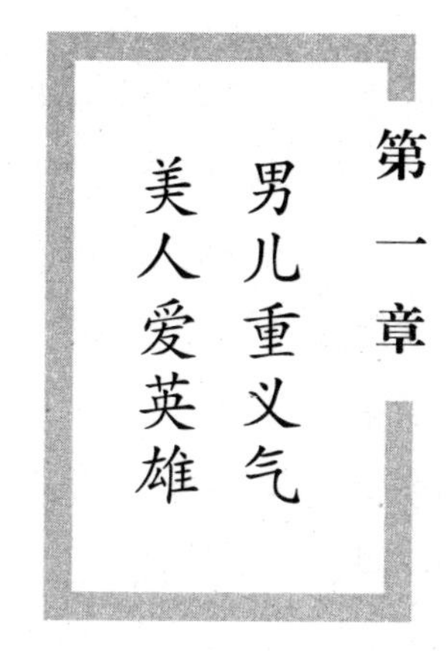

一、多尔衮清除异己，一手掌军国大权

由于清军入关和不停的战争，多尔衮勋劳日多、地位日崇、威望日高，而在满洲人的政治体制中，他和他的同胞兄弟阿济格、多铎，已掌握了两白和正蓝三旗，又对两黄旗进行分化拉拢，以致两黄旗大臣纷纷投靠多尔衮。顺治四年八月，他借故罢济尔哈朗辅政，封多铎为辅政叔德豫亲王，进一步扩大自己的势力。顺治五年，他又以微罪为口实，将平定山东、四川，镇压大西军，射杀张献忠有大功劳的肃亲王豪格监禁致死，最终除去了自己的最大政敌。此时的多尔衮，天下已无人能撄其锋。

从努尔哈赤起兵，为帝业东征西杀开始，爱新觉罗氏家族同中国历史上无数皇族一样，在奋斗的过程中，充满了骨肉相残的血腥杀戮。多尔衮借刀杀豪格，不是第一件，也绝不是最后一件。政治斗争本身所具有的残酷性，也是客观规律。

顺治帝福临即位的最初几年还是个儿童，再聪明也无法过问朝政。接受群臣朝拜，举行各种大典，他都只不过是个傀儡，是个象征，他的母亲布木布泰，虽有谋略也无法走到台前。所以一切军国大事，都由摄政王掌管。

为了堵上他人之口，摄政王自然也须向小皇帝奏事，表示对皇帝至尊的承认，其实也是在向小皇帝的母亲两宫皇太后奏事。这时的摄政王对小皇帝和皇太后布木布泰，可说是外托君臣之义、内结男女之情。摄政王凡有所请，小皇帝和两宫皇太后无不允准。一些朝廷大臣的尊崇摄政王的提议奏疏，无论是出于他们自己想巴结多尔衮，还是他们受多尔衮暗示所托，小皇帝和两宫皇太后也都一概同意，并以皇帝的名义发出诏书，不断给多尔衮加尊号，为多尔衮歌功颂德。

所以，在福临继位之后，多尔衮反倒有可能经常和此时已经成为两位太后之一的孝庄见面了。他以小皇帝福临名义发布的那些文告与命令，应该得到过这两位太后的鼎力支持。

清朝皇帝议政的太和殿内

这个时期，是从多尔衮定鼎中原后，迎接小皇帝福临与孝庄皇太后们迁都北京开始的。而来到北京以后，情形又截然不同。此时的多尔衮已经不需要遮挡。进入北京后，他曾经住在皇宫大内的武英殿里。福临来后，他住进了自己的王府，据说这王府的辉煌壮丽在当时不亚于皇宫。他到皇宫内院来时，没有人能阻止他，在那时的中国，他名义上是摄政王，实际上，以他的功业、威望、权势，已经没有什么人能够阻止他做他想做的任何事情。他行使的根本就是皇帝的权力。

此后，多尔衮和孝庄皇太后之间，可能有过一段时间的蜜月期。因为多尔衮不但仍尊福临为帝，还给他们母子献上了大明的万里锦绣河山，那是女真和蒙古人一代代的梦想，孝庄作为报答，当然需要拿出自己的柔情来温暖多尔衮的心。这种情形，很像那些在远方厮杀征战后满载而归的勇士们，在他们妻子怀抱中所感受到的温柔与多情。孝庄皇太后母子坐在皇宫里，居然摇身一变就成了这片大地上至高无上的主人！世界上，有几个英雄，能够为女人做到这一点？

不但有女人温柔的回报，当然也会有权力和名誉的回报，顺治元年十月一日，第二次登基的福临册封多尔衮为“叔父摄政王”；顺治二年初，加为“皇叔父摄政王”；顺治五年十一月尊为“皇父摄政王”。这种层层升级的尊崇，必定与多尔衮威权日重有关，也无法排除他与孝庄皇太后之间感情不断升温的可能。多尔衮成为“皇父摄政王”之后，大清藩属国朝鲜国王看着大清咨文，发问道：“皇父摄政王是什么意思？”他的臣子回答说：“我专门问过大清使臣。他回答说：就是去掉叔字，朝贺时的各种礼节与皇帝一样。”朝鲜国王说：“那就是说有两个皇帝了。”

在开始的时候，宫中的这些举措对多尔衮是出于真心的感激之情，因为多尔衮待布木布泰和福临确实不错，但到后来，随着多尔衮权力的膨胀，褒扬多尔衮就成为不得已的事了。因为布木布泰和福临只有富贵而没有权势，他们的存在，只能仰仗摄政王。好在多尔衮与布木布泰的情分一直不薄，或者布木布泰一直在用自己的柔情温暖并稳定着多尔衮的心，所以以他们两人的特殊身份，彼此支持、互相配合，使得顺治初年的清朝统治集团能够基本维持稳定团结和进取精神。

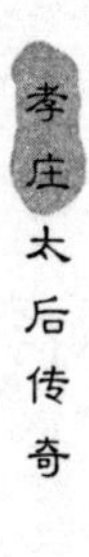

二、多尔衮有心娶嫂，孝庄后有意下嫁

按照满洲人的婚俗，皇太极的离世，其妻妾或应另行嫁予其诸弟，而因为皇太极的帝王身份，这类事或许没有成行，但不可能没有人提起，所以，多尔衮与布木布泰应该商议过二人结合之事，或许已经有了娶嫁之约。但清朝入主中原以后，战事频繁，国政丛集，多尔衮一时难以顾及；而且布木布泰作为天下之母，出嫁不能不格外慎重；而多尔衮因君臣之分的限制，也不能不有所顾虑。

对于当时两人的情况和心中所想，有小说家这样描述道：

布木布泰独自坐在寂静的宫中，时间凝固了，一切都模糊了……忽然，有一个声音叫道："庄妃，朕的江山来之不易，你要帮助朕的子孙坐稳龙位，不辜负朕对你的恩宠。"

太后（布木布泰）一惊，四处找说话之人，可什么也看不见。正在诧异，就见大殿门口皇太极正站在那儿，满面笑容地看着她。

"皇上，你到哪儿去了，这么多天为何不来永福宫了？想死臣妾了。"太后飞奔过去，一头扑进皇太极的怀里。

皇太极抱住她，一手抚弄着她的秀发，一手轻拍着她的娇躯，笑道："朕也想你，你为何不来见朕？让朕想得寝食难安。"

太后心中大喜，不由得仰脸去亲那滚烫的热唇。

"哈哈哈……"一阵大笑，太后抬脸仔细一看，不禁惊呆了：自己正躺在多尔衮的怀里。

"你，怎么是你？"太后惊得说不出话来。

多尔衮用力抱住她，不让她挣脱。

"大玉儿（布木布泰），自从本王第一眼看到你，本王就想要你，可你是皇兄的。现在皇兄不要你了，本王仍要你。你看本王与皇兄有什么不一样，长相？才能？本王并不比皇兄差！只要你随了我，本王一定善待咱们的皇儿，让他稳稳地坐在皇位上，这有什么不好？来，让本王亲亲。"

多尔衮那张嘴压了下来。庄太后奋力反抗，但没有用，她只有在心里大喊："多尔衮，多尔衮……"

"太后，太后，丝线拿来了。"

庄太后被乌兰晃醒，这才发现自己竟然坐在椅上睡着了。看看眼前的乌兰，又想想刚才梦中的情景，不由得满面飞红，低声道："乌兰，刚刚哀家说什么没有？"

乌兰抿嘴一笑，说："太后，奴才进来的时候，太后正在打盹，口中念着一个人的名字。"

"什么名字？"

"奴才就听太后说：'多尔衮，多尔衮。'"

庄太后的脸更红了。

"你个狗奴才，今日老拿哀家取笑。看哀家不整治你这个奴才。"

乌兰忙笑道："冤枉呀，冤枉呀，是太后让奴才说的，奴才说了，还是治奴才的罪，天下有这样不讲理的主子吗？"

庄太后没办法，只好道："你滚远点，别让哀家看到你！"

乌兰忙笑道："好吧，奴才就不打搅太后的美梦了。"说罢，转身跑了出去。庄太后独自坐在那儿，仔细回想刚才的梦。是呀，多尔衮与皇太极多么相似，鼻子、眼、笑、走路的姿势、说话的腔调，简直是一模一样，特别是现在，更像了。当初自己初入宫时，皇太极已三十四岁，正和现在的多尔衮年纪相仿。

不但外表像，这两人在才华上也很像，都是雄才大略、文武双全、足智多谋，是让女人心动的那种男人。

皇太极、多尔衮，多尔衮、皇太极，两个男人一晃一闪，直闪得庄太后眼晕心痛。她不再多想，把手中的丝线一扔，起身走出宫门，去找哲哲太后说话去了。

……

午后，庄太后刚刚午睡起来，乌兰正在为太后梳洗，宫外海中天奏道："太后，摄政王多尔衮请见。"

什么，多尔衮来了？庄太后心中一惊，平静的心立刻慌乱起来。

“乌兰，哀家的头梳好了吗？”

“太后，奴才刚刚梳好，请太后看合不合适。”

庄太后仔细看了看铜镜中的头型发式，还算满意。

“把那件大红旗装拿来。”

穿上那红旗装，太后立起身，在镜前看了又看，问乌兰道：“哀家穿这件是不是太艳了？”

乌兰抿嘴笑道：“太后穿什么衣服都好看，并不艳。”

庄太后反复看了看，最终仍摇摇头道：“太艳了。还是穿那件粉白色的吧。”

多尔衮在交泰殿内等得有些不安，为何太后还没来？是不想见？不会的。

多尔衮像

正在胡思乱想，就听太监高喊："皇太后驾到——"

多尔衮忙出门迎接，刚出门他便惊呆了：庄太后一身白中泛红的旗装、粉红的披肩，头顶红锦凤冠，脚蹬高跟凉盆鞋，冰清玉洁，如仙女下凡。

庄太后见多尔衮呆呆地站立在那儿，不由得也有些娇羞。他不施礼，也不让路，如何入殿呢？

二人站立在原处，难倒了太监、宫女们，海中天喊道："太后驾到——"

多尔衮如梦方醒，急忙微微躬身施礼："摄政王多尔衮拜见皇太后。"

庄太后粉面略红，笑吟吟道："摄政王平身。请王爷入殿坐下说话。"

两人分主客坐好，多尔衮又忙里偷闲地看了几眼，才说道："太后，日前众臣议事，均言皇上年满十岁，已到订婚的年龄。众臣上奏，请为皇上聘定后宫。"

庄太后一愣，她没想到多尔衮来见自己是为儿子娶妻，想想刚才自己还有异想，不由得红霞飞上香腮，快做婆婆的人了，还有思春之念。

多尔衮见庄太后红潮微泛，更是娇艳可人，不由得心猿意马，脱口而出："真漂亮！"

庄太后闻言心喜，但在太监、宫女的面前怎能如此失态，忙道："王爷准备为皇上选聘何处的女子，还没说出来，就夸漂亮？"

多尔衮这才知道自己失态，忙收敛了野心……二人又说了些不着边际的话。直坐了两个时辰，多尔衮才依依不舍地离去。庄太后也破天荒地把他送至宫外，临别时还向多尔衮送去一个微笑，说"十四叔没事多来后宫坐坐"！

多尔衮更乐了，乐得有点头重脚轻，飘飘地去了。

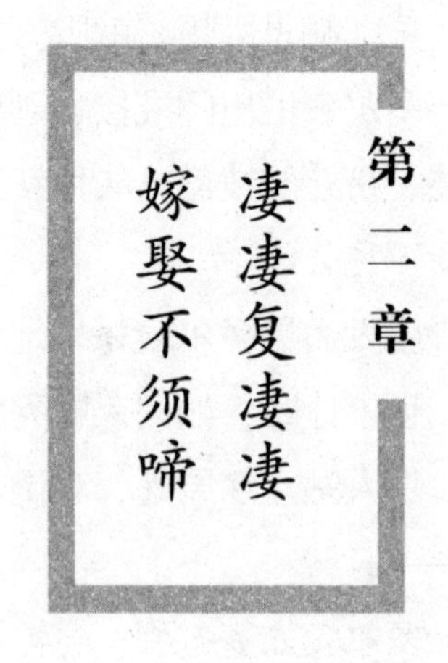

一、太后私会多尔衮，有情嫂嫂爱小叔

皇太极死后的大清国，多尔衮大权在握，顺治皇帝年幼，布木布泰操持后宫，孤儿寡母，行事尤为艰难，好在多尔衮对布木布泰有心，布木布泰对多尔衮有意，二人本就有感情基础，又逢三十余岁的壮年之时，他们日日在一起的时间当不会少，况且多尔衮处理政事的地方和布木布泰所居住之宫非常近，几乎顷刻即到，所以他们到北京之后，住在紫禁城中之时，二人间的幽会应该不少。相对而言，满洲人的风俗不太在乎男女私情的产生，他们因国事、因对皇帝的教导、因自己的私情经常来往，当时也不会在满蒙八旗中引起什么非议。因为就亲族关系而言，布木布泰是寡嫂，多尔衮是小叔，按满蒙习俗原有婚姻之分。此时满洲是新来的统治者，威焰正盛，处于奴才地位的汉臣汉人，谁敢议论皇族的家事，谁敢对满洲的习俗说半个不字！

因为人的私欲，每个人都想比他人更有权力。在封建君主制社会，权力集中是一种不可遏制的必然趋势，而集中到顶端，就是掌握到一个人手中，这个人通常是皇帝。但在顺治皇帝还是孩子的时候，权力渐渐集合到了摄政王多尔衮手中。

为了安慰多尔衮的心、褒奖他的功劳，以及奖励他为自己母子所做的一切，布木布泰也是费尽心机，她不但奉献了自己的柔情，并且除了皇帝的名位，能够给多尔衮的已经全部都给了他。应该说，在那个时代，孝庄皇太后对于多尔衮的报答也算是至矣尽矣。但情况正在变化，敏锐的布木布泰感到，多尔衮的表现越来越不对头了。

对于多尔衮所掌握的至高权力，布木布泰开始时并未阻拦，她甚至支持多尔衮集中大权于一身，为的是处于复杂而又变化剧烈形势下的大清朝廷，能够迅速适应变化、迅速作出正确的反应和决策，她相信他的明智和才干。多尔衮打击豪格并监禁致死，她也不曾反对，因为皇长子豪格是对她的儿子皇九子福临帝位的潜在威胁，除去豪格也是除去一个后患。但另一个威胁的阴影却笼罩到福临头上，更大也更现实。这威胁正来自她所信赖和亲近的多尔衮。多尔衮的举动越来越出格，布木布泰的不安日益强烈。

顺治二年（1645）五月，因清军攻占南京，清廷叙功之时，多尔衮由叔父摄政王加封为皇叔父摄政王。济尔哈朗于是提议说：皇叔父代天摄政，赏罚等同于朝廷，因此必须加礼，开了诸王大臣对多尔衮行跪拜礼的先例，以后便形成了制度。

顺治三年（1646）五月，多尔衮借口处理紧急军情需要，竟将贮存在紫禁城宫中的皇帝专用印信兵符，取回他的睿王府贮存使用。

顺治四年（1647）年底，新年朝贺大典即将来临，多铎领受多尔衮的示意，联合济尔哈朗上奏，说多尔衮因有风疾，不胜跪拜，请免去君前行礼。十岁的顺治皇帝当然照准。但，普天之下，什么人能在天子面前不跪不拜？为什么多尔衮不愿在他已经跪拜了五年的小皇帝面前继续跪拜了呢？

顺治五年（1648），是多尔衮在朝廷里威风大发的一年。这年三月，摄政王以包庇部下冒功之名，将刚从四川凯旋的肃亲王豪格议罪削爵，下了大狱。随后又算老账，指责济尔哈朗当初在盛京时不举发两黄旗大臣谋立豪格的私议，将去年已经罢了辅政的郑亲王降为郡王。

这一切，表明这位皇叔父的野心正在日益膨胀，摄政王已经满足不了他的胃口了。

但促使布木布泰下最后决心的，却是一条由她的耳目私下传递，却又是千真万确的消息：多尔衮卧病时，曾对他的心腹说了这样一句话："如果以我为皇帝，以现今的小皇上为皇储，我哪里会得病呢？"

这句话的中心是"以我为皇帝""以现今的小皇上为皇储"不过是个陪衬。他若真的达到了做皇帝的目的，皇储未必还属于福临。

情势极其危急，母子们的前途顿时变得凶吉难卜，恐怕是凶多吉少。

也许在与多尔衮私会时，布木布泰也探过他的口气，但她不可能得到不好的回答，因为这样的篡夺大事，又与布木布泰休戚相关，就算是最亲密的情侣，也不可能透露一分一毫，何况多尔衮又如此精明、如此老谋深算？

布木布泰为了防止母子们坠入厄运，思虑再三后，终于走出了决定性的一步，以国母太后之尊，下嫁摄政王多尔衮！

二、孝庄下嫁摄政王，有情人夙愿得偿

布木布泰此举不可谓不高明，其意味深长的潜台词是，向全国臣民公开确认了自己与多尔衮的夫妻关系，也就此界定了多尔衮与皇帝的父子关系。在漫长的帝国历史上，围绕皇位的争斗千奇百怪、血雨腥风，唯独还没有父亲抢夺儿子皇位的故事。不管多尔衮怎么想，也不管阿济格、多铎如何不甘心，如何希望多尔衮拿下皇位，这条底线划出来之后，跨过它，就意味着开了一个恶劣的先例，意味着不可能不留下骂名。

关于这一时期的事情及孝庄的心理斗争，小说家有这样的描述：

孝庄皇太后在后宫风闻多尔衮要为皇上另建新宫，十分震惊，原来的担心果然得到验证。看来为皇上选后只不过是一个幌子，背后隐藏着更大的阴谋。

清代女袍

一旦新宫建成，皇上大婚，居于新宫之内，多尔衮就可将他们永远囚禁于新宫中，封以亲王，自己则坐镇紫禁城，独拥大权。到那时，他多尔衮就可以不流一滴血登上皇位，顺治就会成为第二个豪格。

想到此，太后不由得一颤，一股寒气从背后升起。多尔衮你竟然连自己的侄儿、哀家的儿子也不放过，白费了哀家对你的一片深情！

海中天（宫中太监）不知何时已跪在太后（布木布泰）面前，说道："太后唤奴才有何吩咐？"

"海公公平身吧。"

"谢太后。"海中天立在一旁等着问话。

"海公公，最近有没有听说朝中发生了什么事？"

"回太后，奴才听说摄政王正在为皇上大婚而另建新宫。"海中天不敢有丝毫的隐瞒。

"噢，海公公怎么看这件事？"

“奴才笨口拙舌、鼠目寸光，怎敢乱言？”

“朝中有没有其他议论？”

“太后，现在摄政王一手遮天，无论是京城还是地方都只知有摄政王，不知有皇上。此事乃摄政王亲自定的事，有谁敢言一个‘不’字！”

庄太后点点头，她知道海中天说的都是事实。可现在谁又能阻止多尔衮呢？

“太后，奴才忘了一句话，听说在议政会上范文程曾提出异议。”海中天忙补充道。

庄太后微微点了点头，她知道，在今日的朝中，肃亲王被囚，郑亲王被逐，礼亲王更是不敢出头，每次议政都称病不去。两黄旗的几个忠臣都被派往江南讨贼，留下的几个都是多尔衮的鹰犬。只有范文程这位三朝元老，德高望重，又深得皇太极的殊遇，尚有一丝尽忠皇上之念，不妨探探他的口风。

“海公公，近日让手下的人多留意外面的动静，有情况马上奏报。”

“回太后，奴才已把心腹们全派出宫去，有了消息自会奏闻太后。”海中天早已知道主子的心思，所以工作做在了前面。

太后点了点头，对此很满意。她知道，有些事可能宫中的大人物不知道，而小太监、宫女们却了解得很清楚。因为消息需要对上层封锁，但奴才与奴才之间的交流，可使主子不知的事，奴才反而知道。

庄太后说：“海公公，哀家在宫中没事，为打发时光，学着看一些汉文，有些地方不解，请范学士在闲暇之时，来后宫为哀家讲经解疑。”

“喳。”海中天领命退去。

太后在宫中度日如年、如坐针毡，每天都向海中天打听有关建造新宫的事。海中天也非常尽力，对新宫之事了解得很清楚。

今日，新宫的选址已定了，在太液池西岸，占地五十亩。明日，新宫已开工了，地基开挖，石料、木材开始运往新宫工地。某日，豫亲王多铎亲自到工地，督促差役们加快进度，等等。每听一句，太后的心就抖一下，可她无能为力，只有眼睁睁地看着多尔衮为自己母子一点点筑造监狱。

这一日，太后正在发愁，见海中天匆匆而来。

“太后，朝中有人上奏，反对建新宫。”

太后大喜，忙道：“何人上奏？摄政王态度如何？”

“据说，上奏的是索尼和鳌拜。二人联名上奏，说大清初立，国力疲弱，不应大兴土木，铺张奢侈，应集中精力，平定江南匪乱。”

太后点点头，自言道：“对呀，这些话才像大清忠臣所言，为何朝中没有人提及呢？”

“太后，依奴才看，此言虽忠，但不会有人听。摄政王对建宫之事谋划已久，岂肯轻易放弃呢？”

海中天所言极是，多尔衮看到二人的奏折后切齿大骂，马上命英亲王以皇上的名义下了一道诏书，对二人严加谴责。

信息反馈到宫中，太后十分失望，茫茫大海中的一根稻草也被风浪冲去，眼前看不到一点儿希望。

“海公公，哀家的旨意传到了吗？为何范学士还没入宫？”

“回太后，懿旨早已传到，范学士近日太忙，一时无暇，请太后见谅。”

怎么？他是不敢来吗？为太后讲讲经学也会招致灾祸？朝中畏惧多尔衮已到了如此地步！太后感到一阵恐惧。

可是还有令太后更恐惧的事：肃亲王死于冷宫中！消息传来，庄太后重重跌坐在御座上，半晌没说一句话。这种结局，有朝一日会不会落到福临和自己的头上？

肃亲王的死，对庄太后打击太大了。她的神经绷得紧紧的，宫内外稍大一点的声响都会使她受惊。

她忍受不了这种精神的折磨，她准备去找多尔衮，向他摊牌。

还没等她去找多尔衮，有人来找她了，是范文程。

范文程见到孝庄，施礼道：“臣范文程叩见太后。”

庄太后瞥了一眼跪在地上的范文程。

"是范大学士，今日怎么有空到后宫来了？"

范文程明白太后的意思，说道："臣违旨不见，罪该万死，不过，臣近日确实没有闲暇，无法来后宫问安。"

"平身吧！大学士都忙些什么？看来摄政王很器重大学士，以致大学士日理万机呀。"

范文程听出太后对自己的嘲讽，但他又能说什么呢？只好道："臣自入后金以来，始得太祖器重，后又受恩于太宗，沐浴皇恩，所以，臣心中时时刻刻都在想着大清，愿为大清献出自己的一切。能为大清忙碌，是老臣的荣幸。"

庄太后素知范文程的人品，所以稍稍放缓了语气：

"范学士，哀家近日闲来无事，翻看一些宫中藏书，对一些事不解，所以请学士入宫，为哀家释疑解惑。"

"臣愿为太后效劳。"

"汉人书中篇篇都讲'仁、义、忠、孝'，可见，此乃汉人数千年来的古训，一直为汉人所推崇。是这样吗？"

范文程忙点头道："太后所言极是。自秦汉以来，孔子儒家之说独统中原。汉有董仲舒'罢黜百家，独尊儒术'，宋有'程朱理学'，中原之人都奉孔子的三纲五常之说，'忠孝仁义'乃儒学之精髓。"

太后点了点头，不解道："哀家不明白，中原汉人世世受此儒学影响，历数千年而不衰，理应人人都是忠孝之士、个个都是仁义之君，为何会有那么多人背信弃义、投敌叛国呢？还有的助纣为虐、为虎作伥，帮助奸人兴风作浪，这不与他们的信仰相背吗？"

范文程此时才听出太后这话的味道，不禁脸上微微发热，沉吟了良久才道："太后所言，确有其事。古人云：'人之初，性本善，性相近，习相远。'有些人生于末造之世，沙石俱下、鱼龙混杂。有的人便背信弃义、投敌卖国。但也有一些人是生逢乱世，言不由衷、身不由己。"

"噢，哀家不懂，还请范学士明言。"

“此类人有多种，有的如李陵，有的像徐庶，有的似关羽。李陵有满腹报国之志，但偏遇暴君庸帅。他率五千步卒驰骋于敌国心腹，杀数万敌军，最终被困，内无粮草，外无救兵，只好投降，以图后举。只可惜武帝听信谗言，诛李陵全家，使他老死西域，无颜回朝。徐庶不屑曹操之奸，义拥刘氏，然操囚其母。庶因孝而弃义，投于魏营，然身在曹营而心在汉也，进曹营一言不出，使曹操徒得徐庶之躯，而不得其心。徐庶不忠，实为大忠也。关羽千里走单骑，保皇嫂入曹营，面对高官厚禄、美女金银，不改其志，此所谓千古忠义第一人也。此三子者，虽都入敌营，表现各异，但忠义之心犹在。故臣以为，评价一人有无忠心，不能单凭此人身在何处，而应看此人之心志何在。”

太后听了这席话，不由得大喜，忙道：“范学士之言，让哀家茅塞顿开。”

范文程这才明白，太后已消除了对自己的误解。

太后微微笑着，对范文程道：“哀家风闻摄政王正为皇上建造新宫，学士对此有何看法？”

范文程一愣，他曾想到太后会打听一些朝政，但他没料到太后会这么直接地问他。

“老臣以为，建造新宫并无不可，只不过……”

“只不过什么？”太后见范文程不敢出口，忙示意左右退下，而后急不可待地问道。

范文程见众人已退远，才小声道：“只不过此事怕有另谋。大内的宫室乃前朝新建，虽有百年，但仍可住用。就是需建新宫也应在大内建造，不必另选他址。”

太后点了点头，忽然道：“学士以为摄政王如何？”

范文程忙跪地道：“太后，恕臣不敢言。”

太后起身，亲手扶起范文程道：“范学士，哀家知道你受先皇太宗的殊遇深恩，一心想报之于幼主。今日哀家召你进宫也是对你十分信任，所以哀家才会问你此话。学士不会眼睁睁看着我们母子被废，

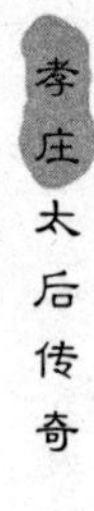

先皇开创的基业在你我手中葬送吧？”

范文程这才长出了口气，摇摇头，却还是不敢说。

太后随后说道：“现在朝中形势万分紧急，摄政王也是有雄才大略之人，与先皇一样，是胸怀天下、顶天立地的伟人。辅政之初，尚能遵守臣道，一心为国，但随着功劳的增高，他的权力欲望也在膨胀，排除异己，扶植党羽，独专朝政，现在已置皇上、两宫于不顾，一意孤行。长此下去，怕生不臣之心。学士有没有良策可挽此危局？”

范文程见太后如此说，便放下心来，摇了摇头说：“今日的摄政王已是位高权重，又有伟功于身，朝中文武均归服于他。虽有两黄旗数臣不满于此，但势单力薄，根本无力与之抗衡。”

太后点点头，她看到范文程那失望、迷茫的目光，对他又多了几分信任。

“范学士，若能使摄政王视皇上如己出，能否保住皇上的帝位？”

范文程看了庄太后一眼，见她一本正经，不像是说笑话，便道：“太后此言让老臣无从回答。摄政王虽无子嗣，但是早已过继了豫亲王的一个儿子。就是没有这个继子，也没办法让摄政王视皇上为己出啊！”

太后见范文程一个劲地摇头，心中不悦，却仍笑道：“学士，不要说有没有办法，先说如果能如此，能否保住皇位。”

范文程沉思了良久，摇摇头。

“这事很难说，老臣也拿不准。昔日，也有太上皇不满儿子，废子自立的。不过，绝大多数还是太上皇不废帝王儿子的。”

庄太后似乎在黑夜中看到了光明，笑道：“依学士的说法，只要能让摄政王视皇上为己出，就能保住皇上的帝位？”

“如果真能那样，或许能保住皇上不被废，但谁能让摄政王做到视皇上为己出呢？”

“哀家能。”这话说得很轻，但像一声炸雷。范文程从太后那娇羞的脸上已读懂了这三个字的意义。早听说摄政王垂涎太后的美貌，

北海公园清代建筑（清代太液池五龙亭）

老往后宫跑，可谁也不敢想象太后能下嫁。但今天这似乎有了可能。再想一想，这也没什么，太后寡居，摄政王丧妻，这孤男寡女倒也般配，一旦事成，皇上就成了多尔衮的儿子。

老子总不至于和儿子夺天下吧？何况中间还夹着一个美太后。

“这事还得有劳学士。”庄太后也顾不得娇羞满面，微笑着对范文程道。

范文程忙道：“微臣尽力去办，请太后放心。”

……

多尔衮端坐在睿王府的正殿上，这座明南宫此时已装饰得更加富丽堂皇，和大内的宫殿相差无几。

每日他就是坐在这儿处理政务，文武大臣出出进进，来向他禀报国事。

多尔衮伸手抓过案上的一个小黄包，打开黄绫，里面晶莹剔透，光芒四射，正是大清的国宝——“制诰之宝”的玉玺。

他把这国宝捧在手上，正面瞧瞧、反面看看，爱不释手，把玩不已，口中默念道："这玉玺本该是本王的，它就该属于我。"

"启奏摄政王，大学士范文程请见。"内侍奏道。

多尔衮一愣，这个老狐狸此时来见，又有何事？闻其屡与后宫来往，应多加提防。

范文程进殿，望见案上的玉玺，心中暗暗忧虑，他明白多尔衮的心思。

"微臣范文程拜见摄政王。"

多尔衮尽量装出一丝微笑来。

"范学士，你是三朝元老了，对本王不必如此多礼。"

"多谢摄政王恩典。"

二人沉默了片刻，多尔衮道："范学士前来有公事要奏吗？"

范文程笑了笑，说道："摄政王，老臣提醒王爷一句，大清江山重要，王爷的身体也很重要。没有王爷，这大清万里河山又怎能安稳呢？"

多尔衮早已听惯了别人的奉承，但这话从范文程口中说出来却不一般，他不免喜上眉梢，道："此功非本王一人，诸位都有份嘛，范学士不也为大清呕心沥血、殚精竭虑吗？"

二人相互吹捧了一番，关系融洽了许多。

范文程笑道："王爷近来精神如何？"

多尔衮长叹了一声："唉，福晋仙逝，豫王生病，江南贼寇猖獗，本王的心情能好吗？"

范文程也陪着叹了口气，转而劝道："王爷，凡事要看开些。人生在世，谁都逃不了生老病死这一关。多想想活着的人，老想伤心的事会伤身体的。请王爷多保重。"

多尔衮苦笑着摇摇头："这是心里面的事，说不想就能不想吗？"

范文程又叹道："也是的。老臣近日奉诏入宫为太后讲经，庄太后也是整日愁眉苦脸、心事重重的，听着听着就走了神。这人啊，无论多高贵，总得有个知心的伴儿，相依相存才好。"

多尔衮听了“庄太后”三个字，耳朵便竖了起来，但脸上仍装作无所谓的样子，微笑不语。

范文程好像突然想起了什么似的，忙道：“摄政王，老臣有一事不知该不该说？”

多尔衮让说说看。范文程却说怕冒犯摄政王爷。

多尔衮身子向后一靠，笑笑说：“我的大学士，你随本王也有些年头了吧，你看本王是那种鸡肠鼠肚之人吗？本王先恕你无罪，如何？”

范文程犹豫再三，终于道：“王爷，太后盛年寡居，郁郁不欢，身处深宫，寂寞难耐，这日久天长，定将生出病来；而王爷壮年丧妻，孤身冷床，长吁短叹，久忧伤身。依老臣之见，你们不如……不如合宫同居，共辅幼主。于国，可合力辅政，共创千古基业；于己，可相依相靠，共续前欢，也可延年益寿。”

“范文程，你——”多尔衮似乎很生气，瞪着范文程却说不出话来。

范文程忙道：“王爷，老臣早已有言在先，王爷也早恕老臣无罪，老臣这才敢说。其实，老臣早已看出，二位是情投意合，只是谁也不愿跨这一步。老臣今日为王爷和太后点破这层纸。”

多尔衮一指范文程，道：“范学士，本王乃一男人，名声好坏无妨，可太后贵为天下之母，怎可任由你胡说？此话若让太后知道，怪罪下来，本王绝不饶你。”

多尔衮嘴里这么说，可心里早美滋滋的，暗暗道：范文程，你这龟孙儿，原本以为你去后宫是通风报信的，现在才知道是去窥探太后的。若能为本王办成这事，本王定会好好赏你。

范文程并不畏惧，反而笑道：“王爷，你身为大清摄政王，立有盖世的伟功，可在男女之情方面，未免也太没人情味了，怎么没有一点儿怜香惜玉的英雄气概呢？”

多尔衮也不好再佯装发怒。

“范学士，这男女之事是一厢情愿的吗？本王可以答应，那太后会答应吗?”

“只要王爷答应就行了。太后那边容臣再去劝说。事成之后，臣可是要向王爷讨杯喜酒喝的。”

多尔衮听范文程如此说，心知太后可能也有此意，这美事有可能成，那大玉儿，本王朝思暮想的美人就要拥在怀里了，这比什么都好。便说道：“范学士，此事若能成，本王送你十坛贡酒。”

范文程把多尔衮的意思带到了慈宁宫，庄太后又喜又羞，乐道：“范学士，哀家下嫁可有不妥之处?”

范文程久居关外，早知满人之俗。他说道：“太后，我满人之俗由来已久，弟娶寡嫂屡见不鲜，也在情理之中，有何不妥?”

庄太后听了这话，像吃下了一颗定心丸，点了点头，说：“哀家虽嫁，但身份不可废，所以仍居后宫，摄政王可与哀家居后宫，也可居睿王府。”

范文程点点头：“这是自然，臣认为摄政王不会强求太后去睿王府的。”

庄太后：“剩下的事全由大学士操办吧。”

范文程心中大喜，促成这段姻缘，既可得两位的恩宠，又可保先皇的帝业。想起先皇，他心里酸酸的，暗暗道：太宗，臣也是没办法，事到如今，只有如此了。百年后，在九泉之下，臣与太后再向你解释吧。

降尊下嫁多尔衮，应该是布木布泰主动提出来的，为了自己儿子的帝位，也为了搞好和情人的关系，也为了更好地监视多尔衮的举动，她不得不出此下策。

虽然所谓的正史没有史料记载，但太后下嫁此事也应该发生过，开始的时间当在顺治五年（1648）十月前后。因为在这个时间之后，顺治皇帝表彰了多尔衮治国平天下的大勋劳，尊多尔衮为皇父摄政王。将皇叔改为皇父，已经表明了多尔衮与皇帝和太后关系上的质变。

而据野史记载，清朝入关之初，摄政王多尔衮总揽朝纲，“出入宫禁，时与嫂侄居处，如家人父子”。而孝庄太后时当盛年，寡居无欢，认为多尔衮功高天下，又将帝位让给了她的儿子，忠心辅政，除非自己以身报答，不足以极其功，于是委身相事，借以笼络多尔衮。不久，多尔衮的妻子亡故，于是朝中范文程等大臣乘机鼓动皇太后与摄政王合宫，正式结婚，双方自然都很乐意。定下婚期后，就以顺治小皇帝的名义颁诏天下，宣称“太后盛年寡居，春花秋月，悄然不怡。朕贵为天子，以天下养，乃独能养口体，而不能养志，使圣母以丧偶之故，日在愁烦抑郁之中，其何以教天下之孝？皇叔摄政王现方鳏居，其身份容貌，皆为中国第一人，太后颇愿纡尊下嫁。朕仰体慈怀，敬谨遵行。一应典礼，着所司预办”。就这样，皇太后纡尊降贵，公然下嫁给了小叔子，摄政王多尔衮成了幼帝顺治的继父，其名号称为“皇父摄政王”。

诏书中说得倒也直白，年轻的皇太后终于难守空闺，红杏出墙，自愿下嫁给刚刚丧妻的多尔衮。也有些不少小说中称，早在皇太极在世时，庄妃已与多尔衮两情相悦、暗度陈仓了，此时结婚，终使两人夙愿得偿。

三、春官昨晋新仪注，大礼恭逢太后婚

为了更有力地制约多尔衮的野心，布木布泰还要求把太后下嫁的婚礼办得格外隆重、格外豪华、格外引人注目！要办得天下人皆知！所以，命礼部为太后下嫁增添新的仪注，准备使这次婚礼成为一次国家大典礼。

有了这些要求，礼部为操办这次婚礼，还专门搞了一套特殊的婚礼仪规，洋洋六大册，称为《国母大婚典礼》，极为隆重，中外文武百官都上表称贺，蔚为盛事。

如果历史上他们举行了婚礼的话，婚期应该定在了顺治六年（1649）的二月初八日，因为这一天是布木布泰的生日，太后诞辰称圣寿节，原是万民同庆的日子，再加上婚礼，喜上加喜，节庆的气氛

清代描绘帝后大婚的图画

更加热烈喜兴了。于是，太后的寿酒变成了婚宴的喜酒，清朝皇家可谓双喜临门。

婚礼欢欢喜喜、热热闹闹、轰轰烈烈，京师及天下百姓都沾到了喜气。诸王贝勒和满蒙贵族、八旗将士，都为此欢欣畅饮；汉官汉民尽管心里称奇，表面上一样称贺不已。真正了解布木布泰苦心的应该是中宫皇太后哲哲，她除了祝贺，还能说什么呢？后宫的两位太妃娜木钟和巴特玛也全力支持这一婚事，道理很清楚，对她们而言，如果多尔衮篡位，她们只能是皇嫂，论尊论贵论富，比太后和太妃就差得太远了。

这年顺治皇帝已经十二岁，还不懂汉文、不会说汉话，在满蒙额娘和嬷嬷的教养下，熟知本民族的习俗，母亲再嫁并不是什么令他觉得羞耻的事情，以他的聪颖和额娘们的提示，他能够理解母亲的行动意在保护他的皇位。

太后宫中，张灯结彩，合卺宴罢，进入洞房。一双新人，原是旧相识，新郎三十七岁，新娘三十六岁，二十多年的风风雨雨、恩恩怨怨、爱爱恨恨，终于有了今天，也算如愿以偿了。

对于这件事，当时南明著名的抗清将领、诗人张煌言在他的《张苍水诗集》中写道："上寿觞为合卺樽，慈宁宫里烂盈门。春官昨晋新仪注，大礼恭逢太后婚。"

又说："掖庭犹说册阏氏，妙选孀闺作母仪。椒寝梦回云雨散，错将虾子作龙儿。"

张煌言雕像

张煌言诗中讥讽和不屑的意味不言而喻。这首诗成于顺治七年（1650），是当世人的记载，造成了极大的轰动，在民间快速流传开

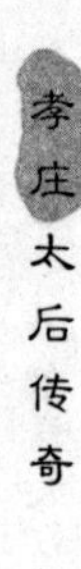

来。这情形也表明，在当时的社会心理中，在满洲人看来，这是一个再正常不过的考虑了。而从汉族人那无数贞节牌坊来看，这对于太后本身和新王朝形象的杀伤力却极大。且如果清初真有太后下嫁摄政王多尔衮，封摄政王为“皇父”一事，必然有颁诏告谕之文。然而，虽然传言众多，但一直没有关于太后下嫁的可靠史料佐证。这有可能是被皇室后人、历代帝王所隐灭造成的，因此才被弄得如此欲盖弥彰。

第三章 孝庄掣肘多尔衮 福临暗恨摄政王

一、太后下嫁，顺治得安

从太后下嫁这件事上，就完全可以看出，多尔衮虽然聪睿绝伦，但还是败在了孝庄之手。分析太后下嫁这件事，其实关键就在太后下嫁的这个“下”字上，这一个字就定下了多尔衮今后的名分和地位。

就像公主下嫁一样，驸马虽是公主的丈夫，即使其地位再高，也越不过公主的尊贵；多尔衮虽然号称皇父摄政王，其实也仅只等于是太后的“驸马”，地位总是在太后之下的。他只能是皇帝的继父、太后的后夫，仿佛此后二三百年后欧洲那些女王的“王夫”，绝不是王一样，无论是名分还是等级，他都不可能称帝。婚姻关系的羁绊、以周公相许相期的激励，使他的野心几乎化为流水。他只能做那个在历史上因辅佐侄子成就帝业而德高望重的周公了。

公主下嫁，从来都不是嫁到夫家去，而是专建公主府。布木布泰身为太后，就更不会屈居睿王府了。只有摄政王不时进宫中陪伴太后，才是正理。但这桩婚姻的特殊之处就在于，作为“驸马”的多尔衮自己还有一个妻妾成群的大家庭、一处富丽堂皇不亚于皇宫的睿王府。他只能用大多数时间在大内与太后同宫而居，间或回王府照看

照看。他的妻妾们纵然不满也不能说什么，因为论尊论贵、论才论韵，她们都绝对无法与太后匹敌。这更是对多尔衮的又一重束缚了。

不过，布木布泰也给了多尔衮极大的补偿：他以皇父摄政王的身份，处理一切政事及批示本章，可以不奉皇上之命，概称诏书圣旨下发。他已经握有皇帝的权力，其实就是代理皇帝，然而终究还是个假皇帝。因为他绝不能居皇帝之宫，绝不能登皇帝之宝座，绝不能称万岁，绝不能在太和殿朝会时受诸王百官朝贺等。天下仍然是顺治的天下，大清的皇帝仍然是福临。

二、多尔衮渐厌孝庄，摄政王出京躲避

多尔衮虽非傻瓜，但他得娶太后，亦可谓亘古第一人，此时的他正对自己的创举而自我满足着，被“皇父摄政王”的崇高称号捧得意气洋洋，被新婚妻子的柔情蜜意迷得晕晕乎乎，等到他明白自己掉进了桃红色的、甜美柔软的，却是难以摆脱的罗网时，已经晚了。

蜜月期刚过，多尔衮忽然觉察出不爽来，他忽然发现，他一生成就的顶峰，已经只能止于此地了，而且做事也没以前顺手了，以前他做事都是自己拍板后再向太后和皇帝请示，他们不敢说半个不字，现在布木布泰开始过问一些政事了，而且处处都在为儿子考虑，这让多尔衮颇为厌烦。

太后下嫁的后一个月，三月十八日，多尔衮的有力助手、他的同胞弟豫亲王多铎因患天花而病死，时年三十六岁。

四月十七日，布木布泰最亲近的情同姐妹的姑姑、中宫皇太后哲哲崩逝，享年五十一岁。

十二月二十八日，多尔衮的嫡福晋博尔济吉特氏又亡故了。多尔衮失了臂膀，布木布泰成了后宫独尊。这一连串的丧事给他们都带来极大的悲痛，但在实际利害上，却是一失一得，布木布泰又胜了多尔衮一筹。

多尔衮的壮志难酬，心理不平衡，除了政事上许多失误失策以

外，自己的贪欲也日益膨胀，出现许多不明智的举动。例如，他私自为他的嫡福晋加谥为敬孝忠恭正宫元妃。又如，在嫡福晋去世不到一个月的次年正月，他又将他的政敌肃亲王豪格之妻、他的嫡福晋之堂妹娶过府来。同时还派人去朝鲜选美女。

这无疑是不为布木布泰所喜的，但多尔衮不知收敛，且毫不避讳，他除了纳娶自己的小姨子兼侄媳妇为夫人之外，还在这一年命令朝鲜国王为自己选朝鲜美女侍候。

当时，朝鲜的姑娘们似乎不太愿意嫁给这位摄政王。结果，国王好不容易在和王室有关系的女孩子里，挑选出一位，千里迢迢地送了过来。多尔衮知道后，命令“速行进送”。并且自己还以打猎为名，出山海关前去迎接。在宁远以东的连山地方，接到了新娘子。多尔衮迫不及待地掀开车帘一看，那经过长途跋山涉水的女孩子困顿憔悴，大约离多尔衮想象的花容月貌、妩媚水灵有一些距离。多尔衮恼火至极，当场便毫无风度地把朝鲜送亲使者痛斥了一顿。说是“公主不美，侍女丑陋，足见你们国家没有诚意”。然后，立即下令把那可怜的女孩子遣送回去。并恫吓人家的使者说：“如果选来漂亮的，以前的嫌疑都可以烟消云散。不然，你就是来解释十次，也没用。”朝鲜国王只好再次下令在全国范围内征选美女。

多尔衮耽于女色，他的妻妾多达十人，算上他夺得的豪格嫡福晋和下嫁的布木布泰，共十二人。尽管在一般人眼里，多尔衮是享尽了艳福，但他的最大烦恼也是尽人皆知：有十二名妻妾，却生不出一男半女。无奈只得从拥有八子九女的亲弟弟多铎家过继来一个儿子——多铎的第五子多尔博。多尔博的生母正是多尔衮五娶福晋的亲妹妹，血缘最近。

多尔衮是摄政王，需要处理国事，但孝庄常常待在身边，仿佛是他的监护人，让他颇感不爽，便想逃出她的控制。

到了这年七月，身体虚弱又娇贵的多尔衮因嫌京师炎热，要在边外筑避暑城，竟不顾百姓死活、不顾国家的严重财政危机，向全国加派地丁银二百五十万两，一反他入关初废除明末加派三饷的初衷。这

北京故宫太和殿

些行动，可以看成他对布木布泰的婚姻束缚的反抗和示威。

多尔衮在三十岁以后，身体就不很健康了。所以，顺治元年他刚刚当上摄政王的时候，豪格就曾与人私下议论说多尔衮身体多病、难以长寿、不是有福之人、活不了几天等。豪格还因此得罪被幽禁除爵，直到顺治帝定都燕京，发大赦令，豪格才得以复爵。入关以后，军政事务繁杂劳累，多尔衮又大权独揽，负担很重，身体情况只会变差。

顺治七年（1650）十一月，多尔衮仿照他的汗兄以打猎边外来消病健身，终于无效，十二月初九日病死在喀喇城。时年三十九岁。

第七编

幸运的福临　落寞的顺治

第一章 福临之幸运 背后是孝庄

福临是历史上的幸运儿，上天给予福临的是一个极其特殊的机遇。在中国乃至整个世界的历史上，多少人费尽心机、耍尽阴谋诡计，不惜背信弃义、骨肉相残，不在乎伏尸百万、流血千里，不在乎国家存亡、天下大乱，孜孜不倦、梦寐以求而百般得不到手的皇位，五岁的福临不费吹灰之力就得到了！这真是天上掉馅饼！只是，掉到福临手中的这块馅饼，是东北到鄂霍次克海、西北到贝加尔湖、南到万里长城和大海的至少三百万平方公里版图的大清国。他难道不是天下最幸运的人？

从此以后，福临就过着和平常孩子完全不同的生活。他的衣食住行都是全国最高规格的，他的仪仗随从都是全国最庞大、最气派的，他要接受除了嫡母、生母和庶母之外的所有人的跪拜礼敬，他还要在各种隆重的祭祀活动中，代表国家和全体人民直接和天地神灵打交道。他的至高无上、至尊至贵的天子意识就这样逐渐形成，再加上他先天的敏感气质和后天娇惯出来的任性，在他幼小的心里，早早就种下了狂妄和暴戾的种子，这给他短短的一生带来许多痛苦和烦恼。

顺治元年（1644），福临刚继位不久，又一块大馅饼落到了他手中，风雨飘摇的朱明皇朝被强大的李自成农民军推翻了！大清朝多年来积蓄力量、壮大自己，终于等到了南下中原、争夺天下的时机。摄政王多尔衮倾举国之兵，如狂风暴雨一般席卷了中原大地，在一年多

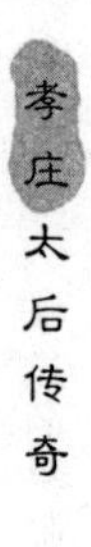

的时间里，打垮了号称百万的农民起义军，摧毁了南明弘光政权，统一了整个黄河流域和江南地区，取得了中国战争史上罕有其匹的辉煌战功，这一切，福临都是最高得益者。

为了统一天下的大业，大清国的都城从沈阳迁到北京。福临被大人们簇拥着祭祖祭陵祭告天地，然后起驾南行入关，摄政王率诸王贝勒文武大臣到通州迎驾，簇拥着小皇帝和两宫皇太后进永定门、进正阳门、进大清门，进入了紫禁城皇宫。十月初一日，福临即皇帝位于武英殿。就这样，福临无须费心筹算策划，无须临阵冲杀，就得到了明朝的江山，成为世界上面积最大、人口最多的帝国的君主。

布木布泰和福临母子俩对得到这些的感觉是不大一样的。小小的福临心安理得，因为他觉得这天下就该是他的，他是天子嘛！四月里，是他在沈阳清宫大政殿里命将出征，是他授给摄政王奉命大将军印，是他向多尔衮亲口下谕说：因朕年幼，特令摄政王代统大军，往定中原。摄政王多尔衮的“奉命大将军”，奉的就是他这位大清皇帝的圣命！如果他能亲统八旗大军，一样能得中原、得天下。

福临母亲布木布泰却心里明亮。当初多尔衮带走了大清国的几乎是全部军事力量南下入关，在短短的时间内摧枯拉朽般击败了各路对手，在北京立住了脚，那时候要想背叛他们母子，自行称帝立国，简直易如反掌。所以她心里实在为儿子，也为自己捏着把汗。多尔衮竟然主动迎请幼主迁都登基，布木布泰内心对他的感激是不言而喻的。只因为孩子太小，她还不好对小皇帝透彻明言。

一个六七岁的孩子就当了这么大国家的皇帝，福临的自尊自贵得到更大的满足。不过，随着时间的推移，随着福临年龄的增长，他的天子的自尊、大清国皇帝的感觉渐渐受到遏制和压抑，孩子那稚嫩的心灵也渐渐蒙上阴影。

第二章 孝庄情属多尔衮 福临暗恨摄政王

对于多尔衮不断纳妾的举动，孝庄应该是很反感的，可能也因此告诫过多尔衮，但二人成了夫妻关系后，平常人婚姻中面临的“围城”问题也开始困扰他们，所以孝庄后的举动恰恰又使多尔衮更加移情别恋，于是多尔衮不停地纳妾找女人，最后索性为躲避孝庄，出京建设新城来居住了，没想到事没做成，反倒死在了外面。

先不说多尔衮之死，先说说多尔衮摄政之下的福临的心理状态，或许能为多尔衮远离其母子找到另一种解说。福临从小聪明过人，这与他母亲布木布泰的教导有很大的关系，而且宫廷里等级森严，使他早就懂得奴与主、君与臣是怎么回事，也早就有天潢贵胄的优越感。母亲更会不停地向他灌输皇家至尊至贵、皇子至尊至贵的信条。所以，从他开始懂得人事起，自尊自大自信就成了他主要的性格特征。

让福临尤其受不了的是，多尔衮和他的母亲或明或暗地勾勾搭搭，这使他觉得他们两个都见不得人，自己更是为之羞愧难当。有部小说曾这样描写三人复杂敏感的相处情景：

随着一声高喊，庄太后（布木布泰）拉着顺治走了出来。多尔衮见了嫂嫂和皇上忙行君臣之礼：“臣多尔衮叩见皇上、皇太后。”

多尔衮的动作是象征性的，因为还没跪地便又起来了。明眼人一看就知礼行得很勉强。

“福临，快见过叔父。”太后（布木布泰）一推顺治道。

顺治也不十分真心地行了家礼。多尔衮根本没看他，而在看他的额娘。

庄太后今天特意打扮了一番：一头的青丝梳得整整齐齐，挽成一个高高的髻，稍稍偏在脑后，十分妩媚。那粉面略施粉黛，仍是香腮如雪，朱唇微启，一身粉白丝绸旗装，上身套一粉红坎肩，若玉树临风，杨柳依依。多尔衮已有几个月没见她了，他原本以为会忘了她，可今日才知道，这种思念时时刻刻都在折磨着自己。他不由得咽了口口水，在太后笑吟吟的示意下，坐在了首席之上。

看形式像个国宴，但多尔衮总感觉这是个家宴，自己一家三口人坐在一起吃饭，没有什么皇上、摄政王、太后，而就是阿玛、额娘和自己的儿子。有了这种感觉，多尔衮心中泛起一种幸福感，笑容也爬到脸上。

庄太后坐在多尔衮身边，轻轻笑道："十四叔，今日嫂嫂请你来是为你侄儿赔礼的。"

庄太后口吐兰香，一股香气弥漫在空中，沁入多尔衮的心里。

"福临，虽然你是皇上，但大清的江山是你十四叔打下来的，这皇位，也是你十四叔保你坐的，你怎么能顶撞十四叔呢？来，听额娘的话，向十四叔敬杯酒赔个不是，我们今后还全仰仗你十四叔呢！"

顺治看额娘那个样子，心中有气，干什么嘛，又是劝酒，又是献笑脸，这不是靠色相勾引人吗？他知道，这一切都是为了自己，但也不至于如此吧？

顺治看着额娘那威严的目光，只好端起杯对多尔衮道："皇叔，都怪侄儿年少不懂事，不该当堂顶撞皇叔。今日让侄儿为皇叔敬两杯酒，以表歉意。"

"好，好。"多尔衮的小眼笑成了一条缝。接过酒杯，一仰而尽。

庄太后伸纤手亲自把盏为多尔衮斟酒，笑吟吟地说："十四叔，俗话说，'子不教，父之过'。可惜先皇突崩，哀家又不能日日管教，福临年已十岁，还不知礼，都是我这做额娘的错。来，让哀家敬十四叔两杯，算哀家赔礼。"

庄太后说时，不由得引起悲伤，明眸含泪，盈于眶中。

美人垂泪是最让人心动的，何况又是对追慕美人的英雄！

多尔衮不由得动情，连忙说道："皇嫂请放心，福临年幼，本王不与他一般见识。有皇嫂在，本王不会对你们母子如何，也绝不允许其他人对你们如何！"

说到这，多尔衮一挺身子，像只发现敌情的公鸡，用身子护住身后的母鸡和鸡雏。

几杯酒下肚，多尔衮趁着酒意，胆子渐渐大了，常直勾勾地去看庄太后。庄太后也不回避，正面迎上去，两人四目传情，秋波暗送。这边的顺治气得发晕。顺治已满十岁，已懂男女之事，额娘与十四叔这算怎么回事？

"额娘，儿臣已吃饱了，宫中还有事，先走一步了。"说罢起身而去，把那两人撇在桌旁发愣。

"这孩子，脾气太倔，十四叔还要多包涵。"

庄太后先打破了这尴尬局面，笑笑道。

孝庄皇太后曾经居住的慈宁宫

多尔衮见顺治走了，自己表情达意没有障碍了，便大胆地看着庄

太后，笑道："皇嫂，几月不见，可想死弟弟了。"

庄太后粉面飞红，斜目嗔视："十四叔，你就别拿老嫂开心了。明南宫美女如云，你怎会想起你嫂嫂？"

多尔衮心中不由得一荡，这娘们儿今天说话比以往温柔，也更上路，于是道："皇嫂笑话本王了。那些个女人比起皇嫂来，简直就是乌鸡和凤凰相比。"

庄太后见多尔衮说话时双目含情，知道他说的是真心话，但嘴上仍道："十四叔，别再哄老嫂高兴了。南宫中美女如云，听说最近朝鲜国王又为南宫送来个公主。十四叔哪还能想到后宫还有个老嫂，半老徐娘、人老珠黄的。来，就凭十四叔能说这句话，干了这杯酒。"

多尔衮一饮而尽，仍认真地说："皇嫂永远年轻，越来越水灵了，一点儿也不老。你看这脸，仍像个十八岁的姑娘。"

多尔衮竟动手摸了摸太后的脸。太后并不太恼，她已有新的打算，因为老打擦边球，会让他失去信心的。再说，这个人也不坏，有抱负、有智谋，若是真心待我们母子，嫁他又何妨呢？

有了这个念头，庄太后不由得玉面微红、心跳加快。多尔衮以为是自己失手，才致太后害羞如此，便稍稍收敛。

庄太后像忽然想起什么似的，正色道："十四叔，肃王到底犯了什么罪了，让你们叔侄俩当着众臣的面吵了起来？"

多尔衮虽有些心猿意马，但仍有警惕性，对此一言不发。

庄太后知道他的心思，笑道："哀家知道，祖上的规矩，后宫不得干政。哀家无意干涉，只是想提醒十四叔一句，祖上也有不杀亲王的规矩。再说，肃王也是十四叔的亲侄子，虎毒尚且不食子，何况人呢？"

多尔衮笑笑道："肃王之事自有前廷群臣议定，不过太后之言，本王也听到了。我多尔衮不会让人指着脊梁骨骂的。"

"有十四叔这话，哀家就放心了。来，我们再喝一杯。"

双方你斟我饮，重又坠入温柔乡中。一直饮到掌灯时分，才罢席而去。席间，多尔衮说了多少醉话、做了多少荤事，只有庄太后知道。

对福临而言，不仅是多尔衮勾引他的母亲让他下不来台，更大的威胁是，多尔衮竟把属于他的皇帝印信取回他的王府贮存使用；多尔衮屡加尊号，由摄政王到叔父摄政王又到皇叔父摄政王，离皇权步步逼近；多尔衮借口身体有病，竟不肯对小皇帝跪拜了……随着多尔衮日益专擅，福临也越来越多地感受到两宫皇太后忧心忡忡，他心头的压抑感也越来越沉重，他开始体会历史上强臣董卓、曹操辈执掌权柄时，那些小皇帝惶惶不可终日的恐惧。

福临也曾向母亲发泄对多尔衮的不满，母亲则平静地向他叙述当年多尔衮让位之德和忠于幼主、征明安天下的大功劳，意在使福临感激多尔衮，平息他的情绪。结果却适得其反。福临自尊心极强，受人恩惠而不得不回报，本身就是难以忍受的屈辱，于是，在他表面的感激下面，就更深地潜藏了愤恨和对多尔衮的仇视……

多尔衮逼得更紧了：大臣们屡次上奏要求为皇帝请师傅读书学史，都被多尔衮以福临年幼为名拒绝；福临的侍卫亲随渐次换成了多尔衮的亲信，日夜监视皇帝的行动，对小皇上全无臣礼，毫不尊敬；从摄政王府传出多尔衮欲自为皇帝、以福临为太子的信息……

这些无疑全是危险信号！母亲和儿子都感到了巨大的威胁已经黑云压顶。为了保护儿子，为了保住儿子的皇位，母亲采取了一个坚决而有效的步骤——以皇太后之尊下嫁摄政王！这实在是布木布泰作为政治家的大手笔。

不可否认，布木布泰与多尔衮从少年时代起，就彼此倾慕，彼此怀有深切的情愫。二十多年的宫廷内外的斗争磨炼，早就使布木布泰变得处事清醒又冷静。她很懂得绝不可感情用事，但在必要的时候却可以用感情去做事，以达到比感情本身更高的目的。

当初两白旗与两黄旗争夺皇位时，布木布泰以情爱、婚约甚至委身的办法取得多尔衮的谅解和退让，使儿子得践帝位；此刻，她又以感情为牢笼、下嫁为手段，笼络住多尔衮的情，限制住多尔衮的篡位野心，进一步维护儿子的皇位，保护母子的安全。但多尔衮的背离，也使孝庄十分伤心，为此，她应该会考虑自己该如何采取行动了。

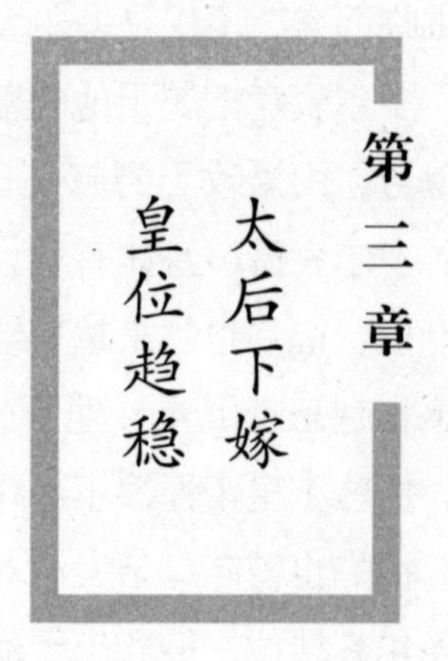

第三章 太后下嫁 皇位趋稳

母亲下嫁叔父，福临虽然心里不痛快，但他说不出什么来，因为收继婚是满蒙藏等游牧渔猎民族的婚姻习俗，皇室从本民族之俗也很自然，福临也十分清楚的：祖父努尔哈赤的第二大福晋是从族兄那里收继来的，父亲皇太极的宸妃、贵妃和淑妃原来也都是别人的妻子；叔父英亲王阿济格娶过他哥哥德格类的福晋，大哥肃亲王豪格和堂兄克勤郡王岳托娶了叔父莽古尔泰的福晋，摄政王多尔衮又娶肃亲王豪格之妻为继福晋。就是福临自己后来也把弟弟的妻子收进宫来立为贵妃。

福临虽然做事有些狂妄自大，但也很聪明，布木布泰和多尔衮成为情人之时，他已经长到十一岁，怎么也能懂得母亲为保护自己而采取这一行动的苦心。

但是，男子汉大丈夫不能保护母亲、不能自保，倒需要母亲用下嫁的方式来卵翼护佑，这是他所不能忍受的！他自然迁怒于多尔衮，旧恨新仇，从此愈积愈深。

太后下嫁，母子便分宫而居了，常常数月不得一见。母子亲情被隔断，母亲的关怀爱护被夺走，又处在摄政王的亲信们时时刻刻的监视之中，不知何日会有性命之忧，福临的恐惧、孤独、寂寞、痛苦可想而知，而且他的痛苦、他的心事无人可以倾诉，无人能够分担。对一个十一岁的孩子来说，这境遇实在是太残酷了！

其实不但是太后下嫁之后，就是没有下嫁时，福临也是不能常与母亲见面的。

清朝来到北京，迅速向明朝学习，很快完善了体制上的各种规章制度，除军事上以八旗制度为其根本之外，其余几乎全部沿袭了明朝的制度设计。多尔衮率大军入关时，一再宣称自己的天下是得自李自成，而不是夺明朝之天下。与此异曲同工的是，顺治三年，以顺治皇帝的名义作序，将朱元璋的《洪武宝训》颁行天下，直截了当地自认为是明朝的继承人，将与天下共同遵守大明祖训。这是中国历史上改朝换代时从未有过的景象，在很大程度上，起到了收揽人心的功效。

但这种情形也直接影响到了小皇帝福临的日常生活。譬如，按照大明祖制，皇家子女出生后，不能由亲生母亲抚养，要交由宫中女官、乳母、宫女、太监和师傅们养育辅导。到北京后，孝庄皇太后住进了慈宁宫，七岁的福临大约是住在位育宫，按要求他只能和母亲分开来自己单独住。

位育宫

多年以后，早已把死后的多尔衮批判得一文不值的顺治皇帝，仍然充满怨恨地谈到，多尔衮摄政时，自己和皇太后要分别居住在不同的宫室里，经常要几个月才能见上一面，以至于皇太后时时牵挂，特别难受。

顺治皇帝将此归罪于多尔衮，肯定有他的道理。从多尔衮的角度看，将他们母子隔开，固然有皇家制度的因素在起作用，不过，多尔衮和孝庄之间的私情，可能是更重要的原因。

今天，我们已经很难知道多尔衮与孝庄皇太后之间的感情究竟是怎样的情形，但福临长大后，性情偏执强烈，形成严重的分裂型人格，和自己母亲孝庄皇太后的关系也恶化到几乎无法弥补的程度。从一般心理学规律判断，这种情形，必定和他童年与少年时期的成长经历密切相关。而多尔衮和孝庄皇太后的关系，可能使他受到过极大的刺激。这应该是他切齿痛恨多尔衮的最重要原因。

随着年龄越来越大，身为皇帝的福临可能日益感受到了多尔衮庞大权势的威压，他极其讨厌多尔衮对自己的操纵。

福临在北京第二次登基后，便颁布诏书，认为多尔衮的功德与辅佐周成王的周公比较起来，有过之而无不及。因此，加封多尔衮为“叔父摄政王”，命令为他立碑以纪念这些功德。福临还封另一位辅政王济尔哈朗为信义辅政叔王，从此，济尔哈朗不但在实际上，而且在名位上也正式退居到了多尔衮之下许多。

第二年初，陕西道监察御史赵开心上疏，认为“称号必须正名”。叔父摄政王是皇帝的叔父，只有皇帝可以这样称呼，若大家都这样叫，就没有了上下尊卑之别。因此，应该在“叔父摄政王”前面加一个“皇”字，以便让天下臣民知道，此“叔父”非彼“叔父”也。于是，帝国政府机器又紧急开动，规定从今而后，一切形诸文字时，都必须称“皇叔父摄政王”，在一切仪注礼节上，皇叔父摄政王都只比皇帝略少一点点，而远高于其他王公大臣。

顺治三年五月，多尔衮将所有信符收到王府管理。这是调遣全国军队的唯一凭证，本来是唯有皇帝才有权力独握的军国至重之器。多尔衮的理由是，这玩意儿收藏在大内，一有调遣，太不方便。于是，将其拿到了自己手里。

多尔衮死后，这件事被当成他心怀不轨的证据之一。其实，恰恰是这件事，方才表明多尔衮真的没有谋夺皇位的心思。想想看，从拿到调动全国军队的兵符军权，到多尔衮死去，其间间隔了四年半时间。在这么长时间里，多尔衮要想夺位，恐怕是没有人能够拦得住他的。有人认为，是因为代善健在，他的号召力及其两红旗导致了多尔衮不敢轻举妄动。其实，这个理由大约同样很难成立。代善是在顺治五年十月死的。这一年，豪格已经死去，济尔哈朗的辅政王之位也在前一年被多铎取而代之。即便在这种政治、军事势力完全一边倒的情势下，在两年多时间里，仍然没有任何坚强的证据，能够证明多尔衮曾经有过谋取皇位的行动。

对于多尔衮的专权，福临虽心里有气，但并没有过多地表现出来，这或许是母亲给过他暗示，早熟的福临心领神会，小小年纪，就玩起了韬晦的把戏。他成天装得没心没肺、玩闹嬉戏，不是闲游乱逛，就是逗猫惹狗；今天迷上打猎，驰马飞奔、射兔射雉，明天又要打鱼，驾船下网、乐不思归，全然像个没出息的贪玩好动的野小子。对摄政王则感激加恭敬，从无违逆的表情。他的戏演得不错，摄政王始终当他是个长不大的孩子，始终没有看透他内心的仇恨。所以篡位夺权的行动始终顾虑重重。终摄政王执政之期，福临得以安全无事。

福临为此不可能不付出高昂的代价。由于他长期陷入心理矛盾中，要用外表的贪玩嬉戏、无所事事来掩盖内心的仇恨和算计；又要以高傲的天潢贵胄的优越面孔去压住内心的软弱和胆怯，他本是个敏感的孩子，复杂境遇的刺激，使他变得喜怒无常、神经质。他的病态自尊可以发展到刚愎自用、狂暴，常常以鞭打侍从太监来发泄仇恨和怒气；但他内心的自卑又使他脆弱到暗自落泪。这样的心理矛盾和复杂性格，为他后来的政治生涯带来灾难性的后果。

如果没有布木布泰替福临操持着一切，真不知他会做出什么事来，如果不是多尔衮英年早逝，结束了摄政局面，中断了福临的极不

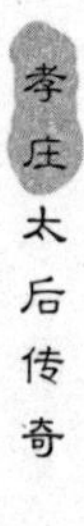

正常的成长环境，也说不定他们之间会发生什么。不然，福临会变成一个孤僻、冷漠、忌刻的怪人，甚至会发疯也说不定。

福临时期的瓷器

摄政王多尔衮对大清国定鼎燕京确实有大功，但他也演了一出千百年来屡演不衰的权力迷人、蚀人、害人、断送人的老戏。本来他羸弱的身体就已经与最高掌权执政者的职责难以适应了，却又不停地操劳、不断地纳妾，以致年仅三十九岁就一命呜呼了。

第八编

多尔衮死亡　顺治帝亲政

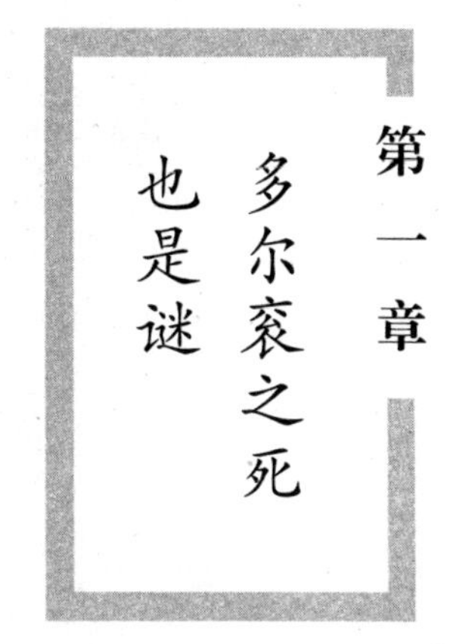

第一章 多尔衮之死也是谜

多尔衮正值壮年，因何而死？说法也是相当的多。关于他的死因，官方史书记载较为含糊。说是顺治七年（1650）十一月，多尔衮出猎古北口外，不慎坠马，膝盖受伤，涂以凉膏。十二月初九日戌时，也就是晚上七点到九点，多尔衮死于喀喇城，年仅三十九岁。

满族早先是娴于骑马射箭的民族。贵族酷好放鹰围猎，一则游乐，一则习武，寓教于乐，何乐而不为？多尔衮从小也乐此不疲。顺治元年（1644），一群日本人乘船遇险，漂流到今图们江口一带，辗转来到北京，居留一年之久，被清政府礼送回国。在他们的报告《韃靼漂流记》中写道："在北京，有一次我们亲眼看到九王子（多尔衮）出城打猎，后面跟随着很多人马，带了很多大鹰，足有一千多只，实在是太多了。"多尔衮每年多次出猎，有时在郊区，有时往塞外。何以因坠马伤了膝盖便死了呢？此说不免有些勉强。

有人对其死做过分析，认为其原因至少有以下几种。

第一，多尔衮体弱多病。用豪格诅咒多尔衮的话说，他是个"有病无福"之人。多尔衮身材细瘦，素患风疾，入关后病情日重，常常头昏目眩，一度病情加剧，以致在小皇帝面前跪拜都很困难，所以特别恩准他免于跪拜。即便疾病缠身，多尔衮仍日理万机，始终兢兢业业。他一再谕令臣下，奏章务求简明扼要，不许有浮泛无据之词，以免徒费精神。据多尔衮自己说，他之所以体弱神疲，是由于关外松山之战时亲自披坚执锐、劳心焦思种下的病根。

清代将领服装

第二，多尔衮深受精神创伤。顺治六年（1649）三月，多尔衮的亲弟弟，年仅三十六岁的多铎因出天花而死，两个弟妹（多铎的两位福晋）坚持一同殉死；接着两位嫂子即阿济格的福晋也因出天花相继而亡。这对体弱多病的多尔衮来说，形成沉重的心理负担，冥冥中总感觉灾祸的降临。不久，他的元妃博尔济吉特氏又因天花去世。亲人们接二连三死去，犹如巨大的阴影，笼罩在多尔衮心头，使他终日闷闷不乐，病情加剧。

第三，多尔衮纵欲过度。俗话说“英雄难过美人关”，多尔衮这样的旷世奇才也不例外。他的妻妾究竟有多少，很难说清楚，有名分可查的至少有十个妃子（六妻四妾），其中蒙古女子六人，朝鲜女子一人。在成群的佳丽中，值得一提的有三个人。

1. 元妃博尔济吉特氏，蒙古科尔沁部桑噶尔寨贝勒的女儿。后金天命九年（1624）她与多尔衮成婚时，多尔衮只有十三岁。顺治六年博尔济吉特氏逝世。他们相濡以沫，在一起生活了二十五年，多尔衮对她的感情很深，追封她为敬孝忠恭正宫元妃。多尔衮去世，博尔济吉特氏又被追封为敬孝忠恭义皇后。

2. 五妃博尔济吉特氏，蒙古科尔沁部索诺布台吉的女儿。原是肃亲王豪格的福晋。豪格被幽禁而死，多尔衮把她迎进王府，成为自己的王妃。

3. 六妃李氏，朝鲜人，朝鲜金林郡公李开音之女，即朝鲜义顺公主。顺治七年（1650），多尔衮在迎娶豪格遗孀的同时，又派亲信去朝鲜选美，结果十六岁的李氏被选中。多尔衮亲自前往迎娶，未举行任何仪式，就与李氏在连山成婚。不久，多尔衮就撒手尘寰。

第四，多尔衮有偏头痛之症。偏头痛是一种反复发作的头痛，一般情况下无危险性。所以尽管多尔衮很年轻时就患有此症，备受折磨，可并没有危险，当心情好，休息好时，病情就可缓解。他还能领兵打仗，筹划国事。历史上多尔衮自述是在松山大战时，劳神焦思，几天几夜，不眠不休，落下病根，也非常符合偏头痛的发病原理。多尔衮率军入关后，一度为疾颇剧，相信是和日理万机、疲劳过度、精神紧张、兼水土不服、关内关外气候差异过大这些因素有关，全是偏头痛的诱发因素，但史料对此却无佐证。

第五，多尔衮是死于“气胸”。气胸指当空气或其他气体进入肺周围的胸膜间隙时所有或部分的肺塌陷。气胸有不同的类型：开放性、自发性和张力性气胸。本病是常见的呼吸急症，大多发病急骤，病情严重，要求迅速作出诊断和正确处理。否则可因肺脏萎缩和纵隔受压移位导致急性进行性呼吸、循环功能衰竭而死亡。自发性气胸指

经常规胸部 X 线检查未发现病变者发生的气胸，主要发病机制为：肺压增大，正常人在坐位时，使肺收缩和扩张的跨肺压肺尖比肺底部高 8—10 厘米，而瘦高体型人，因胸腔狭小，使跨肺压的区域性差别变得更大，肺尖部位的肺泡因承受相当大的平均扩张压可破裂，空气沿着肺小叶间隔进入肺周围形成气胸。血液供应差，与肺尖部距肺部大血管远有关，因抵抗力弱易形成气胸。对于多数自发性气胸，病因不甚明了，一般认为是肺尖部胸膜下大疱破裂。自发性气胸患者男、女性比例为 6∶1，典型的患者是身材瘦削的高个青年。尤其合并有抽烟习惯者身上。对照这些临床症状来分析多尔衮的死因。多尔衮是个瘦高个，根据他穿过的甲胄估算，其身高将近 1.90 米。

而多尔衮又喜欢抽烟，史书上记载："九王好南烟"，大概是整日劳神焦思，体力精神不济，要用烟来刺激提神。由此可看出多尔衮属于典型的气胸高危险群。气胸患者初时几乎没什么感觉，可能会偶感胸闷，有些轻微的呼吸困难，如果变严重，病程就会发展得很快。史书上多尔衮的病况记述中他常提到略感到胸闷，但是无其他大碍。后来多尔衮去喀喇城行猎，发病坠马，摔伤双膝，可是膝伤决不会导致死亡。应是多尔衮从京城到喀喇城路上鞍马劳顿，那时正是十二月，塞外气候严寒，与京城大不相同，劳累和气温差异让他有些不适应，不小心坠马的。坠马使多尔衮的胸部受到撞击震荡，史书上说多尔衮坠马后有咯血，很符合气胸患者的临床表现。但咯血不是致命原因，咯血说明他肺部的破洞更大了，肺漏气就更快，漏出来的气积在胸腔内，行成正压，导致肺萎缩，令他无法呼吸，这才是致命原因。

第六，综合性原因。多尔衮其实不算是暴毙。不过他的死现在看来真是有种太是时候的感觉，刚好让出位置让小皇帝亲政。本来多尔衮给顺治定的婚事时间就是定在顺治八年，顺治十四岁让其完婚的，而旧制皇帝大婚后就算做成人了，当然应该还政于顺治，可见多尔衮是决定了于顺治八年就将权力交给福临的。

多尔衮年纪轻轻的，病却不少。相关历史资料上对他的外貌描述都是"身材细瘦"这个词。他素患风疾，入关后病情日重，常常

"头昏目涨，体中时复不快"。刚到北京时，又复一度"为疾颇剧"，顺治四年以后，由于风疾加重，跪拜不便，使他时感"几务日繁，疲于应裁"，但他始终以全副精神经营清王朝的大业，牢牢控制着军国重务。为此他一再令臣下，"章疏都须择切要者以闻"，要求文字简明扼要，以五百字为限，不允许有浮泛无据之词，以免徒费精神。据多尔衮自己说，他之体弱神疲，是由于早年战争时劳心焦思种下的病根。后来又添了头痛症和咯血症，病情加重。

多尔衮的病情与情绪也有很大关系。在不长的时间里，多尔衮身边最重要的三位亲人相继离去，对多尔衮的打击实在太大了，以至于郁郁寡欢，再也提不起精神。并于一年后去世。

顺治七年，多尔衮一度病重不起，便任命了三位辅政大臣代自己理政，但等到阴历十一月间，好像病情好多了，于是才有后面的去喀喇城狩猎。

河北省滦平县（喀喇城）长城

从清廷对于多尔衮的这次出巡所列的时间表上看，他的这次出行更像是一场外交访问，他在十一月下旬出发，在关外约见了多个蒙古部落的首领并与他们饮宴，还以顺治的名义和他个人的名义赠送给各部落领袖礼物，从记录看双方相聚甚欢。聚会过后，可能是兴之所至就进行狩猎活动，而且是一边聚饮，一边会猎。要知道满族习惯，狩猎是一种娱乐活动，可以和军事训练、外交、家庭聚会、健身、散心等有关，并不是纯粹打猎。

另外，除了外交，多尔衮也有军事冬训的意思，重要的亲王贵族这次几乎都有随行。在这过程中一些亲王包括阿济格、多尼等陆续回京，而多尔衮在聚会后身体状况急转直下，可能坠马受伤，膝创甚，涂以凉膏，太医傅胤祖认为用错了药。

到十二月初七病重，转途至喀喇城住宿，并于初九晚戌时去世。所以他并不是专程去喀喇城的，而是根据随行医师或近侍的建议，因为不适合继续赶路，才来到喀喇城休息，不想却死于此地。从他患有“风疾”并伴有眩晕的症状看，他的病和他哥哥皇太极很像，也有可能和高血压有关。

但是，考虑到多尔衮执政后期时他与福临和孝庄的矛盾，以及孝庄为保住福临的帝位而做出的必要行动，那么多尔衮的死，或许会有另一种答案了。因为以孝庄的心机和能耐，她那么做也是不无可能的，不过这只是一种猜测，没有任何一种史料能够提供证据。

第二章 多尔衮与福临之关系与矛盾

一、皇父摄政王，远比皇帝强

有不少史学家认为，由于多尔衮是摄政王的关系，因此他注定会是悲剧性的结局。因为就历史上看，没有哪个摄政王有好下场的。多尔衮熟读汉家书，他怎会不清楚周公摄政时被周成王憋得三个月不说一句话，不敢说话，不敢出家门，生怕人家误会他要谋权篡位。往近了说，多尔衮更清楚万历小皇帝是如何对付张居正的。

根据《明史》记载，万历小皇帝十岁继位，由于皇太后极为信任张居正，所以把所有的大权交给张居正。张居正对于十岁的万历小皇帝进行了严格、全面、系统的教育。但正是他的全面、系统、严格的管教造成了小皇帝的叛逆心理。十年后张居正一死，万历小皇帝马上不顾自己母亲的一切教诲，对其扒坟掘墓、锉骨扬灰，这就是他对于张居正的报复。不仅如此，他还拒绝上朝，拒绝批改文件，拒绝好好治理国家，可以说，没有张居正教育的这个高徒，明朝恐怕还不至于灭亡得那么快。

1648 年即大清顺治五年十一月初八日，时为冬至，大清入关已经进入第五个年头。顺治皇帝在南郊祭祀时，颁诏大赦天下。诏曰："叔父摄政王治安天下，有大勋劳，宜加殊礼，以崇功德，尊为皇父摄政王。凡诏疏皆书之。”以前，在“叔父摄政王”前面加一个“皇”字表示这位叔父是皇帝的叔父。如今，在“摄政王”前面加上“皇父”二字，在字面上理解，自然是表明这位摄政王是皇帝的父亲。这种情形，在中国历史上似乎还从来没有过。从而引发出了皇太后下嫁多尔衮的疑案，成为大清朝前期的又一个历史谜团。

然而，不管真实情形如何，“皇父摄政王”这顶大帽子戴在多尔衮的头上后，至少可以令皇家那忐忑不安的心，变得稍许安宁一些。因为自古以来，有儿子篡夺父亲皇位的，也有叔叔抢夺侄子皇位的，却很少见到过父亲抢夺儿子皇位这一说。从当时的情形看，这个主意不管是什么人出的，但最终定夺的人，显然应该是孝庄皇太后。因此，皇太后是否经过大婚而下嫁多尔衮就变得一点都不重要了。

重要的是，“皇父摄政王”这样一个称呼，只能让人作两种理解，其一，肯定了多尔衮与皇太后事实上的婚姻——夫妻关系，从而，确定了多尔衮“皇父”的地位；其二，若多尔衮与皇太后之间没有事实上的婚姻——夫妻关系，就只能说，多尔衮被这位皇太后玩弄于股掌之上了。从当时的情势看，后一种可能性不是很大。在未来的岁月里，实事求是地说，英雄一世的多尔衮，的确有被这位皇太后玩弄的迹象，但应该不仅仅是在这一件事情上。

后来，有学者极力要用中国文化传统来解释，认为这里的“皇父”，和古代的诸如“尚父”“仲父”“亚父”等是一个意思，只是一个尊崇的称呼。譬如，明清史权威人士孟森先生就持这种看法，但大名鼎鼎的胡适先生则无法接受这样的解释。就文化发展来说，有一个十分普遍的规律，政治制度的转换演变相对较快，而文化习俗的转换演变则要缓慢得多。对于入关不到五年、远远没有废止多种婚姻形式的满洲习俗来说，上述的解释似乎太过煞费苦心了一点。结果，把明明白白摆在那儿的一件事儿，弄得复杂无比。但不争的一点是，此时的小皇帝，是完全笼罩在摄政王的权力之下的。

1650 年即大清顺治七年，是多尔衮生命的最后一年。有记载显示，在这最后一段岁月里，皇父摄政王多尔衮大体上是纵情于声色犬马之中，并无想篡位之嫌，孟森先生对多尔衮的评价倒是不低。他认为：“其功高而不干帝位，为自古史册所仅见。”

赫图阿拉故城——多尔衮的出生地

据说多尔衮酷嗜烟草，每日烟袋不离口。今天的人们可能觉得抽点烟没有什么，但那时候可不一样。烟草是在大明万历年间传入我国的，时间并不长，当时，人们认为烟草可以“辟瘴气”，“边上人寒疾，非此不治，关外至以一马易一斤”（赵翼《陔余丛考》，卷三十三，烟草）。就是说，在当时的东北地区，一斤烟草的价格和一匹马相等，和野生的人参差不多了。因此，不是富贵人家肯定是吸不起烟草的，抽烟在明清交替之际是一种很高档很奢侈的嗜好。

多尔衮酷爱狩猎，饲养了三千多只各种名犬，还有不知数目的良马与猎鹰。当时，一位外国传教士目睹过多尔衮出猎时的壮观景象。在他的笔下，多尔衮一次出动的大型猎鹰就有一千多只。

多尔衮不喜欢北京潮湿闷热的夏天，准备在清凉的喀喇城修建一座夏宫避暑。为此，他下令在河北、山东等九个省份，除正常赋税外，加派地丁白银二百四十九万两，此举一出，一时间举国骚然。巨

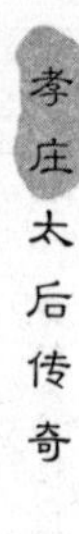

大的成功，权势的膨胀，心中的不平，声色犬马的追逐，使他变成了一个没人敢碰的魔头。

承德避暑山庄

二、教育顺其自然，却是适得其反

从摄政追始，多尔衮对后宫和小皇帝采取了两各方面的措施，第一，规定从孝庄皇太后开始严格执行后宫不得干政的制度；第二，是对于顺治小皇帝采取顺其自然的教育办法。

在关外的时候，多尔衮就给顺治请了五位师傅，三个满人，两个汉人，五人进行教育，入关后，他又给他派了三个新的师傅，结果小皇帝不满了，顺治成年以后经常抱怨，说叔叔摄政王就怕我学习好，成天让我玩，其实满人从小在马背上长大的，所以骑马射箭就是他们的传统，这是满族的教诲啊，怎么可以说是光让他玩不让他学呢。

在治国上，多尔衮要求顺治每天和他临朝听政，让他在不知不觉中，边玩边学的过程中，耳濡目染，让他学会如何驾驭自己的臣子。

对于长幼关系上来讲，多尔衮做得不好，他觉得顺治是自己的侄儿，自己又没儿子，我对他的教育是应该的，可是顺治可不这么想，他的汉文老师就对他说，您生下来就是皇上，谁都得听您的，谁在您面前说话都得自称奴才，顺治皇帝也就接受了这个汉人观点，觉得他叔叔摄政王就不应该大声和我说话，他应该怕我，不应该是我怕他。这样，顺治开始对多尔衮有不满的地方了，两个人之间产生了矛盾。

从史料中推测，多尔衮对这小皇帝可能只是冷漠而已，找不到他挟巨大权势威迫小皇帝的事例。相反，多尔衮还在许多场合坚定维护着小皇帝的尊严。有一次，济尔哈朗等人商议，要将对摄政王的礼仪提高到诸王之上。多尔衮说："在皇上面前不敢违礼，其他可以像你们商量的那样办。"第二天上朝时，诸王公大臣们在朝门口跪着迎接多尔衮，多尔衮马上命令掉头回去，并责问他们何故如此。史料中，不止一次记载着多尔衮"待皇帝长大后，就要归政给皇帝"的谈话。据说，多尔衮说过一段话，一百多年后，乾隆皇帝在实录中读到这段话时，曾经感动得潸然泪下。

当时，多尔衮召集王公大臣开会，对他们说："现在大家只知道取媚于我，很少尊敬皇上。我岂能容忍这样？当年，皇太极死时，大家跪着请我继大位，我誓死不从，遂推举了现在的皇上。那个时候，我尚且不肯做这样的事情，今天难道能够容忍你们不敬皇上而来给我拍马屁吗？从今以后，凡是忠于皇上的，我就会爱他用他，否则，虽然给我献媚，我也绝不宽恕。"这种情形，显然和多尔衮在推举福临时的顾全大局是一致的。

另外，那一口恶气梗在多尔衮心头，使他的一些举措失当，也让他大失人心，为他死后的悲惨遭遇埋下了伏笔。这些举措中，最重要的就是修理济尔哈朗和除去豪格。

顺治四年底，接替济尔哈朗为辅政王的多铎，率领王公大臣上奏皇帝和皇叔父摄政王，说是考虑到皇叔父摄政王劳苦功高、日理万机且患有风疾，为了不使他过于劳累而影响国家大政，像跪拜这类小事应该免去。从此，在皇帝面前，多尔衮"跪拜永行停止"。不久，据说为了避免皇叔父摄政王每天上朝过于劳累，文武百官陆续开始到摄政

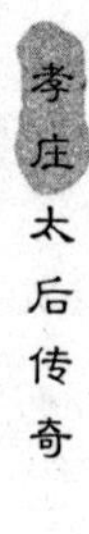

王府去面请裁决政务。就此，多尔衮的府邸成了国家权力的中枢。

从史书记载上看，上述所说的情况可能确为事实。在二十多年的戎马生涯中，多尔衮鞍马劳顿，应是伤痛不少。诸多史籍中谈到多尔衮身患“暗疾”，很难考证究竟是什么病。从此处所说的风疾和后来多尔衮的猝死看，有可能和心脑血管或高血压一类疾病有关。

从多尔衮的角度看，他有理由得到这样的礼遇。若从帝制传统看，对臣下的这种体贴只能出自皇帝，否则，就是标准的大不敬，是目无君上，是无人臣礼，是专横跋扈、擅权专政。这每款罪名，都足够凌迟处死了，因此，决然不是件小事。

从实际情况判断，在百战归来的多尔衮心里，可能也确实没把这小皇帝太放在眼里，他对这位小皇帝可能很严厉，丝毫也不假以辞色。当多尔衮铁马金戈在血肉横飞的风云变幻中缔造大清帝国时，那乳臭未干的小毛头可能正拖着鼻涕赖在母亲怀里撒娇呢。假如不是为了帝国的利益，不是为了那位孝庄皇太后，多尔衮不干净利索地拿下皇位，已经算是太对得起他了。

而在内心深处，多尔衮极深的隐痛和愤懑并没有随着功成名就、位隆权重而消退。因此，他才会说：“若以我为君，以今上居储位，我何以有此病症?”表明他心中的天人交战从未止息。他对皇太极的恩怨纠葛，对豪格的切齿痛恨，两次与皇位失之交臂的遗憾，对孝庄皇太后的情意，对帝国肩负的责任，定鼎中原对大清帝国毋庸置疑的丰功伟绩，一切的一切无不交相煎迫，至少在他心中可能是充满了焦虑和愤恨不平。这可能是他高度复杂矛盾和诸多作为的逻辑起点。

顺治四年二月，多尔衮以济尔哈朗修建的王府超出标准为由，下令罚款两千两白银，并罢免了他辅政王的名位。其实，这只是表面的理由，其中，有两个真实的隐情。济尔哈朗曾经对一个高级官员巩阿岱谈道：“皇子福临继位是件好事，没什么可说的。唯一令人忧虑的是有人想篡位。”显然，这里针对的是多尔衮。这个巩阿岱当时如何表示不得而知。事后，他向多尔衮告了密，导致多尔衮罗织罪名，贬黜了济尔哈朗。还有一个原因是，多尔衮与同胞弟弟多铎的感情最好，打掉济尔哈朗是为了给多铎当辅政王腾出位置。

事情到此还没有结束。第二年，顺治五年二月，豪格平定四川立下大功。返回京城后，不到一个月，多尔衮找来两个很可笑的罪名，其一说他包庇手下的一个中级军官贪冒军功，其二说他提拔重用了一个罪人的弟弟。然后，不由分说地将豪格幽禁起来。三月，幽禁中的豪格没有任何征兆地死去，时年仅仅三十九岁。

与此同时，多尔衮兴起大狱，一批八旗高级将领控告济尔哈朗，说当初一些人谋立豪格为帝，济尔哈朗知情不举。就此，将努尔哈赤时代开国五大臣额亦都、费英东等人的子侄牵连进来，许多人被抄家并关进了监狱。济尔哈朗则据说是从宽处理，被降为郡王。

这种情形充满了乖戾不祥的气息，表明多尔衮在权势的膨胀中，已经不再是那个富有远见、运筹帷幄的政治家。当他不惜采用残忍下流的手段对付异己时，就和中国历史上那些阴狠低级的政客没有什么两样了。这是他的身后遭遇和失去历史尊敬的重要原因。

让人不理解的是，时年十一岁的小皇帝福临和那位比他大了近三十岁的豪格大哥感情甚好，不知为何，豪格对这位抢走自己帝位的小弟弟并不忌恨，还很喜欢他，这可能是他觉得自己没有称帝是多尔衮在作梗，和小福临没有关系的缘故。豪格平定四川，斩了张献忠，可以说是立了大功回京，小皇帝十分兴奋，专门在太和殿设宴慰劳豪格。谁知，为大哥庆功的热乎劲儿还没有过去，就传来豪格的死讯。

于是，多尔衮和顺治两个人产生的矛盾越来越深，成见越来越深，此时的多尔衮产生了及早归政的想法，在1649年年初，多尔衮做出了归政的决定，对于做这种决定是非常惨痛的，自己现在不是一人之下万人之上的摄政王了，感觉无法面对那些大臣，再有现在自己只是个旗主，况且这个旗主还有一半是自己哥哥的，这个时候，他就产生了想要离京，前往镶白旗的驻地永平地区的想法，但此时，多尔衮的病又犯了。

多尔衮在1639年到1640年的松锦大战中落下病根，他征战天下，运筹帷幄，在一天比一天忙碌的生活中，还没有好好地休息，豪

格早就说他有隐疾，在 1649 年的秋天终于患病了。

清代绘画中皇家狩猎的情景

史上说多尔衮那一年是骑马狩猎时从马上摔下来的，膝盖磕破了皮，用石灰抹了抹，结果病没治好，反而越来越重了，数日后，就在顺治七年十二月初九，功勋卓著的大清摄政王多尔衮死在了喀喇城。

其实这样的记载很难让人信服，膝盖磕破了皮根本不可能致病，即便感染，也不可能会致命，但多尔衮却是数日后便死，其间会不会有人做了手脚也难以说清，所以不能不说他的死也是个谜。

第三章 孝庄安慰情人 福临追谥皇父

多尔衮的死，时机真是太恰巧了，所以才有后世诸多猜疑，种种说法。但多尔衮的死，最大的受益者无疑是福临，因为对孝庄和福临来说，权力上最大的威胁解除了，不管怎样，对于儿子帝位的稳固，布木布泰大大地松了一口气。

曾有心理学家说："一个人被谋杀，如果找不到凶手，那么只要看看那人被谋杀之后，从中得益最大的人是谁，就大致知道是谁杀的了。"从这一道理上推理，不能不说孝庄和福临都有嫌疑，但当时福临才十三岁，不可能做得这么机巧和隐秘，所以如果说多尔衮是被人谋害而死，或许他的老情人布木布泰嫌疑最大。

当然，布木布泰对多尔衮也不是没有感情，两人有着二十余年的感情，也曾经一度如胶似漆、恩爱缠绵，虽然婚后孝庄为福临考虑而使二人感情变淡，但回想与多尔衮二十多年的情爱和波折，她应该会痛苦地大哭一场，以后每回想起，也应该不胜唏嘘。

感情常常是最折磨人的东西，所以孝庄也不想亏欠多尔衮什么，多尔衮生前的最大愿望不过是做皇帝，没能得到，作为他一生的情人，布木布泰决定在他死后给他一个满足，于是在十二月二十六日，她让顺治皇帝下哀诏于中外，称颂多尔衮的至德丰功，决定追尊多尔衮为义皇帝，庙号成宗。

皇权上没有了阻碍，福临对母亲也充满感激之情，亲政之始，便尊布木布泰为昭圣慈寿皇太后，并为此颁发恩诏于天下。

上尊号的次日，布木布泰又以皇太后之尊，诰谕顺治帝福临，说：为天子者处于至尊，诚为不易；上承祖宗功德，益廓宏图；下能兢兢业业，经国理民，斯可为天下主。民者国之本，治民必简任贤才；治国必亲忠远佞；用人必出于灼见真知；莅政必加以详审刚断；赏罚必得其平；服用必合乎则，毋作奢靡；务图远大，勤学好问，惩忿戒嬉。倘专事佚豫，则大业由兹替矣！凡几务至前，必综理勿倦。诚守此言，岂唯福泽及于万世，亦大孝之本也。

这不仅是母亲对儿子的厚望、皇太后对皇帝的教诲和鼓励，也充分体现了布木布泰的政治家的风貌。其中“务图远大，勤学好问，惩忿戒嬉”几句，当是针对福临弱点的最精准的忠告。

母亲不惜一切代价，护佑着儿子从清初政坛的惊涛骇浪中奋斗出来，终于把他送上了真正的皇帝的宝座。在后来的时日里，每到关键时刻，母亲还会以政治家的头脑和目光来点拨时复迷惑的儿子，母子间也会为这样那样的事情发生矛盾，但治国的道路主要靠儿子自己去走了。当然，在大多数情况下，母亲是坚决站在儿子一边的。

但对多尔衮而言尤为可叹的是，即使是死后尊荣，也不是容易维持的。多尔衮专擅朝政、大权独揽的时候，树敌太多，引起公愤，追赠的皇帝也不过当了四十多天，就因生前的谋逆大罪而削爵、黜宗室、毁坟、财产入官，连过继来的儿子多尔博也归宗，回到豫亲王多铎名下了。

一直到一百二十多年后的乾隆年间，才由乾隆皇帝本人为多尔衮平了反，恢复王爵，追谥为忠，配享太庙，并命多尔博一支的后人再次过继，承袭其爵世袭罔替，成为清朝的八个铁帽子王之一。

太后下嫁之谜的主角布木布泰，经历了一场场政治斗争的洗礼，越发成熟老练，在此后的漫长岁月里，辅佐了两代幼年皇帝——顺治帝福临和康熙帝玄烨，对清初的政治格局、对大清帝国的兴旺发展，都有着不容忽视的影响，是一位对国家、对民族有着重大历史功绩的政治家。

孝庄文皇后像

当布木布泰暮年回首往事的时候，一定不会忘记这一段延续了二十余年、几乎占了她生命的三分之一时间的恋情，一定不会忘记短短一年多的第二次婚姻。这对后世人是一个谜一样的故事，对于她来说，可能更像做了一个美丽的春梦。

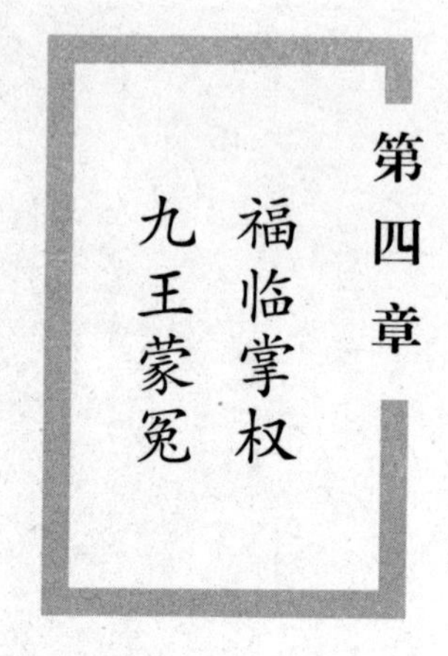

多尔衮虽然功勋卓著，贵为摄政王，但他死后发生的事情，足以令帝国臣民目瞪口呆、眼花缭乱了。

十七日，九王多尔衮的灵柩运回北京。十三岁的小皇帝亲自到东直门外五里迎接。他在多尔衮灵柩前连跪三次，酹酒祭奠，痛哭失声，表现得至为悲痛。

二十五日，追尊多尔衮为“诚敬义皇帝”，庙号“成宗”，这是一个很高的评价，表示承认多尔衮缔造帝国的皇帝般的功勋。然而，从第二天便开始由议政王大臣会议集体讨论英亲王阿济格的罪行。最后，确定他在多尔衮死后，意图发动政变，将其幽禁。随后，据说这个曾立下大功、脾性蛮横粗野的清军战将在狱中藏刀、纵火、闹事，遂被无情处死。

顺治八年正月十二日，多尔衮死后一个月零三天，福临在太和殿举行亲政大典，接掌帝国军政大权。这一天，他距离满十三周岁还差十八天，可见，这时的幕后主持，仍是孝庄文皇后。

多尔衮死后一个月，曾经深受他信任和重用的苏克萨哈等人出面控告他心怀不轨，其实这是一种为人所不齿的投机行为，投合了福临对多尔衮的痛恨，也从而引发了大清朝廷对多尔衮的彻底清算。

苏克萨哈出面控告多尔衮的内容是：多尔衮死后，他的侍女吴尔库尼告诉他的亲信人员，要将王爷生前准备好的八卦黄袍、大东珠、黑狐褂等皇帝才能穿用的服饰等放进棺材。意思就是“显有悖逆”“逆谋果真”等。随后就是帝国历朝历代官场屡见不鲜的痛打落水狗——多尔衮身边的人们跟进揭发，人人争先恐后地和多尔衮划清界限，原先对多尔衮趋之若鹜的人，现在唯恐避之不及。

最后，议定将多尔衮的家产人口抄没入官，多尔衮或真或假的罪行被长篇大论地公之于世。一大批官员被处死、撤职查办、抄家、流放，古代历史上演出过无数次的故事，从头到尾地又重演了一遍，铸就了大清朝开国以来的第一大冤案。

其中，除了到目前为止一直置身幕后的那位孝庄皇太后，没有更多新鲜的东西。据说，这位皇太后曾经拜范文程为老师，学习汉文化典籍。这一冤案可能就是这位皇太后一手主导的，也可能是福临违背母意强制去做的。

对多尔衮的清算是很彻底的，一位汉语名字叫卫匡国的意大利传教士，写过一本著名的书，书名叫《鞑靼战纪》。其中记载道，在皇帝的命令下，多尔衮的尸体被挖出来，经过鞭抽棒打之后，砍下了脑袋示众。这也说明，入关七年的大清朝——大明帝国曾经的大敌，也是忠实的学生，已经将明帝国政治文化传统中的凶残基因，完整无误地继承下来了。

多尔衮去世五年后，监察官员彭长庚、许尔安为多尔衮鸣不平，认为“皇太极创业于沈阳，大家都有功劳，但多尔衮之功为冠”，要求为他平反昭雪。这两位勇敢的官员不但没有能够让大家学会尊重事实，他们自己反而被判处死刑，最后，皇帝下令将他们流放到了宁古塔。就此，多尔衮在大清朝定鼎中原时所立下的盖世功勋，大体淹没在历史的尘埃之中，直到一百多年后乾隆皇帝执政时，才被重新翻出来。

作为皇帝，福临的曾孙子乾隆帝弘历看得更清楚。他明白多尔衮要是想谋取皇位，早就在握有军权时就做这件事了，哪里要等到死后去阴间来做？于是，乾隆皇帝为多尔衮全面平反昭雪，并在他那个睿亲王中间，还为他加上了一个“忠”字。实事求是地说，多尔衮还真是当得起这个字眼。九泉之下有知，多尔衮大约会把这个重侄孙子引以为知己。

承德避暑山庄

第九编

荒唐的福临　无奈的孝庄

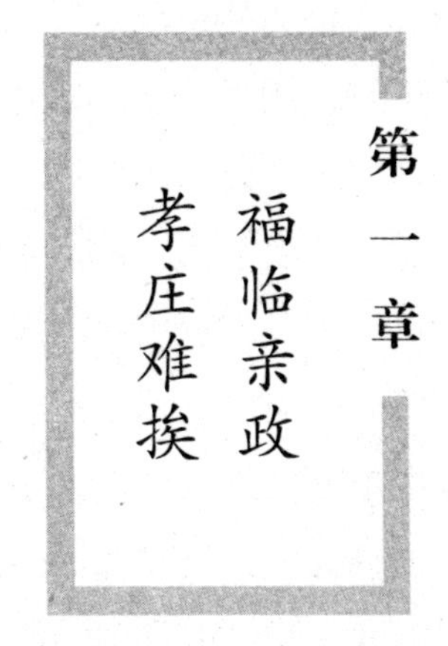

第一章 福临亲政 孝庄难挨

无论如何，多尔衮的死亡，标志着他的时代已经成为过去，孝庄又从多尔衮身边完全回到了儿子福临身边，在孝庄皇太后扶持下，十三岁的福临开始亲政。而这个在多尔衮和孝庄皇太后双重影响下长大的孩子，此时终于在全天下人面前表现出了鲜明的双重人格。

在大臣众目睽睽的朝堂上，他虽然仍然年少，但他是顺治皇帝，他雍容俨然，颇有人君气概，退朝回宫后，则骄纵易怒，异常横暴。不止一种史料里谈到，这位小皇帝时常会失去控制，经常在暴怒中鞭打宦官和宫女。史书上使用的形容词汇叫“龙性难撄”，就是这位小皇帝喜怒无常，特别不好惹的意思。从而，导致在他十一年的执政生涯中，将母子关系、君臣关系、夫妻关系全部搞得高度复杂，国事私情统统叫人一言难尽。

正月十七日，福临亲政后的第五天，群臣奏请皇帝批准，在二月为皇帝举行大婚典礼。

小皇帝干净利落地批示：“所奏不准行!”群臣立即被震晕。本来，请皇帝批准只是一个形式，因为这桩婚事早已由孝庄皇太后和多尔衮确定。

新娘子是孝庄皇太后的亲侄女，皇帝的亲表妹，既有亲上加亲的意思，也有笼络蒙古贵族的含义，还有皇太后加强自己娘家力量的深意在，哪里容十三岁的小皇帝不准行?!于是，经过几番折冲，八个

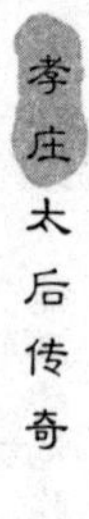

月后，大婚典礼举行。

谁知，两年多以后，顺治十年（1653）八月，未满十六岁的顺治皇帝突然下诏宣布废后，在朝野上下掀起了一场轩然大波。福临直截了当地道出了自己的不满，这个皇后是"因亲订婚，未经选择"，将矛头直指多尔衮和孝庄皇太后。皇帝明明白白地告诉全国臣民，自己和皇后有夫妻之名，无夫妻之实，结婚三年没有过夫妻生活，这个皇后根本就不具备母仪天下的能力与资格。

据福临说，这位皇后虽然长得美艳，但心地不端，特别崇尚奢侈，极度忌妒，见到容貌漂亮一点的女孩子就感到憎恶，必欲置之死地而后快。而且对皇帝的一举一动都要猜忌防范，因此，自己就尽量不见她。而在此期间，其他妃嫔为他生了两个孩子，未来的康熙皇帝也将在半年后降生。

在群臣的竭力反对浪潮中，福临停止了对皇太后的晨昏定省之礼，不接见任何人，包括孝庄皇太后的贴身侍女苏麻喇姑。这位苏麻喇姑从小把福临带大，福临称之为姐姐，可能是他最为亲密的朋友。

耐人寻味的是，孝庄皇太后起初一言不发，后来，在势成僵局之际，她主动出面说服诸王大臣，同意废后，牺牲掉自己的亲侄女，成全了儿子福临。实际上，皇太后等于是在用自己的行动诏告天下，皇帝的尊严是至高无上的，任何人都不能违背皇帝的意志！十六岁的青年皇帝从此将军国大政的决定权牢牢掌控到了自己手里。

顺治"龙性难撄"，与母亲斗争不断，那么他为什么要这么做呢？孝庄皇太后为了他的皇位，可是做出了巨大牺牲的啊！

这一问题的关键，恐怕还在于孝庄下嫁多尔衮这件事上。

福临从六岁开始，就与母亲相依为命，母子的感情，定然不是一般的深，那么为什么后来不一样了呢？最大的原因就是，有人分走了母亲对他的爱，使还是孩子的他心生忌恨，这个人无疑就是多尔衮。

福临不喜欢多尔衮，孝庄也没有办法，虽然她为福临付出了很多，但因为她与多尔衮的私情，以及为稳住多尔衮而不得不做的一些努力，她自己也觉得欠了孩子太多，所以对于福临的抱怨以及对多尔衮的打击，她不好去管，也无法去管。所以，作为年轻的皇帝，福临的一些作为也是缺乏节制、缺乏考虑的，因为他习惯了任性而为。如在对待后妃上，孝庄基本是没有一点办法。

清代绘画中描绘皇家出巡盛况的情景

第二章 福临恋弟媳 逼死亲弟弟

顺治皇帝的第二位皇后，也是博尔济吉特氏，是孝庄皇太后的侄孙女、福临的外甥女。她是在第一位皇后被废的一年后册立的。到顺治十五年正月初三，刚刚过完春节，皇帝便下令“停进中宫笺表”，就是虽然保留皇后名位，但中止皇后管理内宫权力的意思。一年后，皇帝因为一件小事又下旨痛责孝庄皇太后的两个同胞哥哥，也就是自己的舅舅，并准备命令有关部门严加议处。

可能是因为孝庄从中作梗，这两件事情最后全都虎头蛇尾、不了了之。这些事从表面上看起来，似乎只是皇帝发泄了一下对母后的不满而已，其实，其中隐藏着一段谜一样的隐情，即顺治皇帝一生中唯一一段刻骨铭心的爱情——与弟媳董鄂氏的爱情。

从史书上看，福临对于他的后、妃、子、女们的感情十分冷淡。前两位皇后备受视若无睹的折磨，临死时，他都不许她们前来见最后一面。对于子女，也是一样。临终安排接班人选时，他一度坚持要将皇位传给自己的堂兄弟，而不愿让自己的亲生儿子继位。其中，可能也都有他与董鄂氏的这场爱情在发生作用。

顺治皇帝二十四岁去世。在他短短的一生中，见诸史册的后、妃、庶妃有十九人，没有生育而失载的不知凡几。他有八个儿子，五个女儿。第一个儿子在他十三岁时出生，生下后来的康熙皇帝玄烨时，是在他十五岁。在他的后妃中，有五位来自蒙古科尔沁草原的博尔济吉特部落，来自孝庄皇太后的亲族。不过，在福临的十三个子女中，没有一个是这些后妃所出。曲折地表达出了这位皇帝对自己母亲的态度。

董鄂氏，满洲正白旗，内大臣鄂硕之女，祖籍在辽宁佟佳江流域。董鄂氏原是福临的弟弟博穆博果尔的妻子。在皇太极的十一个儿子中，博穆博果尔最小。他的母亲是麟趾宫贵妃，在皇太极的崇德五宫中，名位排在福临的母亲永福宫庄妃的前面。董鄂氏的父亲曾经担任过内大臣，并且可能出任过江南苏州一带的地方长官。董鄂氏从小在富庶甲天下的人文荟萃之地长大，读过不少汉家诗文典籍，深受汉文化的熏陶。因此，行为举止很有江南闺秀的温婉气象，据说，在满族亲眷中颇被视为异类。

顺治九年，按照大清制度，十四岁的董鄂氏选秀入宫，被指配给博穆博果尔为妻，她的年纪比自己的丈夫可能大两岁。按照大清皇室规定，帝国勋贵的妻子必须轮流入宫陪侍后妃。作为皇帝的弟媳妇，董鄂氏负责入侍的是孝庄皇太后。按照皇室制度，皇帝每天必须早晚两次到皇太后宫中请安，术语叫“晨昏定省”。于是，皇帝和自己的弟媳不可避免地碰了面，并一见钟情，当时，这两个年轻人的年龄大约都在十六岁上下，正是多情怀春之际，从此陷入死去活来的热恋之中。

顺治十一年四月，奉皇太后懿旨，皇帝下令废止了勋贵妻子入侍的制度。显然，这与孝庄皇太后发现皇帝的出轨恋情有关。两个月后，在孝庄皇太后的坚持下，皇帝册封了第二位博尔济吉特氏皇后。

在两代人之间，有一个普遍的规律，在陷入热恋中的年轻人面前，老年人时常会显得力不从心。他们强力干预的结果，往往不是所有的人都陷入痛苦，就是以悲剧告终，所以孝庄的阻拦并没有收到效果。

博穆博果尔人虽小，但可能继承了蒙古人与女真人好勇斗狠的遗传基因，从小就渴望领兵打仗，在疆场血战中建功立业。顺治十二年二月，福临下令册封自己这个时年十五岁、没有尺寸之功的弟弟为和硕襄亲王，然后派他随军出征。结果，这小王爷踌躇满志之时，却由于听到妻子红杏出墙的消息，不但没能杀敌立功，反而受到了极大的羞辱。

女真人出行的情景

关于这一段历史，各种史书记载得简约含糊，欲说还休。好在著名的传教士汤若望也记载了这件事情。将种种说法综合起来，情形大约如下：有一天，博穆博果尔的一帮军士聚在一起侃大山，说到这位和硕襄亲王时，人们颇为不屑，很是鄙夷地谈论着王妃董鄂氏红杏出墙的事，小王爷虽然是领军统帅，其实不过是一个绿帽子王，兴高采烈的人们谁也没有注意到，那小王爷就在边上听着呢。这天潢贵胄、骄纵无比的小王爷哪里受过这种羞辱？他操起一把利剑就向那帮家伙杀来。一时间哀声四起、惨叫连连。随后，他返回王府找董鄂妃兴师问罪。左右吞吞吐吐地告诉他，王妃进宫去了。博穆博果尔又发疯一般闯进皇宫大内。结果被他的哥哥顺治皇帝当众打了两个耳光。处于半昏迷半疯狂状态的博穆博果尔叫天不应，呼地不灵，不由得大声号哭，回到王府便上吊自杀了。

这件事情发生在顺治十三年七月三日。但当日的大清官方史书《清实录》对此只记载了下列一行字："和硕襄亲王博穆博果尔薨，年十六。"

仅在一个月后，八月二十五日，董鄂氏被封为皇帝之贤妃；十二月五日，顺治以"敏慧端良，未有出董鄂氏之上者"为理由，又下诏旨，正式册封她为皇贵妃，行册立礼，破格颁诏大赦，其父亦进为三等伯，在有清一代近三百年的历史上，因为册立皇贵妃而大赦天下的，这是绝无仅有的一次。此时她约十八岁，这样的升迁速度，历史上十分罕见。按常规，皇帝只有在册立皇后的大礼上，才会颁布诏书公告天下。董鄂妃享受到这种特殊礼遇，表明她得到了顺治不同寻常的宠爱。

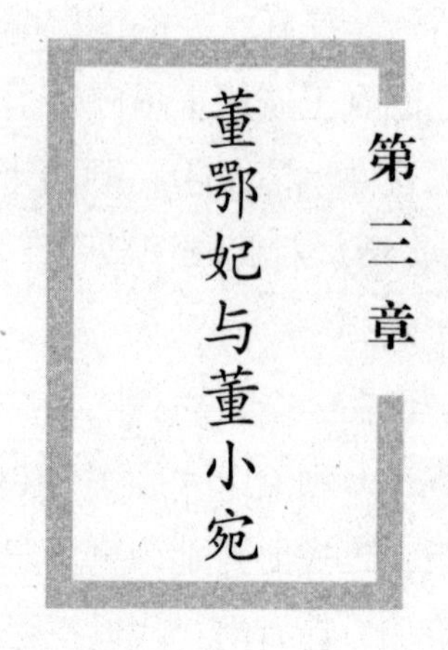

第三章 董鄂妃与董小宛

因为史料记载董鄂妃来到顺治身边的年龄是十八岁，这位极度受宠的贵妃又引起了后人对她入宫前的身份的猜测。因为基本概念是：她是不可能通过报选秀女这个正常渠道直接走近顺治的。清朝相关的法规限定，报选秀女的年龄是十三到十六岁。如果隐瞒不报，身为满族军官的她父亲，是要依照相关法规受到处罚的。所以，她这样的年龄，是从什么渠道入宫的呢？最广泛的猜测演义，就是说，她是被掳献入宫的江南名妓董小宛。

董小宛，名白，字小宛，一字青莲，南京人，出生于明天启四年(1624)。这个出生时间，是根据她的丈夫冒襄写的纪念文章《影梅庵忆语》推算的。小宛小时候因父母离异生活贫困而沦落青楼。她十六岁时，已是芳名鹊起，与柳如是、陈圆圆、李香君等同为“秦淮八艳”。

冒襄，字辟疆，江苏如皋人，生于明万历三十九年（1611）三月十五日。冒辟疆与方以智、陈贞慧、侯方域合称明复社四公子。明清时期，如皋城里的冒氏家族人才辈出，是当地的名门望族，也是一个文化世家。当时的明王朝已成溃乱之势，东北在清兵的铁蹄之下，川陕湖广是“流寇”驰骋的战场，而江浙一带的士大夫依然过着宴安鸩毒、骄奢淫逸的生活。秦淮河畔，妓家所居的河房开宴延宾，樽酒不空，歌姬的翡翠鸳鸯与书生的乌巾紫裘相交错，文采风流，盛于

董小宛

一时。辟疆也沾染了一般豪贵子弟的浪漫风习。一方面，他年少气盛，顾盼自雄，主持清议，矫激抗俗，喜谈经世大务，怀抱着报效国家的壮志；另一方面，又留恋青溪白石之胜，名妓骏马之游，过着脑满肠肥的公子哥儿的生活。

冒辟疆最早是从方以智那里听说秦淮佳丽之中有位才色双绝的董小宛。吴应箕、侯方域也都向辟疆啧啧称道小宛。而小宛时时在名流宴集间，听人讲说冒辟疆，知道复社中有这样一位负气节而又风流自喜的高名才子。崇祯十年，乡试落第的冒襄与小宛偶尔在苏州半塘相遇。她对冒襄一见倾心，连称：“异人！异人!”虽然她多次向冒襄表示过倾慕，均未得到他的首肯。

崇祯十二年，冒襄乡试落第，因为冒襄早已属意吴门名妓陈圆圆，并“订嫁娶之约”。次年冒襄第六次乡试途经苏州，重访陈圆圆时，已是人去楼空，加上科场失意，情绪沮丧到了极点。冒辟疆听说小宛住在半塘，便多次访寻，小宛却逗留在太湖洞庭山。苏州歌姬沙九畹、杨漪炤名气与小宛相当，辟疆便每天来往于沙、杨之间。在离开苏州前，辟疆又前往董家，小宛醉卧在家，与辟疆相会于曲栏花下。辟疆见小宛秋波流转，神韵天然，只是薄醉未消，懒慢不发一言，心中便已钟情。

崇祯十五年春，小宛从黄山归来，母亲去世，自己又受田弘遇抢夺佳丽的惊吓，患了重病，闭门不出。辟疆到时小宛已奄奄一息，但她一见冒襄，便支撑着起身，牵着他的手说："我十八天来昏沉沉如在梦中。今天一见到君，便觉神怡气旺。"她吩咐家人具办酒菜，与辟疆在床前对饮。辟疆好几次要告别，小宛都苦留辟疆。在与冒辟疆的恋爱嫁娶中，董小宛处处主动，焕发出向往自由、寻觅真情的个性光彩；而冒辟疆事事举步踌躇，显露出一个大家公子以自我为中心的人格弱点。

冒辟疆带着小宛回苏州赎身，不料又遇上了麻烦，因董小宛在半塘名气太大，不论出多少银子，鸨母都不想放走这棵摇钱树。就在他们一筹莫展之际，钱谦益偕同柳如是来游苏州。柳如是是董小宛当初卖笑秦淮河时的好姐妹，钱谦益也曾与她有过颇深的交情，他如今虽然免官闲居，但在江南一带名望甚高，经他出面调停，董小宛赎身之事迎刃而解。

这时已是崇祯十五年隆冬季节，冒辟疆与董小宛顶风冒雪赶往如皋。一路上，他们不愿意放弃观光赏景的好机会，走走停停，寻幽访胜，直到第二年初春才到达如皋的冒家。

冒家十分通情达理，顺利地接受了董小宛这位青楼出身的侍妾。因为他们相信冒辟疆的眼光。这时冒辟疆的父亲已从襄阳辞官归家，一家人欢聚一堂，共享天伦之乐。冒辟疆的原配妻子秦氏体弱多病，董小宛便毫无怨言地承担起理家主事的担子来，恭敬柔顺地侍奉公婆及大妇，悉心照料秦氏所生二男一女。冒家的全部账目出入全由她经手。她料理得清清楚楚，从不私瞒银两。小宛还烧得一手好菜，善做各种点心及腊味，使冒家老少大饱口福，在众人的交口称赞中，小宛

董小宛的画作

得到了无限的满足。对丈夫，小宛更是关照得无微不至，冒辟疆闲居在家，潜心考证古籍，著书立说，小宛则在一旁送茶燃烛；有时也帮着查考资料、抄写书稿；丈夫疲惫时，她则弹一曲古筝，消闲解闷。

宁静和谐的家庭生活刚刚过了一年，国家出现了轰轰烈烈的战乱，李自成攻占北京，清兵入关南下，江南一带燃起熊熊战火。清军肆虐无忌，冒家险遭荼毒，幸亏逃避得快，才得以保住了全家的性命，然而家产却在战乱中丢失得一干二净。

战乱过后，冒家辗转回到劫后的家园，缺米少柴，日子变得十分艰难，多亏董小宛精打细算，才勉强维持着全家的生活。就在这节骨眼儿上，冒辟疆却病倒了，下痢兼疟疾，把他折磨得不成人形。疟疾发作寒热交作，再加上下痢腹痛，冒辟疆几乎没有一刻能得安宁。为照顾他，董小宛把一张破草席摊在床榻边作为自己的卧床，只要丈夫一有响动，马上起身察看，恶寒发颤时，她把丈夫紧紧抱在怀里；发热烦躁时，她又为他揭被擦澡；腹痛则为他揉摩；下痢就为他端盆解带，从没有厌倦神色。经过五个多月的折腾，冒辟疆的病情终于好转，而董小宛已是骨瘦如柴，仿佛也曾大病了一场。

日子刚刚安稳不久，冒辟疆又病了两次。一次是胃病下血，水米不进，董小宛在酷暑中熬药煎汤，紧伴枕边伺候了六十个昼夜；第二次是背上生疽，疼痛难忍，不能仰卧，董小宛就夜夜抱着丈夫，让他靠在自己身上安寝，自己则坐着睡了整整一百天。

艰难的生活中，饮食难饱，董小宛的身体本已虚弱，又加上接连三次照料丈夫的病痛，冒辟疆病愈后，她却病倒了。由于体质已极度亏虚，冒家多方请来名医诊治，终难奏效。顺治八年正月，在冒家做了九年贤妾良妇的董小宛终于闭上了疲惫的眼睛，在冒家的一片哀哭声中，她走得是那样安详。

冒襄的《影梅庵忆语》写于小宛去世后。文中追忆同小宛相识的时间，是明崇祯十二年（1639），这年小宛十六岁。如此推知，小宛应该是在明天启四年（1624）出生。而顺治帝则出生于清崇德二年（1637），这个概念就是，小宛要比顺治大十三四岁。冒襄记录小宛死亡的时间，是顺治八年正月初二（1651 年 1 月 22 日）。这一年，顺治帝刚刚十四岁，还没有到大婚的年龄。所以单从年龄和小宛去世的时间上推论，董鄂妃也不可能是董小宛。

况且，在《影梅庵忆语》中，冒襄详细记录了为小宛赎身、一起回家后遭遇的战乱逃亡生活，以及小宛最后病死的全过程。董小宛死去的地点，是江苏如皋叫“水绘园”的家中属于自己的那间房子里——“影梅庵”。她的死亡，还得到了当时一些著名学士的见证。所以董鄂妃不可能是董小宛。

第四章 董鄂妃宠冠六宫 红颜易老妾薄命

自从有了董鄂妃，顺治皇帝福临也有了一段幸福时光，但这位曾害死亲夫的皇贵妃虽也是如愿以偿，但她能得孝庄太后的好脸色吗？其处境之艰难之尴尬是可以想见的。

顺治帝对董鄂氏眷之特厚，宠冠后宫，视其为姿容绝代、才华出众，而且品行清丽脱俗，董鄂妃善解人意，也是顺治帝的红颜知己，顺治帝对董鄂妃可谓是一见钟情，至死不渝。

进宫以后，董鄂皇贵妃在人际关系处理上如履薄冰，日子过得十分为难。除了对皇太后、皇后丝毫不敢怠慢，就连对她们身边的人员也都万分小心，对谁都要敬重几分，想方设法增加其他妃嫔承受皇帝恩泽雨露的机会，如此去化解人们异样的目光。据说，皇帝批阅公文时，有时会让她帮助参考，她一概“固辞不可”，不敢干预国政。然而，每当秋天皇帝审决刑部报上来的死刑犯名单时，董鄂氏都会恳请皇帝谨慎小心，说是“民命至重，死不可复生”，宁愿失之宽，不可失之严。这也说明这位董鄂妃若不是因为嫁过他人并闹出人命，应该是位不错的贤内助，由此，这位皇贵妃渐渐得到了人们的谅解甚至好感。

顺治帝与董鄂妃情投意合，心心相印。可谓“长信宫中，三千第一”“昭阳殿里，八百无双”，真是六宫无色、专宠一身。据顺治帝后来亲笔为董鄂妃所写《孝献皇后行状》的描述，每次顺治看奏折时，一般是草草看过后就随手扔在一边了，董鄂妃提醒他应该仔细看，不能忽视；每当顺治要和她同阅奏章时，她又连忙拜谢，并解释说：后宫不能干政。每当顺治下朝后，她总是亲自安排饮食，斟酒劝饭，问寒问暖；每当顺治批阅奏章至夜分，她总是毫无例外地为其展卷研墨，侍奉汤茶。顺治每次听翰林院的官员讲课结束后，回到寝宫时，她一定会打听讲课的内容，他也会再给她讲一遍，顺治每次讲给她听的时候，她都非常高兴。他们的真挚感情，并非卿卿我我的小夫妻，而在于理性的相互促进。董鄂妃时常陪伴在顺治的身边。更难得的是，她时常劝说顺治，处理政务要服人心，审判案件要慎重。连宫女太监犯错误时，董鄂妃也往往为他们说情。

1657年，董鄂妃生下皇四子，顺治帝欣喜若狂，颁诏天下“此乃朕第一子”为此祭告天地，接受群臣朝贺。举行颁布皇第一子诞生诏书的隆重庆典。对这个孩子的待遇如同嫡出，大有册封太子之意，当时顺治颁行天下的诏书这样写道：自古帝王继统立极，抚有四海，必永绵历祚，垂裕无疆。是以衍庆发祥，聿隆胤嗣。朕以凉德缵承大宝，十有四年。兹荷皇天眷佑，祖考贻庥，于今年十月初七日，第一子生，系皇贵妃出。上副圣母慈育之心，下慰臣民爱戴之悃，特颁肆赦，用广仁恩。

然而这个孩子出生不到三个月就夭折了，顺治下令追封其为和硕荣亲王，为他修建了高规模园寝，并亲笔写下《皇清和硕荣亲王圹志》，抒发对皇四子的宠爱和痛惜之情。

顺治十四年十月，董鄂氏生下一个儿子，然而好景不长，两个多月后，这小皇子不幸夭折。偏偏就在此期间，孝庄皇太后身体不舒服，移驾到几十里地之外的南苑养病，并命令后妃们前去侍候。这位产后不久且痛失爱子的皇贵妃只能在数九隆冬的冰天雪地之中，前去“朝夕侍奉，废寝忘食”，其间是不是受到了孝庄的虐待，不见史册记录，但不管怎样，董鄂妃就是在伺候孝庄时身体种下病根，此后三年间缠绵于病榻之上，并于顺治十七年八月十九日去世，年仅二十二岁。

当时和后世都有人认为，南苑是皇家猎场，到了冬季便一派肃杀，那孝庄皇太后实在没有理由在这种时候偏偏到那儿去养病，除非是她存着心想折腾什么人。因此，很难说这种情形不是她为了报复董鄂氏所故意导演的一场悲剧。

据顺治帝说，董鄂妃崩时“言动不乱，端坐呼佛号，嘘气而死。薨后数日，颜貌安整，俨如平时”。

汤若望有书记载，顺治皇帝对董鄂妃之死尤其不能接受，几使他精神崩溃，他“竟至寻死觅活，不顾一切”，顺治皇帝所写的《孝献皇后行状》，称得上字字血，声声泪，就连清朝文人对此文都觉得“导扬优美，词意恳切。若非多情人，曷克臻此?”全文近五千字，但文中酸辣兼备，处处话里有话，似乎就是为了讥刺他的母亲——孝庄皇太后的心机与伪善。

董鄂妃崩后，顺治帝悲恸欲绝，他以超常的丧礼来表达对爱妃的哀悼。第三天，即八月二十一日，福临谕礼部：“皇贵妃董鄂氏于八月十九日薨逝，奉圣母皇太后谕旨：‘皇贵妃佐理内政有年，淑德彰闻，宫闱式化。倏尔薨逝，予心深为痛悼，宜追封为皇后，以示褒崇。’朕仰承慈谕，特用追封，加之谥号，谥曰‘孝献庄和至德宣仁温惠端敬皇后’。其应行典礼，尔部详察，速议具奏。”

在礼臣们拟议谥号时，“先拟四字，不允。至六字、八字、十字而止，犹以无‘天’‘圣’二字为歉”。福临为什么以无“天”“圣”二字为歉呢?因为清代谥法，皇后谥号的最后四字为“×天×圣”，“天”代表先帝，“圣”代表嗣帝，表示该皇后与先帝和嗣帝的关系。如孝庄文皇后在太宗时“赞助内政，既越有年”，以后又辅佐顺、康二帝。所以她的谥号最后四字为“翊天启圣”。而董鄂妃谥号的最后四字为“温惠端敬”四字，明显比有“天”“圣”二字的皇后低了一等，所以福临感到内疚。

出殡之日，顺治帝命令上至亲王，下至四品官，公主、命妇齐集哭临，不哀者议处，幸亏皇太后“力解乃已”。顺治欲将太监、宫女三十名悉行赐死，“免得皇妃在其他世界中缺乏服侍者”，后被劝阻。

顺治十七年（1660）八月二十七日，董鄂妃的梓宫从皇宫奉移到景山观德殿暂安，抬梓宫的都是满洲八旗二、三品大臣。这在有清一代，不仅皇贵妃丧事中绝无仅有，就是皇帝、皇后丧事中也未见过。

董鄂妃的梓宫移到景山以后，福临为她举办了大规模的水陆道场，有一百零八名僧人诵经。整天铙钹喧天，烧纸施食，香烟缭绕，纸灰飞扬，经声不断。在“三七”日（第二十一天），将董鄂妃的尸体连同梓宫一同火化，由溪森秉炬举火。一起烧掉的还有两座装饰得富丽堂皇的宫殿，连同里面的珍贵陈设。火化后，将骨灰装入“宝宫”（骨灰罐）。十月初八日，皇帝第五次亲临寿椿殿，为后断七。

清制中平时皇帝批奏章用朱笔，遇有国丧改用蓝笔，过二十七天后，再用朱笔。而董鄂妃之丧，福临用蓝笔批奏章，从八月到十二月，竟长达四个月。顺治帝让学士撰拟祭文，“再呈稿，再不允”。后由张宸具稿，“皇上阅之，亦为坠泪”。为了彰显董鄂妃的贤德、美言、嘉行，福临命大学士金之俊撰写董鄂氏传，又令内阁学士胡兆龙、王熙编写董鄂氏语录。福临亲自动笔，饱含深情地撰写了《孝献皇后行状》，以大量顺治追悼董鄂妃的《御制哀册》《御制行状》的具体实例，展现了董鄂妃的美言、嘉行、贤德，洋洋达四千余言，内容十分丰富。

董鄂妃生前与顺治关系之好，为历来帝后中少见，董鄂妃本来不信佛教，顺治有时用一些禅宗经典来告诉她，而且为她解释《心经》的深层含义，因此成了她推崇尊敬的至宝，她专心研习禅学，参悟探究“一口气不来，向何处安身立命”，每次遇见顺治，就总举出这句话：顺治每次都笑而不答。董鄂妃因为长期患病，不能纯一参悟，董鄂妃再次举出这句话，顺治用一句话回答她，她有所醒悟。自从董鄂妃患疾后，不过靠着桌几床榻，从没上床休息。到了病渐渐加重，仍研习前面的佛说，没有荒废提持（为禅林中师家引导学人的方法）。所以她崩时，言语举动丝毫不乱，端坐那里念佛号，长长地出气就坐化了（佛教称人死亡为圆寂、坐化等），颜色面目都很安详端整，和平日没有什么两样。呜呼！足以见董鄂妃对佛法并专心研习禅理的诚意了。

董鄂妃大约病了三年，虽然身体虚弱，面容憔悴，仍然时而勉励安慰顺治说：没有大碍，诸事仍然都很齐备，礼数上也没有任何懈怠，董鄂妃都是始终如一。侍奉孝惠后更恪尽谦和恭敬，像母亲一样对待她，孝惠后更是把她当作姐姐。顺治十四年冬，顺治去南苑，皇太后身体不适，皇后（董鄂妃）都朝夕侍奉，废寝忘食。我在天帝坛为皇太后祈祷，随即到南苑去探望，现在的皇后（前任皇后）却无一句话询问，也没有派人来问安。这样我因为皇后有违孝道，让群臣上衣，才让现在的皇后得知的。皇后（董鄂妃）长跪在我面前，磕头请辞说："陛下责备皇后固然有道理，但是我想，皇后怎么可能不为皇太后担忧呢？只不过一时顾虑不到，有失问候罢了，陛下如果速废黜皇后，我绝不敢偷生！请皇上千万体察皇后的本身心意，要是陛下肯开恩，让我留在这个世上侍奉陛下，就求陛下万万不可废后啊！"

董鄂妃之好，顺治帝深以为然，在《孝献皇后行状》一文中，顺治帝回忆道：前年，现在的皇后（孝惠后）病危，我亲自服侍，她的侍婢才得以有些空间休息，而皇后（董鄂妃）五天五夜没有合眼啊，时而为她诵读史书，或者谈些家常来解闷。等董鄂妃离开她身边，出了寝宫门就含泪悲伤地说："皇上派我来问安探视，倘若不能痊愈，那怎么办啊？"凡是现今皇后（孝惠后）的事，董鄂妃都亲自为她置办好，一点也看不出她疲倦来。今年春，永寿宫其他妃嫔有了疾病，董鄂妃又亲自服侍，三昼夜没有休息。她殷切关心帮助她们解除忧虑，事先都准备好，都像是侍奉今天的皇后（孝惠后）一样。皇后所裁制的衣物，现在都还在。悼念其他妃嫔去世的时候，董鄂妃哭诉说："韶华之年入宫，怎么没能长久侍奉皇上，就这样快夭折了呢？"悲伤之深切，甚而超过了她们的亲属啊。她很爱念其他的妃嫔，就举这些例子吧。在孝献皇后崩时，皇后和其他妃嫔都很哀痛说："与其留下我们这些没用的人，还不如存留下贤淑的皇贵妃啊，

能够符合皇上的心意啊！我们这些怎么不也先后死去呢，今天我们虽然还活着，但是对皇上又有什么裨益呢？”

皇后和其他嫔妃想起董鄂妃的好处，感激董鄂妃过去的恩情，都吃素诵读经书，只有这样她们才觉得能足以报答您的情意啊。董鄂妃曾在宫中抚养承泽王的两个女儿，安王的一个女儿，朝夕尽心抚养，慈爱不逊于自己亲生的。在董鄂妃崩时，这三个公主，都捶胸顿足十分哀痛，人们都不忍再听闻。

宫中庶务（杂务等），以前都是皇后董鄂妃来处理的，尽心检查审核，没有不恰当的。虽然位在皇后之下（董鄂妃时为皇贵妃，只比皇后低一级，而高于诸妃之上。同时皇贵妃有副后之称，而且董鄂妃实权长期与孝惠后并存），但是董鄂妃却是尽到了皇后的职责了。另外因有孝惠后在，所以董鄂妃才没有做到皇后的中宫桂冠。董鄂妃自己严谨恪守，热心地辅助内务，殚精竭虑，无微不至，各项事务都非常勤勉努力，没有不周详的。据说董鄂妃死前，虽然受封皇贵妃已经数年时间，她却绝无积蓄。临死时，她请求皇帝把所有人致送的葬礼礼金施散给贫穷人家。

董鄂妃崩后，孝庄皇太后率领众后妃前来参加，她伤心哀痛说：“我儿子的好媳妇儿啊，就是我的女儿啊。我希望能让他们两个人永续好合，好让我不要老得那么快，现在董鄂妃离去了，谁还能像她那样侍奉我啊？还有谁能如此顺我心意的呢？我有什么话，又同谁诉说啊？又能和谁一起谋划事务呢？”真不知她这些话是真是假。

第十编

顺治去向成谜
孝庄扶助康熙

第一章 福临因情出家 还是因病而死

一、天生福人，归身成谜

董鄂妃崩后，天下的臣民没有不感到悲痛的，但最悲痛的无疑还是顺治皇帝福临，他了无生趣。几乎是与此同时，他决心落发出家，遁入空门。他半是请求半是强迫，让禅宗临济宗的一个和尚在万善殿中为自己落了发。然后，准备举行皈依仪式，正式出家为僧。

关于“顺治出家”，也是清宫一大疑案。比较流行的说法是，顺治因爱妃董鄂氏病死而消沉出家。后来，康熙又多次陪奉母后巡游五台，遂更有顺治出家五台山、康熙来此寻父之说。

据说，顺治皇帝决意出家之时，孝庄皇太后知道自己对儿子已经完全失去了影响力，聪明的她立即派遣人马火速赶往浙江湖州，召为皇帝落发那个和尚的师父来京。这个老和尚法名叫玉林琇，他深知这件事情处理不好后果有多么可怕，于是来到皇宫以后并不去见皇帝，而是径直来到万善殿，命众僧徒把那个不知深浅、为皇帝落发的家伙捆绑起来，准备把他活活烧死。

老和尚在庭院里搭起一座高台，下面堆满薪柴。就在他拿着火把准备点火之际，闻讯赶来的顺治皇帝福临，从老和尚手中夺下了火把，答应蓄发，不再出家。

四个月以后，1661年即大清顺治十八年正月初一，皇帝没有出席百官朝贺的元旦大典。第二天，清代官方史书《清实录》记载：上不豫——皇帝龙体欠安。有众多资料显示，这一天，皇帝来到了位于宣武门外西南的悯忠寺，出席了太监吴良辅削发为僧的仪式。这个吴良辅是个从小陪伴皇帝一起长大的太监，此次，他作为皇帝的替身，受命代皇帝出家为僧。皇帝死后，他马上被孝庄皇太后下令从寺庙里抓回来处死。理由是，他勾引调唆坏了皇帝，他要为皇帝生前的所有不当举止负责。

到正月初六，先是说皇帝身体偶尔感到不舒服，随后同一天，便说"上大渐"——皇帝进入了弥留状态。当晚，到初七日子时，即初六晚上十二点，皇帝就死在了养心殿。他得的什么病？怎么治的？经过如何等全无记载。然后，就是遗诏颁于天下。就此，顺治皇帝之死成为大清朝的一个谜团。

由于顺治出家和顺治之死离得如此之近，又由于顺治皇帝的确非常想出家为僧，所以他的出家和死亡都是谜，并且人们常把这两者作为一个谜来看。有许多人坚信，顺治皇帝真的出家去了五台山。否则，对佛祖并没有那么虔诚的孝庄皇太后与康熙皇帝，不会三番五次地前去五台山烧香礼佛。情感丰富细腻的人们则倾向于，顺治皇帝福临是在对董鄂氏的绵绵思念中郁郁殉情而死。最没有想象力的一批人，觉得顺治皇帝应该是染上了满族人最缺少抵抗力的天花，从而一病不起的。

顺治皇帝福临在位十八年，于国家治理上基本沿袭了多尔衮摄政时期的方针大略，其他甚少建树。据说，福临十分倾慕汉家文化，曾经废寝忘食地苦心钻研，甚至累得吐过血。他能诗善画，很有汉族士大夫的风致，在融洽满汉之间的关系上可能起过不小的作用。在私德上，留给人们指责的地方不少。然而，孟森先生认为，这位皇帝"媚佛而不以布施土木病民，宠妾而不以女谒苞苴干政"，可见其"理解之超，情感之笃，萧然忘其万乘之尊，真美质也"！（孟森《明清史讲义》）对他的个人资质评价不低。可惜的是，在他母亲和多尔衮的摆布下，这位“天生福人”生活得实在是算不上幸福，他给自己帝国臣民带来的，也甚少福祉可言。若假以时日，或许能够做得更出色一些。可惜，在时年二十四虚岁的鼎盛之年便匆匆逝去。

二、文殊色相在，唯愿鬼神知

那么顺治到底出家了吗？关于这件事，目前主要有两种说法。

第一种说法是说顺治并非在二十四岁亡于天花，而是在这一年脱去龙袍换上袈裟，于五台山修身向佛，并于康熙五十年（1711）左右圆寂。其间，康熙皇帝曾经数次前往五台山觐见父亲，但都没有得到顺治的相认，所以康熙才会写出“文殊色相在，唯愿鬼神知”的诗篇。至于其出家的原因，则是因为爱妃董鄂氏，也就是被掳献进宫的江南名妓董小宛的去世。

选择五台山修行，则是因为梦见董小宛在那里。这种说法的有关记录，主要存在于《顺治演义》《顺治与康熙》等野史和文学作品中。尤其是当时著名才子吴伟业（梅村）写的一组《清凉山赞佛诗》，诗文影射顺治在五台山修行，并用“双成”的典故和“千里草”代指“董”姓。由于吴伟业的诗素有“史诗”之称，而他苦恋着的，是与董小宛齐名、才高气傲的名妓卞玉京，所以信者芸芸。而这一切，又可以在五台山找到相关的附会。

第二种说法来自《大觉普济能仁国师年谱》《旅庵和尚奏录》《敕赐圆照茆溪森禅师语录》《北游集》《续指月录》等僧侣书籍的记载。这些书用语录及偈语的形式，记载顺治曾经在十七年（1660）十月中旬于宫中，由湖州（浙江吴兴）报恩寺和尚茆溪森为其举行了净发仪式。但剃了光头本已出家的顺治，又在茆溪森的师父、报恩寺住持玉林琇的谆谆诱导和要烧死茆溪森的胁迫下，回心转意，蓄发留俗了。

这样一来，我们首先需要搞清的，是顺治帝在二十四岁那年是不是真的去世了，问题基本就清楚了。

中国第一历史档案馆，藏有明朝、清朝遗留的原始档案一千余万件。在这些珍贵的历史资料中，最受其时皇家尊崇保护的，是《实录》《圣训》《玉牒》。它们在漫长的清朝统治时期，被单独专门保护在皇史宬（位于北京南池子）的金匮里，由专职守尉看护。其中的《实录》，是由继位的皇帝组织人员，依据各种文书档案，按照年月日的顺序，为去世的皇帝编写的事实记录。由于精心的保护，《清世祖实录》金黄色的绫面到现在还像新的一样。在该《实录》卷一百四十四这样记录着："顺治十八年，辛丑，春正月，辛亥朔，上不视朝。免诸王文武群臣行庆贺礼。孟春时享太庙，遣都统穆理玛行礼。壬子，上不豫……丙辰，谕礼部：大享殿合祀大典，朕本欲亲诣行礼，用展诚敬。兹朕躬偶尔违和，未能亲诣，应遣官恭代。着开列应遣官职名具奏。尔部即遵谕行。上大渐，遣内大臣苏克萨哈传谕：京城内，除十恶死罪外，其余死罪，及各项罪犯，悉行释放。丁巳，夜，子刻，上崩于养心殿。"

这段话的意思是：在顺治十八年正月初一，顺治帝免去群臣的朝贺礼仪，而且当日应该举行的春季第一月祭祀太庙的礼仪，也派官员前往。初二日，顺治帝身体不适。初六日，顺治帝传谕，应该由自己参加的大享殿礼仪，因为身体不适，需要派官员代祀，让礼部列出代祀官员的名单，并且因为病情迅速加剧，又传谕赦免京城内十恶死罪以外的一切罪犯。初七日的凌晨相当于现在零点到一点这段时间内，顺治帝就去世了。

从以上《清世祖实录》的详细记载中我们可以看到，顺治皇帝被明确记载患病，是在初二日，而初六日，则"大渐"了。"大渐"这个词在皇帝身上应用，应该是非常慎重的。因为这个词表示病情急剧加重而且很危险。至于去世的具体时间，记载是"丁巳，夜，子刻"。这里，"丁巳"是初七日的天干地支记日。"子刻"，虽然相当于现在的二十三点到一点，但在旧历的计时方法中，表示的是"开始"——计时是从"子时"开始往后按子丑寅卯的顺序推算。所以"丁巳子刻"，应该是初七这一天的凌晨零点或一点的时候。中间的

“夜”字，只是表示深夜而已。但在大部分的史学研究专著中，都解释成是初七的深夜，也就是将顺治的去世时间，拖延了十二小时。这样，从原始的《清世祖实录》这一史料中证明，顺治皇帝病逝于顺治十八年正月初七日子刻。但病因未述。

清孝陵——顺治皇帝陵墓

档案馆藏有的《玉牒》，则是清朝皇帝的家谱。它从努尔哈赤的父亲塔克世开始记录。塔克世子孙后代这一支，称“宗室”，使用黄色；塔克世兄弟的子孙各支，称“觉罗”，使用红色，而且在家谱格式上，分“横格”和“竖格”两种版式。横格玉牒只简单记录世系，竖格玉牒则不仅有世系的表述，而且还详细记录该人的生卒和婚姻。记录顺治皇帝情况的《玉牒》，其去世的时间，与《清世祖实录》的记载相同，但同样没有说明病因。

另外，档案馆还存有顺治皇帝的《遗诏》。该《遗诏》长548厘米，宽93厘米，黄纸墨迹，卷轴状保存。遗诏中，顺治皇帝对自己渐习汉俗、早逝无法尽孝、与亲友隔阂等事做了自责，同时宣布由八岁的儿子玄烨即皇帝位。这份遗诏，由于充满了自责，使不少人猜度它并非出自顺治帝，而是出自顺治帝的母亲孝庄皇太后，因为自责的内容，多是皇太后对顺治帝的不满之处。但仅以自责内容就判定《遗诏》并非出自顺治帝，也有些牵强。

如果沿着顺治帝的成长轨迹去摸索其思想感情基础和思维方式，这种自责也并非解释不通。首先，顺治是一个初主中原的满族皇帝，对这片土地与人民、生活与文化充满陌生，要实施统治，就不得不尽力熟悉与适应它，并且迅速地背离自身的传统，这是一种深深的矛盾困扰，其自责，在情理之中。

另外，顺治早年曾深受德国传教士汤若望的思想影响，一度笃信基督教，形成了感恩所得、自我忏悔的性格。

汤若望，原名亚当·沙尔或约翰·亚当，字道未，德国科隆的日耳曼人，是继利玛窦来华之后最重要的耶稣会士之一，也是一位学贯中西的大学者。现在德国科隆有故居，有雕像，在意大利耶稣会档案馆有他大量资料。

在中西文化交流史、中国基督教史和中国科技史上，汤若望是一位不可忽视的人物。他以虔诚的信仰，渊博的知识，出众的才能，奠定了他在中西文化交流史上的重要地位。他在华四十余年，经历了明、清两个朝代，继承了利玛窦科学传教的策略，在明清朝廷历法修订以及火炮制造等方面多有贡献，中国今天的农历是汤若望在明朝前沿用的农历基础上加以修改而成的“现代农历”。他还著有《主制群征》《主教缘起》等宗教著述。汤若望在天历等方面所做的实际工作以及撰写的一系列注重实践的著述，在当时是很有现实意义的。他以孜孜不倦的努力，在西学东渐之中成就了一番不可磨灭的成绩。而他对天主教在中国的发展，也做出了不可磨灭的贡献。

汤若望是对顺治皇帝影响最大的人之一，尤其受到其天主教思想影响。福临在位期间，经常把各种灾害或者动乱归于自己的“政教不修，经纶无术”，屡次下诏自责，并要求各种文书不能称自己为“圣”。1659 年正月讨平李定国实现一统大业后，面对各种举行祝贺的请求，他冷淡地说能有今天的这种事业，并不是自己的德行所能实现的，拒绝贺礼。第二年他在祭告天地、宗庙时，对自己在位的十七年做过简单的总结，通篇是自谴自责之词，并且下令暂时终止官员上给自己的庆贺表彰。这些史实都可以在《清世祖实录》中翻看到。所以说，这份《遗诏》充满自责，也并不完全违背顺治皇帝的思维方式。

这份《遗诏》的撰拟，在《清圣祖实录》卷一中记录，是在初六日召原任学士麻勒吉、学士王熙到养心殿，奉完旨意后在乾清门撰拟的。这段记载，又有奉写遗诏的礼部侍郎兼翰林院学士王熙的《自撰年谱》为佐证。年谱中，王熙记述了被传旨召入养心殿、聆听完顺治帝旨意后起草诏书、三次进呈三蒙钦定的全过程。王熙在《自撰年谱》还写到，在进入养心殿之后，顺治帝对王熙说，我得了痘症，恐怕是好不了了。另外，在兵部督捕主事张宸的《平圃杂记》中记录，初六日，也就是《实录》中记录皇帝“大渐”的那一天，在传谕大赦的同时，还传谕民间不得炒豆，不得点灯，不得倒垃圾。因为这种禁忌只有在皇帝“出痘”——患“天花”的情况下才会出现，所以人们佐证顺治帝是因为罹患天花而去世的。但是，又有学者提出，“天花”这种急性传染病的症状是高烧昏迷，病人在死前是不太可能神志清醒的，所以顺治帝不可能像王熙写的那样，亲自口授《遗诏》。

《遗诏》是否出自顺治帝本人，还有待进一步考证。但从档案馆保存的《清圣祖实录》和其他文献保存单位的一些僧侣文献中可以看到，顺治帝是病逝的。

在《清圣祖实录》卷一中可以看到，安放顺治帝遗体的梓宫（棺材），在顺治十八年（1661）二月初二日，被移放到景山寿皇殿。其后，继位的康熙皇帝在所有应该致祭的日期都前往致祭。卷二中又记载，在四月十七日这一天，康熙皇帝来到安放着顺治帝梓宫的景山寿皇殿，在举行了百日致祭礼以后，将顺治帝的神位奉入了乾清宫，以等待选择吉日奉入太庙。二十一日，则举行了“奉安宝宫礼”。这说明，到二十一日时，顺治帝已经被火化了，因为“宝宫”二字说的是骨灰罐。

关于顺治皇帝被火化的详细记录，在官方记载的档案里尚无记录，但《旅庵和尚奏录》中则写明，顺治帝临终前，对近身的僧侣特别嘱托，因为祖制是火葬，而且自己又信奉佛禅，所以希望如果茆溪森和尚能赶到，就由茆和尚主持火化，如果赶不到，则由位于北京的善果寺和隆安寺来主持。旅庵和尚即本月旅庵，是宁波天童寺住持木陈忞的弟子。木陈忞在应召入京时把他带到了顺治帝的身边，同另外一些入宫的和尚一起，为顺治帝宣讲佛法。本月旅庵的奏录，记录的是自己及他人与顺治帝的奏对，真实性极强。而顺治帝提到的茆溪森和尚，是湖州报恩寺住持玉林琇的弟子。茆溪森对佛法的阐释，曾深深打动了顺治帝并由此得到深度信任。

据《五灯全书》记载，茆溪森和尚在接到旨意后兼程赶抵北京，于四月十七日的一百祭日，为顺治帝举行了火化仪式。这就与《清世祖实录》记录的百日祭奠、逢迎神位和安放宝宫相吻合。

所以说，顺治帝是于顺治十八年正月初七日的子刻，逝世于养心殿。病因可能是天花。他的遗体在四月十七日被火化，骨灰存于“宝宫”内。据中国第一历史档案馆珍藏的《清圣祖实录》卷九记载，该“宝宫”在康熙二年（1663）四月二十四日黎明被起程移奉孝陵，在六月初六日的戌时，同孝康皇后和端敬皇后的宝宫一起，被安放在地宫的石床上，并掩上了石门。

由此，关于顺治帝在二十四岁这年离宫出家、朝廷以其病逝为托词的猜度，不过是一个充满想象力的传奇故事而已。但顺治帝在十七年（1660）十月，于西苑（中南海）万善殿，由茆溪森和尚为其举行了皈依佛门的净发仪式，则是史实。只不过剃光头发意欲出家的顺治帝，最终在茆溪森的师傅玉林琇谆谆规劝和要烧死茆溪森的压力下，又决定留俗了。这一史实的记载虽然不见于官方档案，但广泛见于本文上述的僧侣著作中。这些著书立说的僧侣，都是被顺治帝邀请入宫阐释佛法的著名人士。由于他们在记述净发的时期内，生活在顺治帝的周围，而且是各自著作中的分别记录，所以具有极强的真实性，因此普遍为史学研究者所认可。

在关于规劝顺治还俗的语录记录中，最被人称道而且看起来最见效的一段劝导是，面对顺治帝的提问——佛祖释迦牟尼和禅祖达摩，不都舍弃王位出家了吗？玉林琇回答，他们是悟立佛禅，而现在从出世法来看，最需要您在世间护持佛法正义，护持一切菩萨的寄身处所，所以，您应该继续做皇帝。正是这段规劝，最终令顺治帝回心转意，蓄发还俗了。

由此可知，顺治皇帝没有出家，这是确定无疑的，但顺治皇帝曾经想过要出家，也是确定无疑的，那么顺治皇帝为什么要出家呢？他仅仅是因为董鄂妃之死而看破红尘了吗？或者，这和其母孝庄和多尔衮的关系，以及他们对他的控制有关系。

三、顺治礼佛之因由

无论孝庄是否曾下嫁过多尔衮，他们是否举行过婚礼，都无法消除人们对他们有私情的猜测，福临对于其母孝庄和多尔衮的关系十分反感，但自己又无可奈何，那么怎么办？只能逃避，眼不见为净，这个时候，佛学为福临提供了心灵的栖息之所。顺治在宫中净发出家，其首要原因，也是受佛教思想的深刻影响。

入关前，小福临本对佛教一无所知。入关后，由于其朝政被做摄政王的叔父多尔衮所把持，多尔衮对顺治的教育，又采取放任自流的态度，所以顺治的幼年和少年时期，像所有满族孩子一样，热心于骑马、射箭和围猎，对汉文化一片茫然。据《清世祖实录》卷三、卷九、卷十五等处的记载，就顺治接受汉文化教育的问题，都察院承政满达海、给事中郝杰、大学士冯铨、洪承畴等人，都曾经先后向多尔衮上书，请求选择有学识的人辅导顺治的学习，但都被多尔衮以顺治年幼的理由拒绝了。后来，多尔衮对这种建议索性置之不理。只是因为多尔衮在顺治七年（1650）十二月突然逝世，才使顺治的汉化教育一下成为必然。面对如此丰富而悠久的汉文化和历史，顺治在几乎不识汉字的基础上孜孜求学。但最先植入他头脑中的宗教，却并非已被汉文化深深吸纳和包容的佛教，而是没能融入汉文化的基督教。

基督教在唐朝、元朝都曾断续传入中国，在明朝万历十年（1582），因耶稣会传教士的努力，则再度传入。顺治亲政的第一年，为了学习一些日食、月食、彗星、流星、历法等天文、物理知识，他接受了大学士范文程的引见，召见了在钦天监任职的北京耶稣会传教士汤若望。

汤若望1592年5月1日出生在德国莱茵河畔科隆城一个叫沙尔·冯·白尔的贵族之家。沙尔家族是科隆城古老的名门望族，其爵邸就在阿波斯特尔大教堂附近，全家人都是天主教的虔诚信奉者。

汤若望于1611年10月加入了耶稣会，宣誓终生安贫、贞洁、服从，他接受过严格的修士训练，也加入了灵采研究院，探索着不断发展着的新科学，尤其是天文学和数学。

早期传教士在东方在中国所建立的丰功伟绩，让他激动不已。他钦佩利玛窦在中国采取的适应中国文化习俗的，所谓“合儒”的传教策略，竭力把天主教义与中国的儒家文化相结合。当他听说利玛窦神父以其数学天文学的智慧，惊倒了中国人，并且受到皇帝的优礼和敬重，为上帝的教会开拓了新的、非常大的信仰领域时，他为西方的数理天文在中国获得这样的价值而欣喜若狂。

两年见习期满后，1613年10月，他进入了罗马学院，该学院的课程设置除宗教内容外，还有数学、天文学、地理学、机械力学、化学等科目。伽利略也担任过该院的教师，他曾在学院的报告厅里展示过经他改良后的望远镜，受到热烈欢迎和钦佩。汤若望听过他的演讲，对伽利略的学说产生浓厚的兴趣。

1617年，他以最优秀的成绩完成了在罗马学院的学业，晋升为神父。1618年4月16日在金尼阁的带领下，汤若望、邓玉函、罗雅谷等二十二名传教士，以葡萄牙政府的名义派遣，从里斯本起航东渡。

1619年7月15日，汤若望和他的教友们抵达了澳门，被安置在圣·保禄学院里。传教士们一踏上中国土地，便开始精心研习中国语言文化，甚至以掌握北京官话为目标。这些西方修士入乡随俗，住进中式房屋，并潜心研究中国经史和伦理，寻找其中东西方文化的融合点。在同朝野名流交往的过程中，这些上通天文，下知地理，又熟读汉文典籍的西方传教士，自然赢得了中国文人士大夫的好感和信任，从而达到其传播信仰的目的，这就是利玛窦开创的“合儒超儒”的传教策略。

1622年夏天，汤若望换上了中国人的服装取道北上，他把德文姓名“亚当”改为发音相近的“汤”，“约翰”改为“若望”，正式取名汤若望，字“道未”出典于《孟子》的“望道而未见之”。

1623年1月25日，汤若望到达北京，仿效当年的利玛窦，将他从欧洲带来的数理天算书籍列好目录，呈送朝廷。又将带来的科学仪器在住所内一一陈列，请中国官员前来参观，并以他的数理天文学知识得到朝廷官员的赏识。

汤若望

他到北京不久，就成功地预测了当年10月8日出现的月食。后来他又准确地预测了第二年（1624）9月的月食。还用了一种罗马关于月食计算的方法，计算了北京子午圈与罗马子午圈的距离。为此，他写了两篇关于日食的论文，印刷分赠给各官员并送呈给朝廷。

中国传教会给他的任务是研究中国的语言文字与儒家学说，数理天文学以及传教工作只是附带的。他在北京见习了四年，在钦天监官员李祖白的帮助下，用中文写了一本介绍伽利略望远镜的《远镜说》，第一个将欧洲的最新发明介绍给中国，在以后的历法改革中起了相当大的作用。

1627年，汤若望被派到西安接替金尼阁的传教工作，明崇祯三年（1630），由礼部尚书徐光启疏荐，回京供职于钦天监，译著历书，推算天文，制作仪器。同时，利用向太监讲解天文的机会，在宫中传播天主教，受洗入教的有御马监太监庞天寿等。汤若望在历局期间，还同中国学者合作翻译了德国矿冶学家阿格里科拉于1550年撰写的论述16世纪欧洲开采、冶金技术的巨著“矿冶全书”，中译本定名为“坤舆格致”。此书编成后，汤若望进呈给朝廷，崇祯皇帝御批：“发下《坤舆格致》全书，着地方官相酌地形，便宜采取。”

汤若望曾在徐光启主持下参与测量并绘制大幅星图的工作。他们绘制的星图“突破了中国两千年的传统”，“形成了现代中国星象的基础”。绘制时所使用的数据都是在徐光启主持下重新测定的。这幅星图“是近代恒星天文学理论和实践结合的产物。从此在星名表达方式、星座的组织和体制、恒星的测量和推算、星图的形制和表绘方式、星座星数的扩充等许多方面，改进了中国历史悠久的传统星图的形式和内涵。它使突出于世界天文学史的中国古星图，在欧洲科学革命时期发生了根本性的变化，成为一幅具有划时代意义的杰出星图”。他们首次绘制的大幅星图现存罗马梵蒂冈图书馆。

崇祯七年，汤若望协助徐光启、李天经编成《崇祯历书》一百三十七卷。又受明廷之命以西法督造战炮，并口述有关大炮冶铸、制造、保管、运输、演放以及火药配制、炮弹制造等原理和技术，由焦勖整理成《火攻挈要》二卷和《火攻秘要》一卷，为当时介绍西洋火枪技术的权威著作。崇祯九年，汤奉旨设厂铸炮，两年中铸造大炮二十门。为谋取天主教在各省的合法地位，十一年奏请崇祯赐“钦褒天学”四字，制匾分送各地天主堂悬挂。

顺治元年（1644），清军进入北京，明亡。汤若望以其天文历法方面的学识和技能受到清廷的保护，掌钦天监事，次年封太常寺少卿。在古观象台工作的传教士有五十多人，汤若望是其中最主要的传教士，还担任台长，即钦天监监正，受命继续修正历法。

汤若望多次向新统治者力陈新历之长，并适时进献了新制的舆地屏图和浑天仪、地平晷、望远镜等仪器，而且用西洋新法准确预测了顺治元年（1644）农历八月初一丙辰日食时，初亏、食甚、复圆的时刻，终于说服当时的摄政王多尔衮，决定从顺治二年开始，将其参与编纂的新历颁行天下。他用西法修订的历书（《崇祯历书》的删节版）被清廷定名《时宪历》，颁行天下。顺治八年，汤若望先后授太仆寺卿、太常寺卿、通政使并赐号“通玄教师”（康熙帝时为避讳，改“通微教师”）。汤若望经常出入宫廷，对朝政得失多所建言，先后上奏章三百余封。

汤若望渊博高深的学识，先是引起了孝庄皇太后的注意，受到皇家的礼遇，接着孝庄想让汤若望教导一下福临，于是将汤若望推荐给了儿子。凭着过人的常识，汤若望很快得到了顺治帝的尊敬。

而汤若望在得到这种教习机会后，在解释科学知识的同时，开始向顺治帝传输基督教教义。其教义中关于人类起源、人类苦难、人类救赎的阐释，使对这些问题存有深深疑惑的顺治折服了。教义中关于一切罪过都可以通过忏悔而获得天主宽恕并免遭审判的思想，也随之植入了顺治的心灵。但汤若望在顺治头脑中苦心营造的这一信仰，终因缺少这片广阔土地的文化滋养而坍塌了——在这片土地上被深深滋养着的佛教，其关于相同问题及出路的阐释，最终征服了顺治帝，并成为他的人生信仰。

世界上很多好的宗教的教义其实是相同的，天主教和佛教与人为善，乐于助人，舍己为人等思想也是相通的，但天主教毕竟是新的外来教派，中国人还不好接受，倒是佛教在中国更有生命力。顺治帝接触佛教，应该开始于同京师海会寺住持憨璞聪的会晤。那一年，是顺治十四年（1657）。但据中国第一历史档案馆保存的“内国史院满文档案”的佐证，晏子友先生论证了顺治帝应该是在八年的秋冬，通过认识在河北遵化景忠山石洞内静修的别山法师而开始了解佛教的。

佛教，诞生于公元前6世纪至前5世纪的印度，创始人为迦毗罗卫国的王子悉达多·乔达摩（释迦牟尼）。其基本教义认为人生是无常的、无我的、痛苦的。造成痛苦的根源，在于人自身的欲望和行为。而这种欲望和行为，又导致生命轮回的善恶报应的结果。每个人就生活在这种无常无我的轮回报应中，要想摆脱这种痛苦，只有通过修悟，彻底转变自己世俗的欲望和认识，才能超出生死轮回的报应获得解脱。

这种基本教义在漫长的传播发展过程中，因为传播者对其思想戒律在理解上产生了众多的分歧，而分化为许多教派。传入中国的，主要是其中的大乘教派。它在魏、晋、南北朝时期得到广泛发展，在隋唐时期达到鼎盛，并在传播过程中逐渐形成天台宗、律宗、净土宗、法相宗、华严宗、禅宗、密宗等主要宗派。其中的禅宗，又是影响力最大的占主导地位的宗派。

“禅”是梵文的音译，其意是心绪宁静专注地思虑。“禅宗”主张，用这种静心思虑的方法，来悟出佛法和得到彻底解脱。而禅宗在发展中，又分化为曹洞、云门、法眼、沩仰、临济五宗。其中，临济、曹洞又是流传时间最长、影响也最大的两个宗派。

在景忠山上修行的，正是曹洞宗的僧人。他们同顺治之间的往来，被记载在景忠山上众多的碑文石刻上。上面记载着在顺治八年（1651），顺治因为出猎来到景忠山，在碧霞元君殿会见了住持海寿法师，得知“知止洞”内，有一位别山禅师已经在洞内静修了九年，就非常敬佩。在探望之后，回宫即在西苑（中南海）的椒园（又名蕉园）辟出万善殿，召别山法师入宫，供其修身。

景忠山风景

这件事，使顺治帝知道了佛教，知道了佛教中有一些超然物外的人，他们的信仰与追求，是自己所不了解的。于是，顺治陆续延请了一些佛门中人入住万善殿，开始了同佛教的接触。而那位回了山洞的别山法师，由于给顺治的印象非常深刻，在顺治十年（1653）又被召入西苑椒园，赐号“慧善普应禅师”，并在椒园住了下来。

四、我本西方一衲子，为何生在帝王家

别山祖师，法名性在，河北丰润左家坞人，俗姓郑。八岁出家，师从仰峰春和尚。十四岁师从愍忠和尚学习波罗木义，不久担任住持。崇祯三年（1630）冬，十八岁的他慕名来到河南少林寺，被允许入室。崇祯十六年（1643），三十一岁的别山和尚来到迁西县景忠山，在南坡的一个天然石洞里面壁修行佛教中的曹洞宗。并取“知止而后有定，定而后能静”之义，将石洞命名曰“知止洞”。由于洞内阴暗潮湿，生活饮食上又很将就，因此面容枯槁，形态佝偻，几近

残废。顺治八年（1651）十月十九日，十四岁的顺治皇帝“携皇太后、皇后行猎”，经杨村、宝坻等地，十一月初七日“驻跸遵化，初八日驻跸高家庄，是日，上幸娘娘庙（景忠山）”。十二月初三日，从滦州行猎回銮途中，顺治皇帝再次幸娘娘庙，并且初次见到了别山法师，“赐京宗山（景忠山）北洞道士李寿孝银五百两，南洞之和尚伯三（别山）银一百两”（《档案译编》）。在这里，早就对佛教有些好感的顺治皇帝，在听了别山和尚的一番关于佛教经义的谈论后，非常高兴，“数为动容”，对佛教的兴趣更加浓厚，遂邀请别山和尚到京中的皇宫去，为他讲经念佛。

别山和尚看到皇帝如此一心向佛，自然也很高兴，于是收拾好东西，随驾赴京，来到宫中。入宫以后不久，过惯了苦修生活的他便以“怀恋修行故地”为由请求还山。顺治皇帝不得不准假一月。顺治九年（1652）五月，顺治皇帝再派太监窦从芳专程赴景忠山向住持僧海寿颁布御旨，诏请别山法师重返京城。顺治帝特意将西苑（中南海）中的椒园腾出来，改为禅室（名曰万善殿或万善寺），用以长期安顿别山法师，并于顺治十年（1653）冬赐其法号为“慧善普应禅师”。

顺治十年三月，刚刚就任永平府（卢龙）推官的“大诗人”尤侗（1618—1704）慕名登上景忠山，在参观了别山法师的知止洞并在里面小憩后，命石匠在洞口的石崖上刻诗一首曰：“石洞阴森小有天，朗公卓锡此安禅。钵龙夜静归山雨，野鸭秋高起海烟。玉磬每闻邨照里，蒲团忽挂御炉前（时上人入都）。悬知树下无三宿，面壁因何历九年？”（《憩石洞留示别山上人》）以示对大师的敬仰之情。

别山法师再次来到皇宫后，一些六根未净的出家人看到其深受皇帝喜爱，羡慕异常。于是假称有道高僧在京城四处招摇，以便接近皇帝沐浴圣恩。顺治对此十分反感，甚至开始对出家人的动机有些怀疑、鄙视、慢待。可当他看到身边的别山法师久住宫中，却不被宫中的奢靡生活所诱惑，不被皇帝赐予的封号所打动，无优游之感、非分之求时，感觉到世上确实有这样的“高世独立者”，于是对别山法师益加敬重。顺治十四年，开始下诏在全国各地征召像别山这样的大德高僧。

经过别山大师一段时间的传授佛经教义，顺治皇帝对佛教的理解越来越深刻，对佛教的信仰越来越执着，甚至到了痴迷的程度。他先后创作了好多的赞僧诗，如“朕为大地山河主，忧国忧民事转烦。百年三万六千日，不及僧家半日闲”。“世间难比出家人，无忧无虑得安宜。口中吃得清和味，身上常穿百衲衣”等，可说是由衷羡慕出家的僧人。同时，还写有“悲欢离合多劳虑，何日清闲谁得知。若能了达僧家事，从此回头不算迟”“黄袍换却紫袈裟，只为当年一念差，我本西方一衲子，为何生在帝王家”等诗，直接表达了不做皇帝想出家的意愿。

“清初内国史院满文档册”，是清朝初期内国史院这个政府机构为纂修国史而辑录的满文档案材料，它按年月日的顺序编辑。由于修史角度的不同，档册所辑录的事件内容就详略不同。尽管是简单的记载，但将其与碑文石刻相对照，其登山原因、时间、别山法师修行处所都是吻合的，正佐证了碑文石刻所述事实的真实性。

但可能是因为曹洞宗的参佛方法着重于从个体去体悟佛性，不是很适合顺治当时正值少年的文化基础，而且这种教派的修身方法，也决定了海寿、别山等僧人的不善言辞，所以当顺治在十四年（1657）结识了禅宗中的另一主要教派临济宗的一些僧人后，曾说，一开始我虽然尊崇佛教，却并不知道有教法派别的区分，也不知道各个教派中的高僧，知道这些，是从憨璞聪开始。

憨璞聪，福建延平人，是临济宗的高僧。他在顺治十三年（1656）的五月，被位于京师城南的海会寺请来做住持，从而使临济宗的宗风在京师大振。

临济宗的教法，重在通过师生问答的方法衡量双方悟境的深浅，并针对不同的悟境程度，对参学者进行说教，提倡通过交流使人醒悟。这种重在交流而不是自省的方法，很适合顺治了解佛教。所以在几次长谈后，顺治就对佛法产生了浓厚的兴趣，并请憨璞聪奏列了江南各大名刹的高僧姓名和情况，开始延请临济宗的高僧入宫阐释佛法。

山西五台山寺庙

其中对顺治影响很大的僧人，是浙江湖州报恩寺住持玉林琇，浙江宁波天童寺住持木陈忞，以及玉林琇引荐的弟子茆溪森，木陈忞引荐的弟子旅庵、山晓等人。在这些僧人的包围阐释下，顺治从佛教中得到了深深的精神寄慰，并转变成自身的思想信仰。他认玉林琇为师，西苑万善殿就成了他参禅拜佛和与这些僧人讨论佛法的处所。玉林琇的大弟子茆溪森，不仅成了他的师兄，更因为自身学识和修行的高深而得到顺治的深深信赖。

有关顺治帝与这些僧人在一起的活动和交谈，都可以从这些人的著作中找到记载。从中我们可以看到，顺治帝在思想上，已经完全接受了佛教关于生命轮回、个人承担着自身一世的善恶报应、如想脱离轮回只能依靠悟修佛法的教义。由此他相信，自己的皇帝之位，不过是过眼烟云，来生并不知会在何处立命。所以他在受重创后意欲出家，是其思想信仰的必然结果。

顺治十六年，顺治帝竟让征召来京的法师玉林琇为他起法名，玉林琇不敢。于是顺治自选“痴”字，下用龙池派中的“行”字，即法名行痴。又自号“痴道人”，以后钤章还有“尘隐道人”“懒翁”“太和主人”“体元斋主人”等，说明了他想出家出世的心情。

顺治帝虔心佛事，每以讲经释教为常事，甚至董鄂氏也在他的影响下由不信佛到笃信于佛，直至“口呼佛号而终”。在顺治帝御制的《端敬皇后行状》中也说：“后素不信佛，朕时以内典禅宗谕之，且为解《心经》典义，由是崇敬三宝，专心禅学。”

玉林琇回归本寺庙后，同年九月，浙江宁波天童寺的住持道忞法师又携其弟子旅庵本月、山晓本皙等来到京城。道忞的到来使顺治对佛教的信仰达到了一个新的高度。道忞知识渊博，才华横溢，能言善辩，词锋犀利，深得福临激赏、敬重，到京不久，便被封为弘觉禅师，受到优礼。他不时被顺治召入内廷，顺治帝甚至对他说：“愿老和尚勿以天子视朕，当如门弟子旅庵相待。”

顺治十七年八月十九日，顺治帝最心爱的董鄂妃病逝。这位“不爱江山爱美人”的年轻皇帝更是产生了悲观厌世的想法，企望遁入空门，以求精神上的解脱。九十月之交，他在写下一首“十八年来不自由，南征北讨几时休。我今撒手西方去，不管千秋与万秋”后，即命茆溪森和尚为其削发剃度，决心出家。

在孝庄皇太后及奉命赶来的法师玉林琇百般劝解下，特别是玉林琇劝他：“若以世法论，皇上宜永居正位，上以安圣母之心，下以乐万民之业；若以出世法论，皇上宜永作国王帝主，外以护持诸佛正法之轮，内住一切大权菩萨智所住处。”顺治帝才勉强答应蓄发留俗。

虽然出家不成，但他却在顺治十八年（1661）正月初二，命他的亲信太监吴良辅作替身，出家为僧，入悯忠寺修行。并且他亲临悯忠寺观看吴良辅出家仪式。

令人蹊跷的是，回来不久，年仅二十四岁的顺治皇帝就突然染上了“天花”，而仅仅病了四天，就于正月初七日子时在养心殿驾崩。并于第二天由八岁的三子玄烨即位，是为历史上著名的康熙皇帝。

由于顺治死得突然、死得奇怪，而在之前他又那么地笃信佛教，甚至屡有出家的言行举动，以致后来在民间留下了其许多出家修行的传说。

悯忠寺，又名法源寺

第二章 孝庄抚育玄烨 康熙开创盛世

一、教育幼帝，祖孙情深

顺治帝的突然死亡，将一个巨大且困难的问题摆到了孝庄的面前，更不幸的是，和福临不同，多尔衮的去世，让她变得孤独，身边能帮助自己的人也没有，所有的困难和问题，只能她自己去解决。

我们都知道，继顺治皇帝之后的是康熙皇帝，康熙皇帝名玄烨，在我国历史是极有作为的皇帝之一，在位六十一年，也是我国历史上在位时间最长的皇帝，清朝之所以能统治中国两个半世纪以上，康熙皇帝贡献最大。但玄烨之所以能成为皇帝，并且成为历史上少有的好皇帝，与孝庄太皇太后是有极大的关系的。

玄烨一生最亲最敬的，正是他的奶奶孝庄文皇后，他对奶奶的感情，甚至超过了他的父母亲顺治皇帝与孝康章皇后，玄烨与祖母之间的深情，在中国历代封建帝王之家的祖孙关系中，几乎是绝无仅有。

康熙于顺治十八年（1661）正月登基称帝，时年仅九岁，其时中国大陆已接近统一，但各地反清的抗争还没有停息，社会经济也亟待恢复，国库十分空虚，百姓民不聊生，清朝面临的局势仍十分严峻。刚刚建立的帝国大厦已粗具规模，而统治基础尚不稳固，各种制度还不完备，需要后继者去继承发展。将这副担子放在年仅九岁的少年皇帝肩上，无疑是不现实的，所以这个时候，左右天下大政方针的，仍是幕后的孝庄文皇后。

在处理政事之余，孝庄也在努力教导玄烨，她责无旁贷地担负起抚育、保护与培养孙儿的重任。在小玄烨身上，或许寄托着她对儿子和情人的歉疚，所以她尽着全力，要培养出一个最好的皇帝。

如果以一位教育家的标准衡量，孝庄对于孙儿玄烨的教育，显然要比她对儿子福临的培养更为成功。虽然儿孙都是亲骨肉，但孙子玄烨对她的依恋，她对孙子的爱，要超过她与福临之间的母子情。清代史书对此讳莫如深，但这却是事实。这可能也是孝庄执意如此，她要把从福临那里失去的，再从玄烨这里捡回来，为此，她全力地将康熙塑造成一个好皇帝。

还在玄烨继承皇位前，孝庄就已经对他进行教育、培养了。玄烨曾对皇子们回忆说："朕自幼龄学步能言时，即奉圣祖母慈训，凡饮食、动履、言语皆有矩度，虽平居独处，亦教以罔敢越轶，少不然即加督过，赖是以克有成。"祖母的督教对他的成长乃至一生，起着至关重要的作用。

玄烨成年后多次讲道："忆自弱龄，早失怙恃，趋承祖母膝下三十余年，鞠养教诲，以至有成，设无祖母太皇太后，断不能致有今日成立。罔极之恩，毕生难报。""朕自幼蒙太皇太后教育之恩，至为深厚"，"仰报难尽"。这些都是他的肺腑之言。

玄烨幼时曾长期避痘紫禁城外，"父母膝下，未得一日承欢"。来自祖母的爱，很大程度上填补了他幼小心灵上的感情空白，使他从懂事时起，就将祖母也视为最亲之人。这种情感无法以尺度来计量，但玄烨愈为年长，体会愈加深刻，对之愈加珍视。

孝庄对孙儿的爱有着丰富的内涵。她不仅给了玄烨本应从其父母那里得到的关怀和爱护，更重要的，是通过严格的教育、训练，培养他的良好品质、习惯与作风。

在"独嗜图史"的孝庄影响下，玄烨从小对读书学习产生了浓厚兴趣，这一嗜好伴其终身。他"矢志读书"，"早夜诵读，无间寒暑，至忘寝食”，无论任何时候，只要一捧起书本，几乎忘掉一切。乳姆朴氏担心他年龄太小，读书过多而有伤身体，不止一次将书藏起，希望能使他休息一下。但他一经发现，便立刻索回，继续津津有味地读起来。对于孙儿的勤奋苦学，孝庄既感欣慰，又十分心疼，她曾忧喜参半，不无责备地对孙儿说：哪有像你这样的人，“贵为天子”，却像书生赶考一样苦读呢？

由于祖母的教导，玄烨自幼养成一丝不苟的学习态度，读书时“间有一字未明，必加寻绎，务至明惬于心而后已”。孔子所说“知之为知之，不知为不知”，是他学习的座右铭。他从小认识到“人心虚则所学进，盈则所学退”的道理，虚心好问，除去读书外，“每见高年人，必问其已往经历之事而切记于心，决不自以为知而不访于人也”。即使是太监、奴仆等“粗鄙之夫”，如果“亦有中理之言”，“决不遗弃，必搜其源而切记之，并不以为自知自能而弃人之善也”。

孝庄培养玄烨时不仅从大处着眼，幼孙身上一些尚在萌芽的习性，或生活中某些细微处，都引起她的重视，并因以施教。如玄烨儿时受乳母的影响，一度染上吸烟习惯。吸烟不仅有害于身体，还极易引发火灾，可谓有百弊而无一利。经祖母教诲，玄烨坚决戒了烟，并在即位后“时时禁止”吸烟，反复劝说有此嗜好的臣工们。

在祖母的言传身教下，玄烨自幼“不喜饮酒”，并深知酗酒的严重危害，认为“嗜酒而心志为其所乱而昏昧，或致病疾，实非有益于人之物”。他继位后，始终有意识地要求自己“能饮而不饮”，“平日膳后或过年节筵宴之日，止小杯一杯”。

孝庄对幼孙的培养是全面的，就连玄烨的言行举止，也有十分严格的要求。后来，玄烨常常以自己的切身体会训导儿孙：“朕自幼年登基以至于今日，与诸臣议论政事，或与文臣讲论书史，即与尔等家庭闲暇谈笑，率皆俨然端坐，此乃朕自幼习成，素日涵养之所致。”可见幼时养成的这些良好习惯，一直保持到他的晚年。

曾在康熙朝中期与玄烨有过较多接触的法国传教士白晋，在给法王路易十四的信中，对玄烨的仪表、风度、气质和修养大为赞赏，说他“生来就带有世界上最好的天性”“所有他的爱好都是高尚的，也是一个皇帝应该具备的”等。其描述固然有溢美之词，但也从侧面表明，玄烨的作风与言行，确实不失一位泱泱大国君主所应具有的气度和风采，而这一切，无不来自孝庄的精心教诲。

少儿玄烨在学业、品行、志趣、作风诸方面都打下坚实基础的同时，还逐步树立起继承父业、以天下为己任的远大抱负。前述顺治十六年（1659）玄烨（与福全、常宁一道）向皇父请安时所言：我长大了愿“效法皇父”，勤勉尽力，其志向之高，想必是在福临意料之外。这样的话语竟出自一个六龄孩童之口，是否可信另当别论，但毕竟说明，孝庄早已在对玄烨进行特殊培养了。

玄烨即位后，孝庄继续抓紧对他的教育，并根据需要增添了新的内容。

康熙皇帝玄烨像

当时，代表朝中保守势力的辅臣为防止玄烨过早接触汉族文臣，受其影响，也走上福临“好华语，慕华制”的道路，因而对汉官在玄烨登基不久就一再提出的建议，如为皇帝“及时举行经筵”、慎选品学兼优的满汉官员侍奉皇帝、分班进讲经史等，概未考虑。值得注意的是，有的史料说孝庄也很抵触汉族文化，“甚厌汉语，或有儿孙习汉俗者，则以为汉俗盛而胡运衰，辄加禁抑云矣”。这一评价具有一定片面性，至少与玄烨继位后的有关情况不相符合。

玄烨曾回忆说：“朕八岁登基，即知黾勉学问，彼时教我句读者，有张、林二内侍，俱系明时多读书人，其教书唯以经书为要，至于诗文，则在所后。”“朕七八岁所读之经书，至今五六十年，犹不遗忘。”由此可见，玄烨继位前后，已开始学习儒家典籍，而这只能是孝庄的决定。

上述事实还表明，孝庄虽然反对福临过分推崇汉文化，“于淳朴旧制日有更张”，但她也清醒地认识到学习儒家学说，对于一位满族皇帝统治以汉人占大多数的国家所具有的特殊意义。为使爱孙胜任天子之职，她有意识地让玄烨尽早学习儒家经典，以便掌握治国安民之道，更有效地进行统治。

玄烨继位初期，有一天，当着众臣之面，孝庄问孙儿身为天下之主，有何打算，玄烨答道：“臣无他欲，唯愿天下义安，生民乐业，共享太平之福而已。”少年皇帝决意做贤明之君，富国裕民的强烈愿望，显示出孝庄多年培育的初步成效。

玄烨平时的衣食住行，孝庄都记挂于心。玄烨继位后，曾住在保和殿。康熙八年（1669）初春，孝庄因孙儿“以殿为宫”而居，“于心不安”，特交付工部修葺乾清宫、交泰殿，使“皇帝移居彼处”。玄烨立即遵旨，命工部“选择吉日，修理朴质坚固，以仰副太皇太后慈爱朕躬至意”。是年十一月，玄烨移居修造一新的乾清宫，这里成为他在紫禁城内的居所，直至其去世未曾变更，时间长达半个世纪以上。

孝庄对孙儿了解甚深，孙儿的喜怒哀乐或任何情绪波动，都逃不过她的眼睛；玄烨因为需要处理国事家事，有一段时间逐渐消瘦，孝庄极为不安，反复加以劝慰。十二月初三日夜太和殿大火初起时，玄烨牵挂年迈的祖母，当即前往祖母宫中问安，孝庄一再劝孙儿不要过分忧虑，务必多休息数日，等身体康复后再上朝理政。但玄烨放不下国事，十二月初五日一早，又开始御门听政了。

紫禁城乾清宫

孝庄担心孙子的身体吃不消，于是转换方式进行劝阻。十二月初五日当天，她派贴身太监刘忠向领侍卫内大臣阿鲁哈、大学士索额图、明珠等人传谕："皇帝自入秋以来，未甚爽健。且此数年间，种种忧劳，心怀不畅。顷者抱恙，今虽痊愈，但尚未甘饮食。念南苑洁静，宜暂往彼颐养。又昨火灾，闻太子（胤礽）亦尔惊恐，可令同往。传语皇帝，勿违吾命。"阿鲁哈等遂奏闻玄烨。玄烨知道这是祖母的一番苦心，不便相违，对大臣们说："太皇太后念朕躬偶恙，屡蒙降旨。朕钦遵慈命，即幸南苑，明日当徐徐起行。"他带着六岁的皇太子胤礽在南苑行围十天，回宫后即以太和殿灾颁诏天下，求言修省。此次南苑之行对玄烨身心两益，十分必要，反映出孝庄对孙儿无微不至的关怀。

康熙二十三年（1684）九月，玄烨第一次南巡，历时两月余，这是他和祖母分别时间最长的一次。在此期间，尽管玄烨与祖母保持密切联系，并将从黄河打捞的鲜鱼及地方鲜果驰送京城，但孝庄依然思孙心切，不能自已。玄烨回銮途中，十一月十五日行至直隶省河间府秦家庄，收到祖母差人专程送来的乳品。对一位尝遍天下美味的封建皇帝来说，食物本身并不重要，而玄烨却从中深深感受到祖母的厚爱，这是任何权力、金钱所无法换取的。他当即感慨赋诗道："彩旃晚驻瀛洲道，忽报铜龙骑使来。心识慈怀同日照，口传温语逐阳回。松脂似截盘中玉，绮食初和鼎内梅。两月几虚甘旨奉，归程欲听晓钟催。"

玄烨第一次南巡时，孝庄尚健在，他没有奉祖母同行，说明孝庄的健康状况已不允许。这当是玄烨终生抱憾之事。

二、帮除鳌拜，助扫三藩

玄烨继位后，索尼、遏必隆、鳌拜、苏克萨哈四辅臣直接处理军国大事，虽然"裁决庶务，入白太后"，但孝庄对他们深为信任，放手使用，所以辅臣权力很大，加之没有监督、约束的相应机构，从而为个别人结党营私、擅权乱政提供了可能。

由于历史的原因及某些政见不同，辅臣中两黄旗的索尼（正黄旗）、遏必隆、鳌拜（镶黄旗），与正白旗苏克萨哈的关系日渐紧张。另外，随着时间的推移，鳌拜居功自傲，权力欲逐步滋长，他联合遏必隆，扩展镶黄旗实力，擅杀朝中与自己存有积怨的满臣，专横跋扈的作风愈来愈显著。

四辅臣于辅政期间做了不少有益的事，然而对处理满汉关系，却采取保守、倒退方针，在恢复祖制、首崇满洲的旗号下，歧视汉官，使后者的积极性受到严重挫伤。当时，反清复明的战火尚未完全平息，经济凋敝，百废待兴。因满臣还缺乏治理经验，又不能与汉官密切合作，以致大大妨碍了国家机器的正常运转，而一些投机分子逐步取得辅臣信任，为非作歹，更加重了问题的严重性。玄烨亲政前夕，已是“学校废弛而文教日衰”，“风俗僭越而礼制日废”，地方、朝中弊端丛生。

玄烨年龄还小，对此自然难以应付，但政治经验丰富的孝庄，却不露声色地密切注视事态发展，在继续任用辅臣的同时，采取了一些防患未然的措施。

康熙四年（1665）九月初八日，禀照祖母慈谕，十二岁的玄烨举行大婚典礼，索尼的儿子内大臣噶布喇之女赫舍里氏正位中宫，遏必隆之女落选，成为皇妃。

在为孙儿择立皇后时，孝庄舍去遏必隆之女，选中赫舍里氏，旨在防范鳌拜借镶黄旗之女成为皇后之机，进一步扩大实力，同时也是针对主幼臣骄的情况，对清朝元老索尼及其家族予以荣宠的笼络措施。

孝庄此举还改变了皇太极和福临时期，皇后莫不出自蒙古博尔济吉特氏的惯例。这并不意味着忽视满蒙贵族联姻政策，而是从巩固皇权、安定政局的现实需要出发，反映出这位杰出政治家的战略眼光与灵活态度。

玄烨的大婚，也标志着少年皇帝亲理政事已为期不远。换言之，孝庄是以此为孙儿早日亲政制造舆论，打下基础。

当鳌拜得知玄烨选后的结果时，因希冀落空，“心怀妒忌”，气恼万分，竟与遏必隆一起入宫“奏阻”，这里恰恰证明孝庄这步棋的巧妙：既分化了四辅臣，使索尼同鳌拜之间出现芥蒂，又促使索尼更为效忠皇室，增加了皇室的力量。不过，从其后情况看，孝庄这时对鳌拜还未完全失去信任，仍希望他在辅臣任内善始善终，能有一好的结局。

康熙五年（1666），发生圈换土地事件。鳌拜在索尼、遏必隆支持下，将清朝入关初期圈占土地时分配给镶黄旗与正白旗的土地，强

鳌拜像

行互换，并再次圈占大量土地，致使广大农民流离失所，加剧了满汉民族矛盾。三辅臣还不顾玄烨的反对，矫诏将反对此举的大学士管户部事务苏纳海（正白旗）等三名大臣处死，造成一大冤案。这一事件说明，鳌拜并未领会孝庄的包容苦心，在擅权乱政路上已愈走愈远。因此，孝庄也相应采取了进一步措施。

康熙六年（1667）七月初七日，玄烨“躬亲大政”，但辅臣们“仍行佐理”。孝庄特为孙儿收权安排一过渡阶段，以使他在实践中逐步提高；同时也让辅臣有个适应过程，将他们因交权而产生的失落感，减少到最低限度，从而保证此次权力交接稳妥进行。

可是，树欲静而风不止。康熙六年六月索尼去世，鳌拜实际上成为首席辅臣，遏必隆对他亦步亦趋，苏克萨哈更加孤立。玄烨亲政后，苏克萨哈立即请求“往守先帝陵寝”，以期迫使鳌拜、遏必隆也辞去辅政。

鳌拜为清除异己，独掌辅政大权，竟罗织苏克萨哈的“罪状”，企图将他置于死地。尽管玄烨坚决反对，但鳌拜等不肯罢休，一连七日强奏，竟将苏克萨哈及子孙全部处死，并籍没家产。

苏克萨哈被除去后，鳌拜的权势进一步扩大，更为飞扬跋扈，“欺君擅权”，“文武各官尽出门下”，甚至在“御前呵叱部院大臣，拦截章奏”。玄烨去海子（南苑）狩猎时，让随行的鳌拜奏闻祖母，鳌拜“乃不遵旨，反云皇上自奏”，全然不把玄烨放在眼中。他的种种僭越行径，已构成对皇权的严重威胁。至此，孝庄终于作出决断，支持并指点孙儿拟订清除鳌拜集团的全盘计划。

此前，玄烨已开始广泛求言，制造舆论，通过各种举措，纠正辅臣政治上的失误与弊端，这使朝中人心振奋，玄烨威望日增，鳌拜逐渐走向孤立。与此同时，玄烨在身边聚集起一批年轻的满族贵族成员，他们朝气勃勃，锐意向上，索额图即是其中的突出代表。索额图为索尼之子，孝庄选中他的侄女赫舍里氏做皇后，加深了索尼家族与清皇室的关系，也加强了正黄旗对皇室的向心力，并影响到镶黄旗。索额图对玄烨十分忠诚，在清除鳌拜集团的过程中，成为玄烨最得力的助手。

鳌拜集团附者甚众，盘根错节，已控制中央机构各要害部门。为最大限度地减少动荡和不必要损失，孝庄帮助玄烨制定了“擒贼先擒王”，迅速打击主要党羽，震慑其他成员，稳妥解决问题的基本策略。据此，玄烨命索额图秘密组织起一支善于扑击的少年卫队，又于行动前，有意将鳌拜的部分党羽遣往外地，以分散其力量。可以肯定，玄烨还采取了其他一些周密部署。

康熙八年（1669）五月十六日，鳌拜奉召进宫，康熙命他组织的年轻相扑队员一拥而上，旋即被卫队擒拿，鳌拜其主要党羽也先后被逮捕归案。考虑到鳌拜以往为清朝所作贡献，玄烨对他予以宽大处理，免死，籍没家产，终身监禁；对其众多追随者，也只处死最主要的数人，其余一律宽免；就连遏必隆也被免罪，仅革去太师，后又给还公爵，值宿内廷，恢复对他的信任，从而团结了镶黄旗。

清除鳌拜集团，排除了威胁皇权的潜在危险，踢开清朝向前发展的绊脚石后，玄烨真正掌握了清朝大权。他在“首崇满洲”的原则下，努力改善满汉关系，崇儒重道，发挥汉族官员积极性，发展生产，恢复经济。在短短几年内，政局进一步稳定，得到汉族地主阶级更广泛的拥护，经济也有起色，为其后平定三藩之乱，打下重要基础。

铲除鳌拜集团这场惊心动魄的政治较量，是玄烨君临天下后，祖母对他的一次关键性指导与帮助。当时，玄烨年仅十六岁，还缺乏足够的智谋与经验。若无祖母的指教、授计，他很难在亲政后第三年，便一举粉碎这一把持朝政多年、势力颇大的宗派集团，稳妥、彻底、不留后患。显然，鳌拜集团存在时间愈长，对清朝的危害愈大，势必积重难返；如果玄烨的治国方针受到阻挠，三藩之乱将更加旷日持久，康乾盛世的出现也会大大推迟了。

对鳌拜集团的斗争过程中，孝庄、玄烨祖孙相互加深了解，感情更为深厚。其间，玄烨表现出他那一年龄少有的胆略和杰出组织才能，使孝庄满意而欣慰；另外，玄烨也从祖母身上学到很多东西，除缜密的思想方法，坚决、果敢的作风外，对他印象最深的，是祖母对人处事宽厚豁达的态度。正是在祖母的影响下，他处置鳌拜及其党羽时，运用宽严相济，打击面小，安抚、团结绝大多数朝臣的策略，收到人心安定、朝政稳固的效果。

孝庄的言传身教，使玄烨逐步具备了一代名君所应有的宽阔心胸与气度，这不仅在此次斗争中显示出来，在他其后的漫长统治岁月里，无论是平息党派之争，处理二废太子事件，或采取其他重要举措，这种方针、策略依然被保留下来。足见孝庄的智慧、品德与作风，已经体现在孙儿身上，由他继承并发扬光大了。

还需指出，孝庄指导玄烨宽大处理鳌拜集团，也是对当年两黄旗大臣同心合力，拥立幼主（福临）的回报，表明她为保护幼孙，并从清朝的长远统治计，而不得不清除对她效忠多年的老臣时，仍旧手下留情。作为一位政治家，孝庄的这种做法难能可贵。

康熙十二年（1673）底，爆发了以明朝降将吴三桂等人为首的三藩之乱。是年十一月，吴三桂在云南“以所部兵反”；十二月二十一日，冒充“朱三太子”的杨起隆在京举事；翌年三月，耿精忠据福建反；十五年尚之信据广东反。与此同时，一些地方原已降清的明朝官员纷纷响应。叛军气势凶猛，很快控制了南方广大地区，并延伸至陕西、甘肃等地。

此前，吴三桂等反叛之心已露端倪，政治嗅觉敏锐的孝庄有所预感。康熙十一年十二月十六日，她提醒孙儿在天下太平之际，应不忘武备，居安思危；随后又通过其他措施帮助孙儿加强统治，进一步搞好君臣关系。因此，当三藩之乱突然发生，清朝统治面临巨大威胁的时刻，祖孙二人都表现得异常镇静，并且处理十分得当。

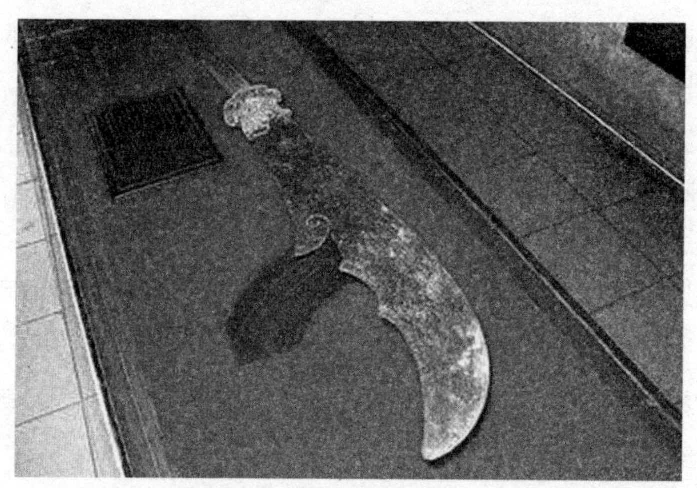

吴三桂用过的大刀

吴三桂叛音甫至，康熙十三年（1674）元旦来临。清廷仍同以往，举行盛大朝贺与筵宴，以此向臣民显示最高决策层无所畏惧的气概，和与叛军决战决胜的坚定信念，起到安定朝野，鼓舞士气的作用。

在祖母的鼓励下，玄烨“料理军务日昃不遑，持心坚定”。康熙十三年（1674）九月，他恢复了一度因“几务殷繁”而中断的“每日进讲”，坚持学习儒家经典。为了对外“示以暇豫”，他甚至每日出游景山骑射，对于“投贴于景山路旁”的谣言诽谤，一概“置若罔闻”。多年后，玄烨回忆道：“当时朕若稍有疑惧之心，则人心摇动，或致意外，未可知也。”

康熙十四年（1675）三月，蒙古察哈尔部布尔尼乘清廷集中力量对付三藩，无暇他顾之机，发动叛乱。因京城八旗精锐部分出征，部分肩负拱卫之责，前往平叛已无兵可调。正当玄烨苦思筹集兵源，及派谁充任领兵之人时，孝庄向他建议：“（大学士）图海才略出众，可当其责。”玄烨“立召公，授以将印”。图海果然不负重托，率领数万名八旗家奴，迅即平定了布尔尼叛乱。这一事例表明，孝庄平时对文武重臣了如指掌，因而能在紧要关头，及时指点玄烨，帮助他渡过难关。

平叛期间，每逢玄烨遇到棘手之事，孝庄便为之出谋划策，并凭借自己在朝中的崇高地位和威信，给予孙儿有力支持。举朝官员对此无不知之，一致认为：“吴三桂叛乱以来，太皇太后心甚忧劳。”玄烨为表示对祖母的感激与爱戴，康熙十六年（1677）四月，“亲撰太皇太后大德景福颂，书锦屏恭进”；同年十二月，恭进太皇太后锦衣，亲撰表文中将祖母比之为“宫中尧舜”；十八年（1679）二月，孝庄六十七岁生日，玄烨再次亲撰表文诗篇，书万寿无疆匾额恭进，诗中写道：“喜得万方同孝养，千秋福德并苍穹”，“宫中尧舜兼文母，恭捧南山万寿觞。”

因玄烨指挥得当，加之采取剿抚并用，重用汉官，孤立分化对方等一系列策略，平叛战争以清廷获取全胜而告结束。康熙二十年十一月十四日，玄烨亲至太皇太后、皇太后宫报捷。整整八年，孝庄与孙儿一起，分担了无尽的焦虑与辛劳，终于大功告成，普天同庆之时，他俩的内心感受，只有彼此最能理解，别人是难以真正体会到的。

孝庄在平定三藩之乱过程中起的作用，旁者无以替代，举朝尽知。可是，当玄烨和大臣们请求按照朝中惯例，为她加上尊号时，她却表现了十分谦逊的作风，再三予以拒绝，并对奏请前来的大学士说，八年以来，“皇帝焦心劳思，运奇制胜，故得寇盗削平，海宇宁谧。皇帝应受尊号，以答臣民之望。予处深宫之中，不与外事，受此尊号，于心未惬”。孝庄全力扶持孙儿，想让孙儿的威望通过平定三藩更加扩大，为此，她尽量掩去自己的作用，将功劳一并归于爱孙。

继平定三藩后，康熙二十二年（1683），清廷又统一了台湾。清朝从此进入一个新的发展阶段，即康乾盛世的前期。

从孝庄作为玄烨政治导师和保护人的角度审视，随着玄烨不断成熟与孝庄的日渐衰迈，康熙二十年前后，他们的关系逐步过渡到一个新的时期。自此直至康熙二十六年（1687）孝庄去世，尽管玄烨早已对各项政务应付自如，不再需要祖母的点拨，但还是将祖母视为顾问，“朝廷有黜陟，上多告而后行”；而孝庄虽然精力不济，但也仍同以往，时刻关怀孙儿，处处予以支持。

三、康熙孝敬祖母，孝庄得享高龄

在人与人相处中，爱的作用是巨大的，并且会对相互间产生亲密无间的影响。孝庄为孙儿呕心沥血，玄烨对祖母的回报，则充分体现在他三十多年“期尽孝养，朝夕事奉”的行动中。目睹这一切的朝臣，曾经做过如下评述：“我皇上至德纯孝，奉侍太皇太后三十余年，极四海九州之养，尽一日三朝之礼，无一时不尽敬，无一事不竭诚。居则视膳于寝门，出则亲扶于雕辇。万机稍暇，则修温清之仪；千里时巡，恒驰络绎之使。此皇上事太皇太后于平日，诚自古帝王之未有也。”这些话虽是颂扬之语，但却基本属实。

受汉族文化的影响，满族人也很尊老爱幼。晚辈每日向长辈请安，是清代一般八旗官宦人家的寻常礼，清宫内极为重视。不过对玄烨来讲，向祖母请安并非例行公事，而是发自其内心的愿望。他曾无数次“亲诣慈宁（孝庄居住慈宁宫）问起居”，“承欢祗领徽音训”，

“晨昏敬睹慈颜豫”。每次都是急切前往，欢快而归，“归路思维乐有余”，“不尽欢欣踊跃回”，恰是其当时心情的写照。玄烨十分珍视每日与祖母的聚首，这是他日理万机的生活中尽享亲情的时刻，对他的精神是一种不可或缺的调剂。

每当玄烨外出时，总是事事处处想着祖母。一次，他驻跸南苑，遣使为祖母恭送鲜果：“日永离宫节候新，熏风早已献嘉珍。赤瑛盘内千鲜果，奉进瑶池第一人。”他在南巡途中捕得鲜鱼，立即“驰进两宫（太皇太后、皇太后），兼志思慕之情”：“千里难承玉陛欢，鲜鳞网得劝加餐。遥知长信开函日，定荷慈颜二笑看。”他行围时猎获野禽，也恭进祖母：“遣使呈鲜味，须令马迅飞。”

离京期间，每隔数日，玄烨必定奏书向祖母请安，告知自己的情况，而归途中一想到即将见到久违的祖母，心情格外愉悦。一次，为了使祖母高兴，他特意赶在“端阳节前一日回宫”，并为此赋诗一首：“满路榴花映玉舆，栌烟香绕侍臣裾。经时远道彤闱隔，先向慈宁问起居。”

康熙十一年（1672）至二十年（1681），玄烨先后六次陪侍祖母去有温泉的地方疗养，其中一次去宣化府赤城汤泉，两次去昌平县北汤山汤泉，三次去遵化州西北四十里福泉山温泉；时间最长一次达七十三天（康熙十一年九月去遵化温泉），最短一次四十五天（康熙二十年三月去遵化温泉）。

从种种迹象看，孝庄在晚年患有皮肤病，而且一度较重，所以十年间连续六次往温泉洗浴，即使在平叛战争的异常时期亦未间断，并几次变换地点，以求更好的疗效。孝庄每次去温泉疗养，玄烨亲自陪同，照料得无微不至。

古今中外，晚辈对于自己最依恋的年长之人的感情，很大一部分体现在对其健康状况的极大关注上，玄烨也是如此。随着孝庄年事不断增高，他无时无刻不在牵挂祖母的身体。祖母稍有违和，他会不由自主地陷入担忧与恐惧；祖母一旦痊愈，他便如释重负，欣喜若狂。为使祖母康健，祛除病灾，玄烨还采取了一些具体措施，比如他曾分

福泉山温泉

别于畅春园和南苑，建造恩佑寺和永慕寺，以给祖母祈求福佑；康熙二十一年（1682）二月，他亲自居景山斋戒祭星，为祖母祈福，并派遣近御侍卫关保，偕同慈宁宫首领太监牛之奇、乾清宫首领太监顾文兴，“祭星三年”。然而，人的生老病死乃客观规律，玄烨的愿望与所做一切，并不能扭转孝庄身体日渐衰弱的趋势。

康熙二十三年（1684），孝庄七十二岁后，身体开始明显走下坡路，本已有的脑血管硬化、高血压等病症，进一步严重起来。从保留至今的孝庄画像看，她晚年比较胖，当是诱发这些疾患的因素之一。

康熙二十四年（1685）六月，玄烨身体欠安，孝庄体恤爱孙，“命往口外避暑静摄”。玄烨遂遵慈旨，携皇太子胤礽、皇长子胤禔巡幸塞外。

不料玄烨返京前，八月二十八日深夜，孝庄突然中风，右肢麻木，舌硬梗阻，言语不清。孝庄的近侍太监崔邦吉立刻告知正在慈宁宫值夜的御医张世良，进行诊治。张世良当即让孝庄以竹沥、姜汁服下苏合丸，未几，另一位御医李玉白也被传至。经俩人共同诊视、商议，又增加几味药，开下药方，很快配制煎好，给孝庄服用。张、李二位御医禀告闻信赶来的裕亲王福全、内务府总管图巴等人：太皇太后“脉尚好，断无大碍”。

九月初一日，玄烨行至博洛和屯（位于今河北省北部），接到图巴等人关于孝庄突然发病的奏报，心急如焚，在折子上做了简短朱批：“知道了。朕从速返回。”他星夜兼程，初二日正午抵京后，直奔慈宁宫祖母榻前。当玄烨看到祖母“慈体已安，尚在服药”，才稍稍松了口气。他为祖母“亲侍进药，侍奉至夜半”。此后数日内，玄烨每天两三次去祖母宫中问安探望。

由于医治及时，对症下药，孝庄的身体逐步恢复。为感谢神明的“助佑”，她下旨“修葺庙宇”，特命玄烨于康熙二十四年九月十八日“吉日”，前往白塔寺（位于今北京阜成门内）进香礼拜。十八日当天，玄烨正准备从宫中动身时，突然电闪雷鸣，下起瓢泼大雨。近侍担心雨大路滑，泥泞难行，请求玄烨稍停片刻，等雨停后再去。玄烨没有同意，他说：“近因圣祖母偶尔违和，朕心深切忧虑。今已痊愈，甚为庆幸，何惮此一往，以慰慈颜乎！”说完毅然冒雨前往。玄烨为了满足祖母的心愿，为使祖母能长保安康，可以不惜任何代价，冒雨而行，对他来讲又算得了什么呢。

事实表明，在孝庄宫中专设御医，昼夜值守的措施，对于她此次中风后得到妥善救治，起到决定性作用。翌年五月，玄烨谕令吏部嘉奖两位有功的御医：“昨年太皇太后圣体偶有违和，命太医院御医李玉白、张世良殚心诊视，恭酌方药，今已万安，朕心欢悦。伊等恪尽职守，尔等可量加议叙。”可见孝庄自二十四年秋发病，经医治大大缓解后，又过了半年多时间，才完全康复。

四、孝庄因病辞世，康熙不胜伤悲

康熙二十六年（1687）冬天，是玄烨一生永难忘怀，感情历程中最痛苦的日子。正是在此时，他平日最为担心，不愿想也不敢想的事，终于发生了。

是年十一月二十一日，七十五岁高龄的孝庄“旧症复发”，“疹患骤作”，病势凶猛，不同以往。从这一天起，玄烨处理完政务，便立即趋至慈宁宫侍疾。他守候在祖母床边，“衣不解带，寝食俱废”，为祖母“遍检方书，亲调药饵”。孝庄入睡时，他“隔幔静候，席地危坐，一闻太皇太后声息，即趋至榻前，凡有所需，手奉以进”。

孝庄心疼孙儿，多次让他回宫休息一下，但玄烨执意不肯稍离。他“唯恐圣祖母有所欲用而不能备，故凡坐卧所须以及饮食肴馔，无不备具”，就连米粥也准备了三十多种，以供祖母所求。孝庄因“病势渐增，实不思食，有时故意索未备之品，不意随所欲用，一呼即至”。见孙儿如此殷切周到，正受病痛煎熬的孝庄不禁老泪纵横，她抚摸着玄烨的肩背感叹道：“因我老病，汝日夜焦劳，竭尽心思，诸凡服用以及饮食之类，无所不备。我实不思食，适所欲用，不过借此支吾，安慰汝心，谁知汝皆先令备在彼，如此竭诚体贴，肫肫恳至，孝之至也。唯愿天下后世，人人法皇帝如此大孝可也。”

为挽救祖母的生命，玄烨“在宫中无日不竭诚默祷”。十一月二十七日，他下诏刑部，除十恶死罪等重犯外，其余一概减等发落，希望能以此好生之德，感动上苍，保佑祖母转危为安。然而，孝庄的病情仍在加重，“一旬之内，渐觉沉笃，旦夕可虑”。万般无奈之下，玄烨不顾众臣反对，断然采取了一项前所未有的举措。

十二月初一日凌晨，寒风刺骨，玄烨率王公大臣从乾清宫出发，步行前往天坛致祭。事前他亲自撰就的祭文中说：伏恳苍天佑助，“悯念笃诚，立垂昭鉴，俾沉疴迅起，遐算长延。若大数或穷，愿减臣龄，冀增太皇太后数年之寿”。读祝版时，玄烨跪在坛前，滴泪成冰，在场王公大臣无不感泣。三十四岁的玄烨竟然乞求上苍，以减少他本人的寿命为交换，尽可能地延长孝庄的生命，足见他对祖母感情之深，依恋之至。

可是，玄烨的赤诚并没有感动上苍，这次不同寻常的天坛之行，

天坛——古代皇帝祭天的地方

未能取得他期望的效果。整整三十年后，他向皇子、大臣痛心地回忆说："昔年曾因干旱，朕于宫中设坛祈祷，长跪三昼夜……至第四日，步诣天坛虔祷，油云忽作，大雨如注……朕自谓精诚所感，可以上邀天鉴。后太皇太后不豫，朕以保育恩深，益复虔诚步祷，请减己算，为圣祖母延年，讵意竟不可回。朕以此抱痛于心，知天道幽远，难可期必。朕为圣祖母，不能祈求永年，而为民请命，即使天心有感，能不负惭于中乎？自此以后，每遇求雨，朕但于宫中斋戒，不复躬亲祈祷，此意从未告人，诸臣所未知者也。"说到这儿，已两鬓染霜的玄烨"流涕呜咽，不能自止"。由于为祖母延长寿命的愿望未能实现，玄烨从此放弃亲诣天坛求雨的做法，这从一个方面，反映出祖母之死对他所产生的巨大影响。

康熙二十六年十二月二十五日，孝庄与世长辞。弥留之际，她嘱咐玄烨："太宗文皇帝梓宫安奉已久，不可为我轻动，况我心恋汝父及汝，不忍远去。务于孝陵近地，择吉安厝，则我心无憾矣。"这番话语，正是孝庄不安葬在皇太极陵寝，却在清东陵陪着儿孙陵墓的原因。

孝庄知道孙儿玄烨对她的感情，担心孙儿过度悲伤，特在遗诏中指出："唯是皇帝大孝性成，超越千古，恐过于悲痛，宜勉自节哀，以万机为重。""其丧制，悉遵典礼，成服后三日，皇帝即行听政。"又叮嘱身为皇太后的儿媳："我病若不起，皇帝断勿割辫。"

尽管玄烨已有心理准备，但事情真的到来时，仍然难以承受。孝庄逝世后一连十余日，玄烨昼夜号痛不止，水浆不入口，以至吐血昏迷。他违反清朝后丧皇帝例不割辫的祖制，不遵祖母遗旨，不听皇太后劝告，毅然割辫；又拒绝臣子关于"我朝向日所行，年内丧事不令逾年"的奏告，决定将孝庄梓宫安放在慈宁宫内，直到翌年正月十一日发引。

康熙二十七年（1688）新春佳节，玄烨坚持于慈宁宫为祖母守丧。他"每念教育深恩，哀痛实难自禁"，痛哭不止如前。正月十一日，孝庄的梓宫被迁往朝阳门外殡宫，发引时，玄烨"割断轿绳"，坚持步行；途中每次更换抬梓宫的杠夫时，也"必跪于道左痛哭，以至奉安处，刻不停声"。玄烨执意为祖母持服守丧二十七个月，后经百官士民再三劝奏，才勉强同意依照祖母的遗嘱，"以日易月，二十七日而除"。

康熙帝连续六十天"不宽衣解带，犹未盥洗"的侍疾、守丧生活与巨大悲痛，几乎摧毁了玄烨的身体，他"五内怔忡恍惚"，"足疾虽痊，旧痾丛生"。直到正月下旬，"力疾御门理事"时，还得"令人扶掖强出"。困扰玄烨晚年的高血压及心脏病等疾患，很可能就是此时落下的病根。

康熙二十七年四月，玄烨亲自护送祖母的梓宫，前往遵化孝陵以南刚刚建成的暂安奉殿，恭视封掩。

孝庄去世后，玄烨谕令礼部并传谕诸王、大臣："太皇太后祭物，俱照世祖皇帝往例。"表明祭祀孝庄的规格，完全同皇帝相同。

有人说，时间是冲淡哀思、治愈心灵创伤的良药，然而对玄烨来讲，这一良药竟失去了作用。孝庄死后，直到康熙六十一年（1722）

十一月十三日他自己也离开人世，整整三十五年，一万两千多个日夜，他时刻没有忘怀祖母，始终没有从追念的痛苦中真正解脱出来。

很长一段时间，玄烨不愿再经过孝庄生前居住的慈宁宫，甚至不愿从与慈宁宫遥相对应的隆宗门出入。每当必须路过时，便绕道而行，以免触景生情，令人心碎。康熙二十七年三月底，他对大臣们说："从前诣两宫请安时，皆于起居注记档。今诣（皇太后）宁寿宫请安时，朕因不忍过慈宁宫，故从启祥门行走。但此系宫禁之地，外官无由得知。此后每次请安，着令太监传谕敦住，仍令起居注官记载，其不忍由隆宗门行走之故，亦令谕侍郎库勒纳知之。"

玄烨对祖母的感情，给法国传教士白晋留下极深刻印象。1697年（康熙三十六年），他写与法王路易十四的信中说："像（康熙）皇帝那样最出色、最典型的孝道，甚至在中国历史上也是空前的。正因为唯有太皇太后曾对他有养育之恩，所以皇帝对她在一切方面的体贴、顺从，也达到了使人难以置信的程度。""（太皇太后死后）整整三年中，皇帝不仅节制自己，而且还禁止王公贵族的各种娱乐。""同时，他还每年多次去远处的陵墓，悼念太皇太后，以他的种种孝敬使死者感到欣慰。三年丧服期满后，皇帝还是继续这样做，直至今天，还听说当他路过太皇太后在世住过的宫室时，还会禁不住流下眼泪。"

康熙二十七年至六十一年，玄烨前往遵化祭谒暂安奉殿、孝陵共26次，平均每年0.74次，而且大都集中在冬季。他有意将谒陵安排在地冻冰封、难于行进的日子，是为了要在临近当年祖母与他诀别的时刻，去拜谒、慰藉祖母。

一次，在暂安奉殿附近，他遇到曾侍奉孝庄多年的守陵太监崔邦琪。每逢看见原祖母宫中旧人，总是引起他对往事的回忆，悲从中来。于是，玄烨赋诗一首，赐给崔邦琪："返照寒松影，心悬泣露霜。一生常感悼，数载几悲凉。恨接云峰近，思连沧海长。问安劳梦想，绝矣九回肠。"至高无上的皇帝竟为一个地位卑微的守陵太监写诗赐赠，在中国两千多年封建王朝历史上都是罕见的。玄烨一贯鄙视太监，认为“太监最为下贱”，是“虫蚁一般之人”。他对太监崔邦琪这种不同寻常的态度，显然是爱屋及乌所致。由于祖母已永远离开了他，祖母生前留下的一切痕迹，包括曾经服侍祖母之人，对他来讲都具有特殊意义而倍感亲切。

康熙三十五年（1696）二月玄烨第一次亲征噶尔丹前，率领六位皇子往谒暂安奉殿、孝陵。是月底，他亲统大军出发，三月初九日途经赤城驻跸。这里，是二十四年前他第一次陪祖母前来洗温泉之地。白天，玄烨紧张调度，处理军机，无暇多思，但夜深人静后，抚今追昔，难以成眠。他曾赋诗抒怀：“慈宁曾驻此温泉，辗转依稀廿五年。今日征途冰未解，当时冻岭雪还全（玄烨自注：往年奉太皇太后临幸之际，即是此时）。渐近边关风土别，长驱旌旗岳山连。孤城寒重深宵静，敢卜龙河奏凯旋。”

孝庄在世时，玄烨每逢远行，途中必按时赶写奏书，请祖母安。孝庄去世后，当他再次来到曾写请安奏书的地方，总是感慨不已。康熙三十七年（1698）秋，玄烨奉皇太后去盛京谒陵，“驻跸（吉林）乌喇之船厂”时写道：“……忆壬戌（康熙二十一年）春夏巡行此地，每五日一奏请圣祖母太皇太后安，今不可得矣，书志慨慕。”“曾问慈宁草奏笺，夜张银烛大江边，重来往事俄追忆，转眼光阴十七年。”也是此次途中，玄烨经过（吉林西部）克尔苏（素）地方时，亲临孝庄之弟、科尔沁和硕达尔汉巴图尔亲王满珠习礼墓奠酒。

康熙四十九年（1710）二月，玄烨又一次来到五台山。由于废立皇太子的风波，他的身体已每况愈下。行至二十七年前孝庄驻跸之地，他依然深切地缅怀祖母，只是心情越发显得沉重：“又到清凉境，巉岩卷复重。劳心愧自省，瘦骨夕鸣悲。膏雨随春令，寒霜惜大时。文殊色相在，唯愿鬼神知。”

康熙五十五年（1716）冬，玄烨像往年一样，率诸皇子祭谒暂安奉殿、孝陵。已经六十三岁高龄，体衰多病的玄烨，久久伫立在祖母陵前，泪流满面，不忍离去。他的一首名为“五十五年冬谒陵作”的七言诗，表露出其当时的心境：“拜奉山陵泪两垂，提携鞠育赖仁慈。松林转盛青如许，鬓发劳伤白所宜。屈指多年思慕永，深惭暮景远来迟。珠邱玉殿依然觐，悲想音容寸晷移。”

玄烨亲政后很长时期内，凡有重大政务，无不向祖母请示，或相互商讨，而祖母的意见大都具有远见卓识，只要经过祖母点拨，便能顺利解决问题。玄烨对此印象深刻，永生难忘，以至在祖母去世后，每当他遇到重要问题而殚精竭虑地思考时，都不由自主地忆及往日祖母对自己的指点，甚至在梦中，也会梦到祖母指点自己如何解决当前难题。

昭西陵，孝庄文皇后的陵墓，雍正时建

康熙五十六年（1717）冬，一天，玄烨和大臣们谈话时，言及太皇太后，与以往一样，他立刻“涕下如雨，哀不自胜”。这时距孝庄去世已整三十年，玄烨却依然如此，这一刻骨铭心的思念，持续到他生命的终结。

孝庄与玄烨，是一对不平凡的祖孙，他们之间多方位、多层次的关系，给人启迪，令人深思。

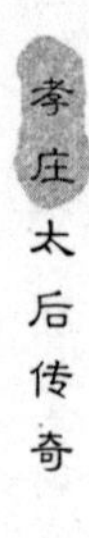

五、孝庄教育有方，一生圆满辉煌

对孝庄来讲，玄烨不仅仅是亲孙子，在他身上，还倾注了自己对儿子福临的眷恋与深深的负疚之情。她事实上给了玄烨双份的爱，将她作为一位母亲对亲生儿子的爱，与作为一位祖母对亲孙子的关怀融为一体，全部给了玄烨。在与儿子的关系问题上，孝庄有过沉痛的教训，所以她要千方百计搞好祖孙关系，同时也倍加珍惜与玄烨的祖孙亲情。

玄烨自幼失去双亲，可是却从祖母这里，得到比祖孙亲情更重、内涵更为丰富、深刻的爱。以此而言，他作为一个九岁登基的封建皇帝，是幸运的；作为一个需要长辈关怀和家庭亲情的普通人，是幸福的。

在玄烨心目中，孝庄不仅是自己的亲祖母，正像他本人讲的那样："朕白八龄，皇考世祖章皇帝殡天，十一岁，又遘皇妣章皇后崩逝。早失怙恃，未得久依膝下，于考妣音容，仅能仿佛，全赖圣祖母太皇太后抚育教训"，他对祖母"晨昏依恋三十余年"。感到"依圣祖母膝下，如亲皇考妣音容"。玄烨将孝庄视为自己的亲生父母，同时也将孙儿的亲情和孝敬，与作为儿子未能给予父母的回报，合在一起，一并给了祖母。

孝庄与玄烨又是导师与学生的关系。培育孙儿的过程中，她始终站得高，看得远，目标明确，寓爱于教。她对玄烨既疼爱备至，更要求严格；既充满祖母深情，又不失一位导师的威严。她认真总结、吸取教育儿子福临时的经验教训，不断改进方法，终于按照她心目中的模式，将玄烨培养成一位十分出色的皇帝，这对清朝的巩固与康乾盛世的出现，产生了不可估量的作用。孝庄在儿子福临身上没有能实现的目标与愿望，在孙子玄烨身上终于实现；从儿子那儿未能获得的爱与慰藉，终于从孙儿这里得到了补偿。

玄烨不仅天资聪慧，其自幼所处环境与清朝面临的局势，使他很早就具有忧患意识和紧迫感，所以能比较自觉、主动地按照祖母的指教，在各方面发愤苦学，不断提高治国能力；当他政治上完全成熟，可以独立处理国务后，祖母仍是他的导师和顾问。玄烨将自己的一切归功于祖母，他由衷地佩服祖母，敬重祖母，感激祖母的教育与培养。

孝庄能够培育出这样一个孩子，原因是多方面的，就其个人而言，关键是具备完成这一艰巨育人任务的品格、素质、才能和修养。

首先，她自己就很热爱学习，“无他好，独嗜书史”，“性知书”，对满、蒙、汉三种文化都有一定了解，同时又有在皇太极、福临两朝三十几年的为政经验。所以，无论安排孙儿的学习，还是指导孙儿处理政务，都得心应手，游刃有余。

其次，她深沉、坚韧、果断、敏锐、心胸宽阔、待人比较宽厚，这些对于玄烨的性格与气质，都起到潜移默化的影响。

最后，孝庄极为关注清皇室即清朝的前途和命运，关心朝政，“素以爱民为念”。福临去世后，她虽然成为清廷的头号人物，却很少权力欲望，甘心退居幕后，除牢牢掌握清朝大政方针的最后决定权外，一意扶持、培养孙儿，并于孙儿成长的过程中，逐步将权力移交给他，从而完全排除了祖孙之间存在权力之争的可能。

正是由于这种远见卓识，她才能够充分发挥出自己的智慧和才能，在培养玄烨方面，收到圆满效果。

孝庄与玄烨的祖孙关系，还具有满汉两种道德、伦理观相互作用、兼容并蓄，两种文化相互融合的鲜明特点。玄烨的孝养思想，除去孙儿爱敬祖母等满族固有的朴素成分外，更多还体现出汉族封建伦常准则。玄烨曾说：“朕孝治天下，思以表率臣民，垂则后裔。”他为祖母所做一切，既是出自真情，也是基于统治需要，旨在给自己的儿孙、臣民作出榜样，希望他们能像自己对待孝庄那样对待自己，忠于朝廷，从而达到巩固皇权统治，保证国泰民安的根本目的。这也是封建皇帝家天下的一个具体体现。

总之，孝庄身为祖母，因为对儿子福临教育的失败，使她很好地

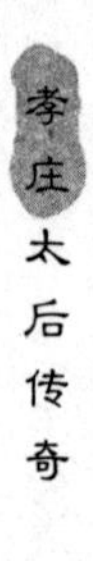

吸取了教训，所以在与孙儿玄烨的相处中，她时时注意应该如何教导他，可以说，是她精心培养起与孙儿的感情，精心设计了这种她所满意的祖孙关系，精心培育出一位中国封建社会为数不多的明君。

纵观孝庄皇太后的一生，其嫁于皇太极，辅佐夫君，生儿育女；在夫君突亡之际，她运用智谋，拉拢多尔衮，扶持自己的儿子称帝，其中虽然不乏野心，但她的这一举动很好地稳固了当时清朝的政局，可以说是最好的处理方法；之后她用自己的智慧和女人的柔情，控制着多尔衮不生称帝之心，或许她与多尔衮有着缠绵的爱情，但她始终是明智的，为防其对自己的孩子不利，她不惜纡尊降贵下嫁多尔衮，让福临对其以“皇父”称之，以安其心，可以说，她极好地处理了自己的爱情和大清的前途事业；多尔衮死后，她扶助儿子福临亲政，指点他如何治理国家，虽然福临性格较为叛逆，常与母亲抗争，但孝庄以一位母亲对孩子的博大胸怀，容忍并很好地处理了福临的叛逆行为，虽然福临的早死给孝庄带来了巨大的悲痛，但孝庄仍能以大局为重，扶持年幼的孙子玄烨登上帝位，并吸取教育儿子的教训，对孙子进行了极好的教导，终于培养出了康熙皇帝这样历史上少见的有作为的明君。所以，孝庄文皇后布木布泰，其一生虽然经历了不少艰难坎坷，但她无疑也是十分成功的，于国于家于人于己，她都以自己所能做到的，并且是自己所能做得最好的去做了，即便只放眼于她在清朝之创建中的巨大功劳，对清朝三代皇帝的帮助与扶持，我们甚至可以说她是历史上最成功的女人。

附录一

中国清代皇帝简表

庙号	姓名	在世时间	在位时间	年号	皇陵
清太祖	爱新觉罗・努尔哈赤	1559—1626	1616—1626	天命	福陵
清太宗	爱新觉罗・皇太极	1592—1643	1626—1643	天聪 崇德	昭陵
清世祖	爱新觉罗・福临	1638—1661	1643—1661	顺治	孝陵
清圣祖	爱新觉罗・玄烨	1654—1722	1661—1722	康熙	景陵
清世宗	爱新觉罗・胤禛	1678—1735	1722—1735	雍正	泰陵
清高宗	爱新觉罗・弘历	1711—1799	1735—1795	乾隆	裕陵
清仁宗	爱新觉罗・颙琰	1760—1820	1796—1820	嘉庆	昌陵
清宣宗	爱新觉罗・旻宁	1782—1850	1820—1850	道光	慕陵
清文宗	爱新觉罗・奕詝	1830—1861	1850—1861	咸丰	定陵
清穆宗	爱新觉罗・载淳	1856—1875	1861—1875	祺祥 同治	惠陵
清德宗	爱新觉罗・载湉	1871—1908	1875—1908	光绪	崇陵
	爱新觉罗・溥仪	1906—1967	1908—1912	宣统	华龙陵园

注：宣统帝溥仪因是末代皇帝，没有庙号，初葬八宝山革命公墓，后在家属要求下移葬华龙陵园。

附录二

孝庄文皇后主要亲属

祖父：贝勒札日固齐（断事官）莽古思，被皇太极追封为和硕福亲王。

祖母：贝勒札日固齐莽古思之妻（莽古思去世后复嫁莽古斯之第三子台吉索诺木），清人称其为科尔沁大妃，被皇太极册封为和硕福妃。

父亲：贝勒寨桑·布和，后被顺治帝追封为和硕忠亲王。

母亲：贝勒寨桑·布和之妻，名博礼，清人称其为科尔沁次妃，被皇太极册封为和硕贤妃。

丈夫：爱新觉罗·皇太极（清太宗）。

姑姑：孝端文皇后（博尔济吉特·哲哲，丈夫皇太极的嫡妻）。

姐姐：博尔济吉特·海兰珠（丈夫皇太极最宠爱的女子，关雎宫宸妃，死后追封敏惠恭和元妃）。

三个女儿：皇四女雅图，即固伦雍穆公主，嫁弼尔塔哈尔。

皇五女阿图，即固伦淑慧公主，先嫁索尔哈，复嫁色布腾。

皇七女，即固伦端献公主，初号淑哲公主，嫁喇玛思，十六岁时早死。

儿子：爱新觉罗·福临（顺治帝）。

孙子：爱新觉罗·玄烨（康熙帝）。

附录三

孝庄文皇后大事记

孝庄文皇后布木布泰于明朝万历四十一年二月初八日（1613年3月28日）出生于科尔沁草原。

后金天命十年（1625）二月，十三岁的布木布泰嫁给努尔哈赤第八子皇太极，为其侧福晋。

后金天命十一年（1626），努尔哈赤死，其夫皇太极继承汗位，布木布泰被封为西侧妃，称西宫福晋。

后金天聪三年（1629），布木布泰生长女雅图，即固伦雍穆公主。

后金天聪六年，生次女阿图，即固伦淑慧公主。

后金天聪七年，生三女，即固伦端献公主。

后金天聪九年七月，布木布泰之姐海兰珠，以及林丹汗两位遗孀陆续嫁与皇太极，使布木布泰在后宫的地位下降。

清崇德元年（1636），其夫皇太极在盛京改号称帝，册封崇德五宫后妃，也称五大福晋，布木布泰被封为永福宫庄妃。

清崇德三年正月三十日戌时（1638年3月15日）在盛京皇宫的永福宫生皇九子福临。

清崇德八年，皇太极逝世，多尔衮拥立其子福临即位，年号顺治。尊庄妃为皇太后。

清顺治元年九月，多尔衮迎布木布泰和其子福临至北京，定都北京。布木布泰被尊为（圣母）皇太后。

清顺治八年二月，福临亲政，上布木布泰徽号曰昭圣慈寿皇太后，简称昭圣皇太后；屡上徽号曰昭圣慈寿恭简安懿章庆皇太后。

清顺治八年八月，加上徽号昭圣慈寿恭简皇太后。

清顺治十一年，追封皇太后的父亲寨桑为和硕忠亲王，母亲为贤妃。

清顺治十三年十二月，加徽号为昭圣慈寿恭简安懿章庆皇太后。

清顺治十八年（1661）世祖顺治帝驾崩，皇三子玄烨即位为康熙帝，尊布木布泰为太皇太后，称昭圣太皇太后；屡上徽号，曰昭圣慈寿恭简安懿章庆敦惠温庄康和仁宣弘靖太皇太后。

清康熙元年十月，加徽号为昭圣慈寿恭简安懿章庆敦惠太皇太后。

清康熙四年九月，加徽号为昭圣慈寿恭简安懿章庆敦惠温庄太皇太后。

清康熙六年十一月，加徽号为昭圣慈寿恭简安懿章庆敦惠温庄康和太皇太后。

清康熙十五年正月，加徽号为昭圣慈寿恭简安懿章庆敦惠温庄康和仁宣太皇太后。

清康熙二十年十二月，加徽号为昭圣慈寿恭简安懿章庆敦惠温庄康和仁宣弘靖太皇太后。

清康熙二十六年十二月廿五日（1687 年 1 月 27 日），布木布泰逝世，享年七十五岁。康熙帝将灵柩暂安于顺治帝葬所孝陵附近。

清康熙二十七年十月，上谥号为孝庄仁宣诚宪恭懿翊天启圣文皇后。

清雍正元年八月，累谥为孝庄仁宣诚宪恭懿至德翊天启圣文皇后。

清雍正三年十二月，雍正帝在布木布泰灵柩暂安之处就地起陵，是为昭西陵。

清乾隆元年三月，累谥为孝庄仁宣诚宪恭懿至德纯徽翊天启圣文皇后。

参考资料

1. 周远廉著：《清朝兴起史》，广西师范大学出版社 2006 年版。

2. 阎崇年著：《清朝十二帝》，人民出版社 2010 年版。

3. 史官，起航编著：《话说清朝那时候儿》，北京理工大学出版社 2012 年版。

4. 雾满拦江著：《别笑，这是大清正史》，武汉出版社 2010 年版。

5. 郑永安编著：《清朝全史》，云南人民出版社 2011 年版。

6. 王钟翰著：《大家说历史：王钟翰说清朝》，上海科学技术文献出版社 2009 年版。

7. 周舟著：《穿越百事通——清朝不可不知的历史细节》，苏州古吴轩出版社有限公司 2012 年版。

8. 郭厚英著：《两个女人 一个清朝：大清开国与孝庄太后》，中国社会出版社 2011 年版。

9. 阎崇年著：《明亡清兴六十年》，中华书局 2006 年版。

10. 黎东方著：《黎东方讲史：细说清朝》，上海人民出版社 2007 年版。

11. 杨海薇著：《孝庄秘史》，作家出版社 2007 年版。

12. 张杰著：《清朝三百年史》，社会科学文献出版社 2011 年版。

13. 柯愈春编：《清朝十大奇案》，人民日报出版社 2011 年版。

14. 刘晓东编著：《清孝庄皇太后传》，吉林人民出版社 2010 年版。

15. 杜家骥编著：《皇太极事典》，紫禁城出版社 2010 年版。

16. 韩春艳著：《洪业——皇太极的盛京春秋》，哈尔滨出版社 2010 年版。

17. 顾晓清著：《顺治皇帝》，中国华侨出版社 2009 年版。

18. 孙文圣主编：《太祖努尔哈赤》，北方文艺出版社 2005 年版。

19. 徐鑫著：《顺治帝陵历史之谜》，辽宁人民出版社 2012 年版。

20. 王明义著：《告诉你一个真实的孝庄》，文化艺术出版社 2010 年版。

21. 姜正成编著:《皇太极:天聪崇德》,中国言实出版社 2012 年版。

22. 程奎著:《皇太极全传》(全三册),万卷出版公司 2005 年版。

23. 颜延瑞著:《孝庄皇太后》,辽宁人民出版社 2010 年版。

24. 高庆仁著:《努尔哈赤》(上下卷),大连出版社 2008 年版。

25. 圣烨编著:《皇太极私密档案全揭秘》,尹楠摄影,北方文艺出版社 2005 年版。

26. 王波著:《努尔哈赤后宫秘史》,文化艺术出版社 2012 年版。

27. 王占君著:《皇太极》,华夏出版社 2005 年版。

28. 蔡向东主编:《中国皇帝大传:清太宗——皇太极》,远方出版社 2010 年版。

后　记

孝庄文皇后是清朝初期时一位十分杰出的女性，是一位藏在幕后却有力地影响了历史进程的政治家。虽然她没有垂帘听政，我们甚至难以找出她执政或干预国家政策的行为，但她却的的确确地影响了历史的进程，驾驭了当时的政治，十分出色地扶助和扶植起三代君王和一位摄政王。虽然史册中找不到她从政的影子，但她的确是对清朝前期影响最长和最大的人，也可以说是清朝统治前一百年内最重要的人。

孝庄文皇后一生经历过努尔哈赤、皇太极、顺治皇帝福临、康熙皇帝玄烨四代帝王。皇太极是她的丈夫，福临是她的儿子，玄烨是她的孙子。除了努尔哈赤时代，在其他三朝，这位女士曾经发挥过极大的影响力，这也说明她是一位富有女性魅力，同时也懂得运用这种魅力的女人；是一位心机极深，同时不断地在运用这些心机的女人；是一位对权力有着清醒认识、富有政治才干和政治欲望的女人。但是她却满足于躲在幕后，帮助自己的儿孙获取权力和行使这些权力，即便下嫁多尔衮这样的大事，我们也只能费心费力地拨开历史的迷雾，仍难从她身上一窥究竟。而她的谦逊、她的神秘、她对历史的巨大影响，在当时和后世，都使她受到了广泛的关注、尊敬与爱戴。

如果称孝庄为中国历史上最神奇而或最有能耐的女人，应该也不为过，历史上有能耐的女人中，我们都知道有个当过女皇帝的武则天，或想称她为最，但武则天为了自己掌握天下大权，不惜牺牲自己

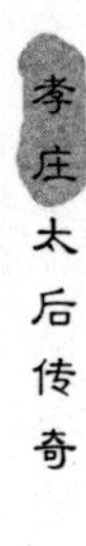

几个孩子的性命，她心中的创痛只有她自己知道，虽然她用尽了种种手段全力争取，但最后还是被大臣和亲孙子给轰下了台，费尽心机建立起来的大周政权随之瓦解得无影无踪。但孝庄却不是，她一点都不强势，仿佛深深地隐藏在历史的水面之下，没有掀起过一丝风浪，但她对清王朝的影响之大，几乎无人能比，而我们翻遍所有的史书，却找不到她干涉政治的一丝痕迹，在清朝前期严禁妇女问政的情况下，她没有犯规，但历史却在她的驾驭下随其心意而走，走出了一个宏大久远的大清王朝。所以，布木布泰实在是高手中的高手，拿金庸先生的小说人物打个比方，如果说武则天是要千秋万载一统江湖的任我行，那么孝庄就是隐藏在杨莲亭身后的东方不败，只凭一根小小的绣花针，便能打遍天下无敌手，任凭任我行联手令狐冲、向问天、任盈盈几大高手，也能对付得游刃有余，藏在幕后便能操纵得原属于任我行的日月神教服服帖帖。

这样的女人，当然值得我们好好研究研究，在她的一生历程中，固然有许多可圈可点、可歌可泣的故事，但她与多尔衮到底是怎样的关系，她是怎样驾驭多尔衮并与其相处的，是尤其神秘且值得人去关注的事情，本书即专注于此，力争为您还原出历史上真实的孝庄皇太后，解开“太后下嫁”之谜，并让您领悟到她卓越的人生智慧。